한눈에 보이는 코딩 그림책

한선관, 이문주 지음

BM (주)도서출판 성안당

서문

지금 우리는 하루에도 수십 번씩 컴퓨터와 대화하며 살아갑니다. 스마트폰을 터치하는 일상적인 동작 하나, 온라인 영상을 재생하는 과정 하나까지도 수많은 연산과 알고리즘이 보이지 않는 곳에서 작동하고 있습니다. 이렇게 인간과 컴퓨터가 끊임없이 상호작용하는 시대에 코딩은 더 이상 IT 전문가만의 기술이 아니라 디지털 세계의 원리를 이해하는 기본 언어가 되어가고 있습니다. 하지만 막상 코딩을 배우려고 하면 어렵고 복잡해 보이는 용어와 개념 앞에서 쉽게 겁을 먹기 마련입니다. 이 책은 바로 이러한 두려움을 없애고 누구나 친근하게 코딩의 세계에 다가갈 수 있도록 돕기 위해 작성하였습니다.

코딩은 결국 사람의 생각을 컴퓨터가 이해할 수 있는 방식으로 표현하는 방법입니다. 그렇기에 컴퓨터가 어떻게 정보를 처리하고, 어떤 원리로 0과 1을 구별하며, 주어진 명령을 해석하는지 이해하는 일은 코딩의 출발점이 됩니다. 이 책은 컴퓨터가 사용하는 언어의 근본에 해당하는 비트와 코드, 반도체의 구조, AND · OR · NOT과 같은 논리 게이트, 그리고 중앙 처리 장치의 동작 원리까지 그림과 비유를 통해 쉽게 풀어냈습니다. 천공카드에서 현대의 반도체 칩까지 이어지는 기술의 흐름을 따라가다 보면, 컴퓨터가 어떻게 처리되는지가 자연스럽게 눈앞에 그려질 것입니다. 이러한 기초 이해는 단순히 프로그래밍 기술을 익히는 수준을 넘어, 디지털 세상의 구조를 바라보는 새로운 기술적 관점을 제공합니다.

코딩을 실질적으로 구현하는 과정에서 우리는 다양한 프로그래밍 언어를 만나게 됩니다. C 언어와 파이썬, 자바, 자바스크립트와 같은 텍스트형 언어들은 각각 고유한 문법과 철학을 지니고 있으며 변수와 자료형, 연산, 조건문과 반복문, 함수, 파일 처리 등 코딩의 기본 원리를 체계적으로 이해해야 제대로 된 프로그램을 구현할 수 있습니다. 이 책은 그러한 기초 요소들을 복잡한 설명 없이 핵심만을 시각적으로 담아내어 처음 배우는 독자도 자연스럽게 코드를 읽고 작성할 수 있도록 구성했습니다.

또한, 지면 관계상 생략되었지만 스크래치와 엔트리 같은 블록형 프로그래밍 언어도 있습니다. 이 블록형 언어들은 타이핑이 서툰 초보자들이 글자를 직접 입력하지 않아도 명령어의 흐름과 구조를 이해할 수 있도록 돕습니다. 이는 특히 초보 학습자에게 매우 중요한 단계로 명령 블록을 논리적으로 조립하는 경험을 통해 알고리즘적 사고와 절차적 사고를 익히는 데 도움을 줍니다. 블록형 코딩에서 텍스트형 코딩으로 자연스럽게 확장되는 구조는 많은 교육 현장에서 가장 효율적인 학습 방식으로 인정받고 있습니다.

기초 문법을 익힌 후, 여러분은 보다 깊은 알고리즘의 세계로 나아갈 수 있습니다. 정렬과 탐색, 해시, 재귀, 동적 프로그래밍과 같은 핵심 알고리즘은 단순한 기술이 아니라 '문제를 해결하는 사고방식' 그 자체입니다. 그림과 함께 제시된 알고리즘의 흐름은 복잡해 보이는 연산을 직관적으로 이해하게 하고, "어떻게 해야 더 효율적으로 문제를 해결할 수 있을까?"라는 질문을 던지게 합니다. 이는 코딩을 넘어서 삶의 많은 영역에서 유용하게 작용할 사고 도구가 될 것입니다.

이 책은 또한 다양한 인공지능 코딩 도구와 최신 기술 환경을 소개하며 시대의 흐름을 담았습니다. 넘파이와 판다스, 맷플롯립과 같은 데이터 처리 도구에서부터 머신러닝과 딥러닝의 기본 원리, 텐서플로를 활용한 간단한 모델 구성, 그리고 생성형 인공지능과 코파일럿, ChatGPT, MCP(Model Context Protocol) 등 새로운 AI 기반 코딩 방식까지 폭넓게 다루고 있습니다. 독자는 현재 기술이 어디까지 와 있는지, 그리고 앞으로 어떤 방향으로 나아갈지를 자연스럽게 체감하면서 미래 사회의 변화에 능동적으로 대응할 기반 지식을 얻게 될 것입니다.

결국 코딩을 배운다는 것은 단순히 컴퓨터 앞에서 키보드로 명령어를 입력하는 일이 아닙니다. 코딩은 문제를 구조화하고, 복잡한 현상을 단순화하며, 해결 방법을 논리적으로 설계하는 과정—즉, '컴퓨팅 사고력'을 기르는 일입니다. 이는 AI 시대를 살아갈 모든 사람에게 필요한 핵심 능력이자, 창의성과 논리력을 동시에 키울 수 있는 가장 효과적인 도구입니다.

『한눈에 보이는 코딩 그림책』은 이러한 배움을 어렵고 추상적으로 만들지 않기 위해 최대한 많은 내용을 그림처럼 한눈에 들어오는 방식으로 구성했습니다. 이 책을 읽는 동안 독자는 컴퓨터가 어떻게 작동하는지 이해하고, 스스로 간단한 코드를 작성해 보며, 나아가 인공지능 시대에 필요한 기술적 감각과 윤리적 시각까지 자연스럽게 얻어갈 수 있을 것입니다.

이 책이 코딩을 처음 접하는 독자에게는 따뜻한 길잡이가 되고, 이미 코딩을 배우고 있는 독자에게는 넓은 관점을 제공하는 새로운 안내서가 되기를 바랍니다. 무엇보다도, 이 책을 통해 코딩은 어렵지 않으며 세상을 이해하는 또 하나의 언어일 뿐이라는 것을 진심으로 느끼시길 바랍니다.

저자 일동

저자 소개

한선관 교수님

- 경인교육대학교 컴퓨터교육과 교수
- 한국인공지능교육학회 학회장
- 인공지능교육연구소 소장
- 『한눈에 보이는 생성형 AI와 자연어 처리 그림책』, 『한눈에 보이는 메타버스 그림책』, 『한눈에 보이는 인공지능 수학 그림책』, 『챗GPT와 썸타기』, 『한눈에 보이는 데이터 과학과 AI 그림책』, 『한눈에 보이는 블록체인 그림책』, 『한눈에 보이는 인공지능 그림책』, 『놀랍게 쉬운 인공지능의 이해와 실습』, 『AI 플레이그라운드』, 『AI 사고를 위한 인공지능 랩』, 『스크래치 주니어 워크북』, 『중학교 정보』 교과서, 『스크래치 마법 레시피』, 『스크래치 창의컴퓨팅』(이상 성안당), 『컴퓨팅 사고를 위한 파이썬』, 『컴퓨팅 사고를 위한 스크래치 3.0』, 『소프트웨어 교육』, 『소프트웨어 교육 방법』(이상 생능출판사) 집필

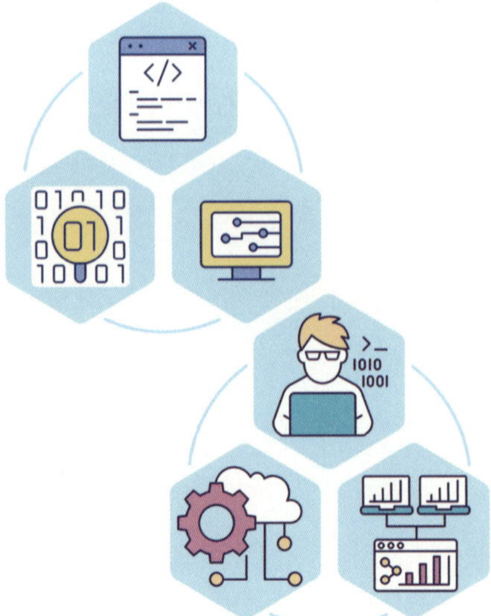

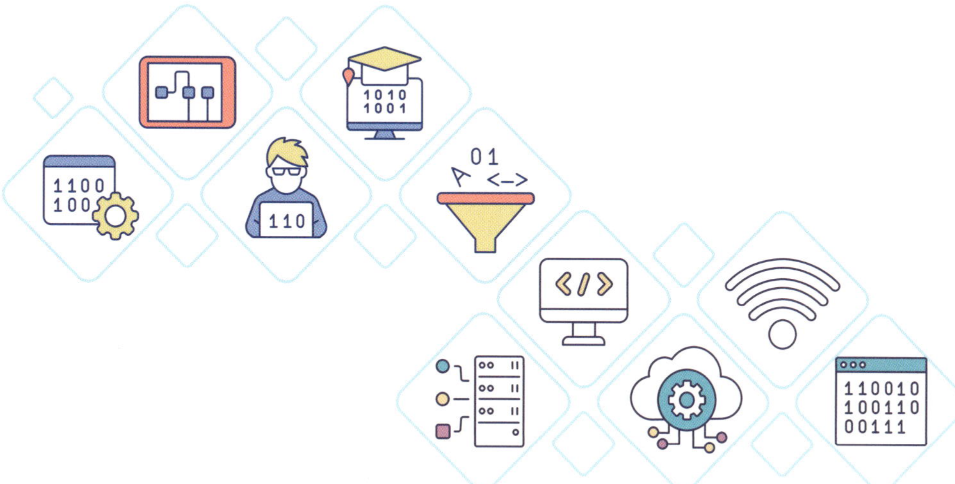

이문주 선생님

- 현직 중학교 정보 교사
- 인하대학교 교육대학 상담심리 전공 석사
- 정보 · 컴퓨터, 국어, 상담 1급 정교사 자격 보유
- '찾아가는 학교 컨설팅' 코디네이터 및 강사, '읽걷쓰 AI Google 교육전문가 과정' 강사
- 『중학교 정보』 교과서, 『AI 디지털 교과서』(이상 미래엔), 『생성형 AI플레이북』(자유아카데미) 집필

차례

서문 2

저자 소개 4

Chapter 1 코딩의 이해 8

Lesson 1 코딩이란? 10

Lesson 2 프로그램 구현 과정 16

Lesson 3 텍스트형 프로그래밍 언어 20

Lesson 4 코딩의 가치 27

Chapter 2 사람과 컴퓨터의 소통 32

Lesson 1 비트와 코드 34

Lesson 2 반도체 38

Lesson 3 논리 게이트 47

읽을 거리 불 논리와 섀넌의 논문 53

Lesson 4 중앙 처리 장치 54

Lesson 5 레지스터와 기계 주기 59

Lesson 6 컴퓨터의 언어 65

Chapter 3 코딩을 위한 준비 70

Lesson 1 자료형 72

Lesson 2 변수 84

Lesson 3 배열과 연결 리스트 91

읽을 거리 리스트와 연결 리스트의 탄생 103

Chapter 4 코딩의 실제 104

Lesson 1 개발 환경 구축 106

Lesson 2 기본 명령어 121

Lesson 3 자료 출력 135

Lesson 4 자료 입력 144

Lesson 5 제어 구조 152

Lesson 6 함수 167

Lesson 7 라이브러리 174

읽을 거리 왜 "Hello World!"일까? 187

Chapter 5 알고리즘과 코딩 188

Lesson 1 알고리즘의 개요 190

Lesson 2 정렬 알고리즘의 구현 200

Lesson 3 탐색 알고리즘의 구현 218

Lesson 4 핵심 알고리즘의 구현 231

Chapter 6 인공지능과 코딩 244

Lesson 1 인공지능 코딩 도구 246

Lesson 2 머신러닝 코딩 257

Lesson 3 생성형 인공지능 코딩 271

Chapter 7 코딩의 미래 304

Lesson 1 코딩과 인간 306

Lesson 2 코딩에 대한 전망 310

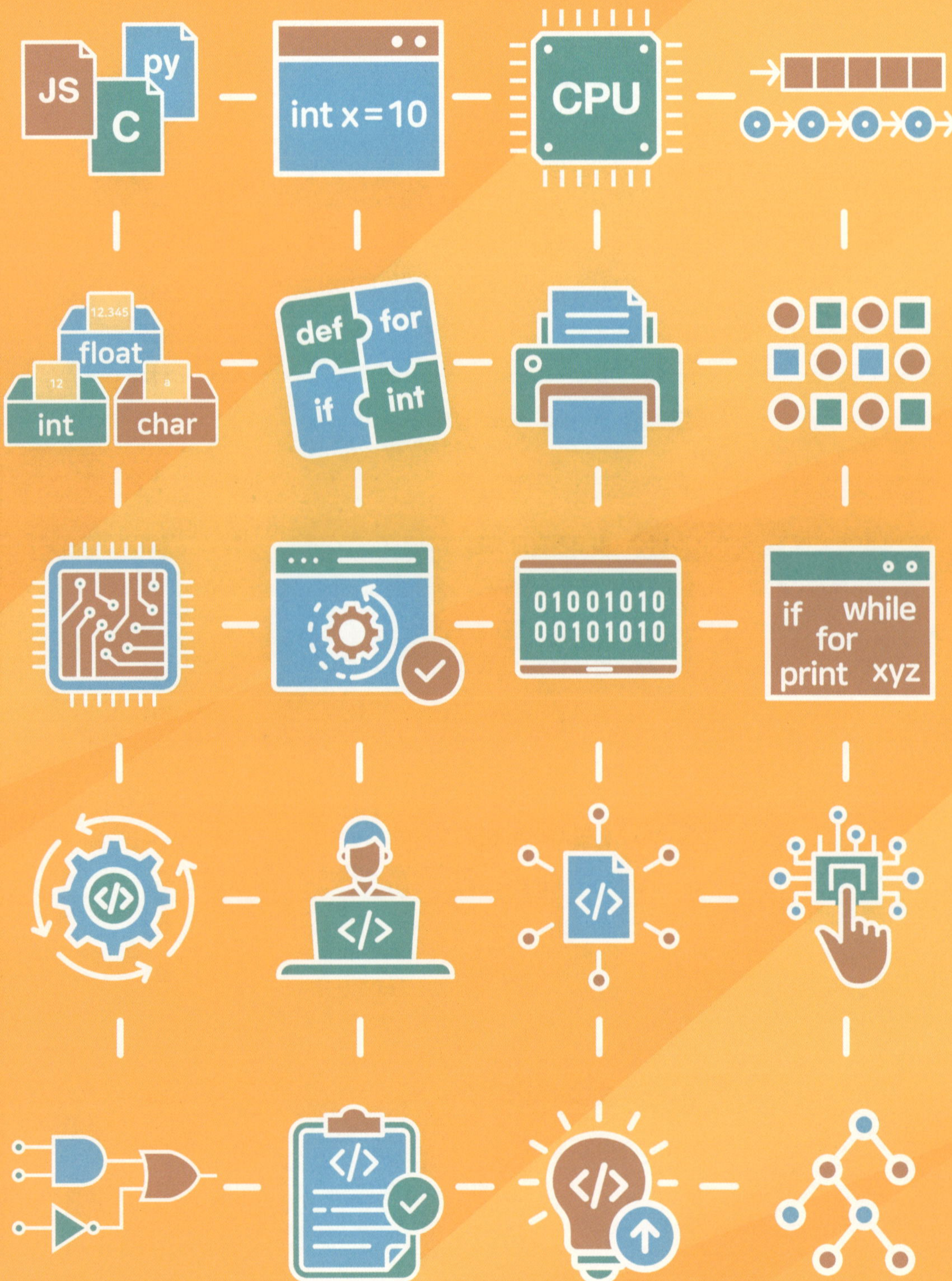
JS
py
C
int x=10
CPU
12.345
float
12
int
a
char
def
for
if
int
01001010
00101010
if
while
for
print
xyz

Chapter 1

코딩의 이해

Lesson 1 코딩이란?
Lesson 2 프로그램 구현 과정
Lesson 3 텍스트형 프로그래밍 언어
Lesson 4 코딩의 가치

Lesson 1

코딩이란?

POINT 코딩은 사람과 컴퓨터가 소통하는 방법입니다. 우리는 코딩으로 다양한 프로그램을 작성할 수 있습니다. 코딩에 필요한 프로그래밍 언어의 종류와 특징에 대해서 알아봅시다.

1 프로그래밍과 코딩

문서를 작성하거나 게임을 할 때 우리는 컴퓨터 프로그램을 실행합니다. 컴퓨터 프로그램은 우리가 원하는 작업을 수행할 수 있도록 도와주는 명령어와 데이터의 집합입니다. 프로그램 개발자들은 이러한 프로그램을 만들기 위해서 고민하고, 계획하며, 수많은 컴퓨터 명령어를 작성합니다. 이러한 과정을 **프로그래밍**(Programming)이라고 합니다.

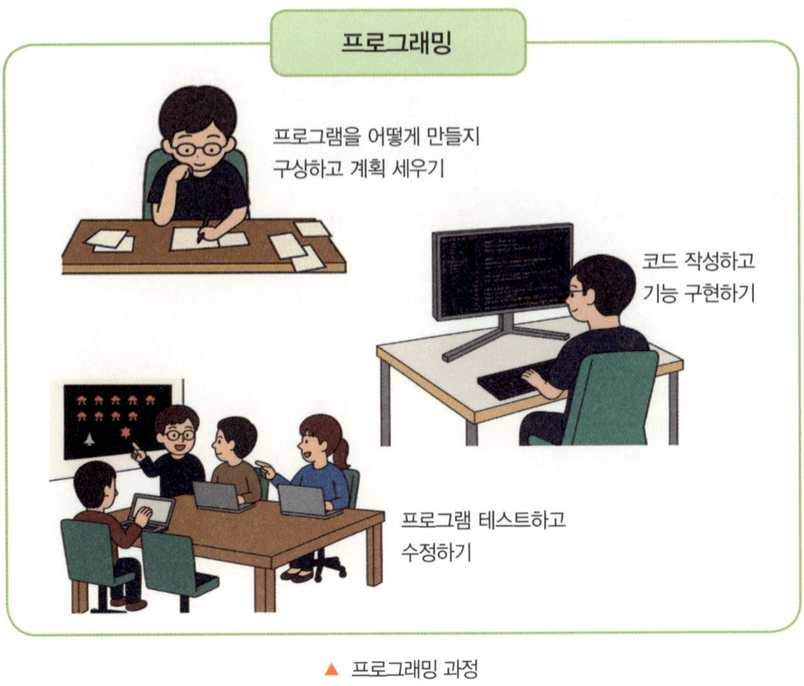

▲ 프로그래밍 과정

의사소통이 잘 되지 않을 때, 우리는 흔히 '저 사람과는 코드가 맞지 않는다'고 말합니다. 컴퓨터에서 사용하는 코드도 이와 비슷한 맥락에서 이해할 수 있습니다. **코드**(Code)란 사람과 컴퓨터가 소통하기 위해 정해 놓은 규칙이나 명령어의 집합이기 때문입니다. 사람의 언어와 컴퓨터의 기계어는 전혀 다르기 때문에 컴퓨터에 명령을 내릴 때는 양쪽이 모두 이해할 수 있도록, 약속된 명령어 체계인 코드를 사용해야 합니다.

▲ 사람과 컴퓨터와의 소통

프로그램에는 수많은 코드가 포함되며, 이러한 코드로 컴퓨터가 특정 동작을 수행하도록 지시하는 과정을 **코딩**(Coding)이라고 합니다. 즉, 코딩이란 컴퓨터에 명령을 내리기 위해 코드를 작성하는 작업을 말합니다.

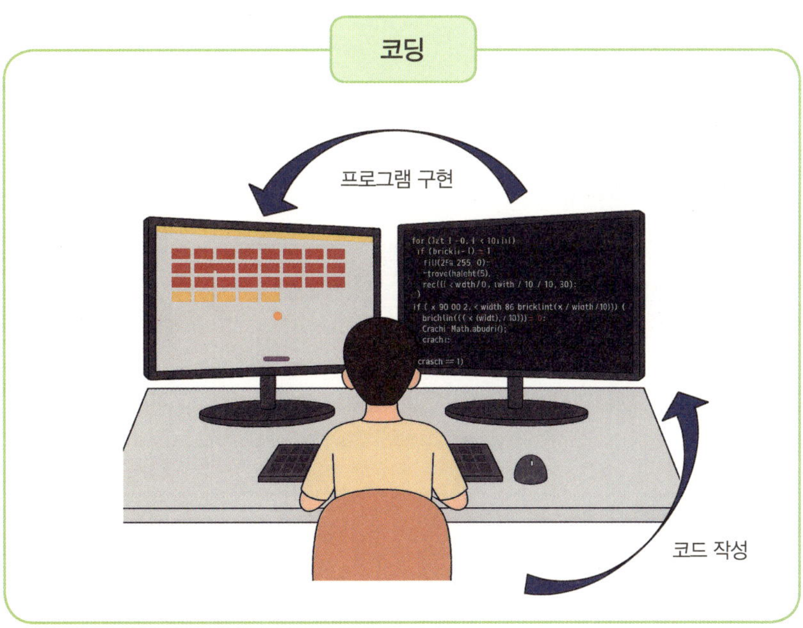

▲ 코딩의 구현 과정

2 프로그래밍 언어

코드의 규칙 체계를 **프로그래밍 언어**(Programming Language)라고 합니다. 프로그래밍 언어의 주된 역할은 사람이 이해할 수 있는 명령을 컴퓨터가 실행할 수 있는 형태로 변환하는 것입니다.

▲ 프로그래밍 언어의 역할

프로그래밍 언어는 **저급 프로그래밍 언어**(Low-Level Programming Language)와 **고급 프로그래밍 언어**(High-Level Programming Language)로 나눌 수 있습니다. 저급 프로그래밍 언어는 컴퓨터에서 처리하기 쉽게 만들어져 명령어를 처리하는 데 효율적이지만, 사람이 이해하기는 어렵습니다. 반면, 고급 프로그래밍 언어는 사람이 이해하기 쉽게 만들어졌지만, 컴퓨터에서 명령어를 처리하는 데 시간이 더 걸릴 수 있습니다.

▲ 저급 프로그래밍 언어와 고급 프로그래밍 언어

1 저급 프로그래밍 언어

컴퓨터는 반도체 회로에 흐르는 전압을 감지하여 연산합니다. 전압이 일정 기준 이상이면 1, 기준 이하면 0으로 구분합니다. 이렇게 구분된 1과 0의 신호로 작성된 저급 프로그래밍 언어를 **기계어**(Machine Language)라고 합니다.

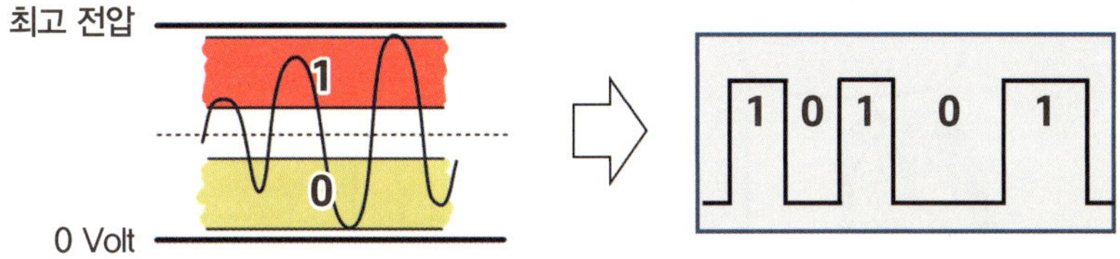

▲ 전압에 따른 신호 구분

기계어는 컴퓨터가 직접 실행할 수 있는 유일한 언어이므로, 프로그래밍 언어로 작성된 모든 코드는 최종적으로 기계어로 번역되어야만 컴퓨터가 실행할 수 있습니다. 기계어는 실행 속도가 빠르다는 장점이 있지만, 0과 1로만 구성되어 있어 사람이 이해하기 어렵고, CPU 아키텍처에 따라 서로 다른 코드가 사용된다는 단점도 있습니다. CPU 아키텍처란 CPU가 명령을 이해하고 처리하는 방식으로, 같은 명령도 아키텍처에 따라 다른 기계어로 표현될 수 있습니다.

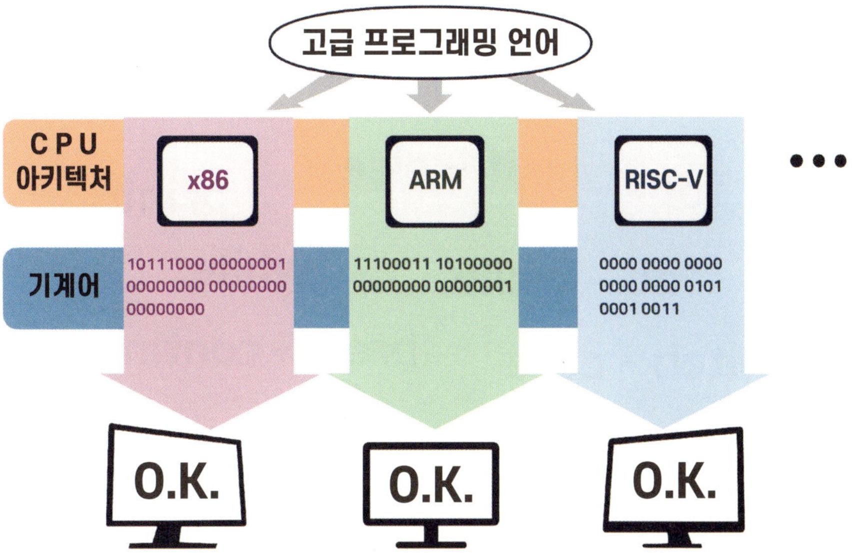

▲ 고급 프로그래밍 언어의 구현

어셈블리어(Assembly Language)는 기계어와 일대일로 대응하는 문자 기호 코드로, **어셈블러**(Assembler)에 의해 기계어로 번역될 수 있는 언어입니다. 0과 1로 구성된 기계어보다는 사람이 이해하기 쉽지만, 깊이 있게 학습하지 않으면 다루기 어려운 저급 프로그래밍 언어에 속합니다. 어셈블리어는 컴퓨터 초기 시대에 개발된 언어지만, 처리 속도가 빠르고 특정 환경에서 메모리 사용에 효율적이며, 컴퓨터의 구조를 이해하는 데에 도움이 되기 때문에 오늘날에도 학습하는 사람들이 많습니다.

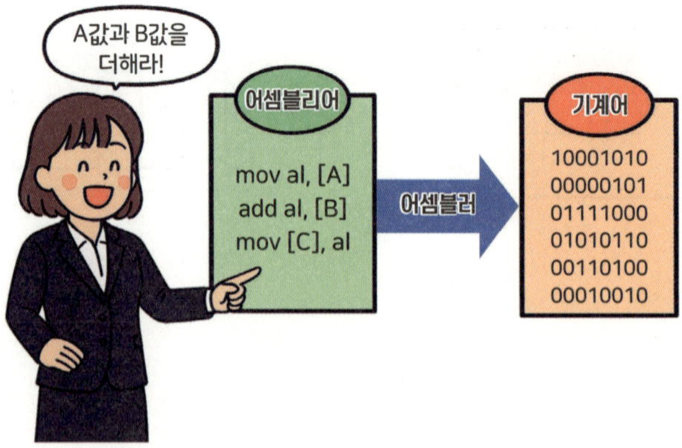

▲ 어셈블리어

2 고급 프로그래밍 언어

고급 프로그래밍 언어는 사람이 사용하는 자연어에 가까운 형태로 작성된 프로그래밍 언어입니다. 저급 프로그래밍 언어보다 훨씬 이해하기 쉬우며, 실제 프로그래머들이 많이 사용하는 언어입니다. 다만, 이러한 언어를 사용하려면 해당 언어의 문법(규칙)을 배워야 합니다.

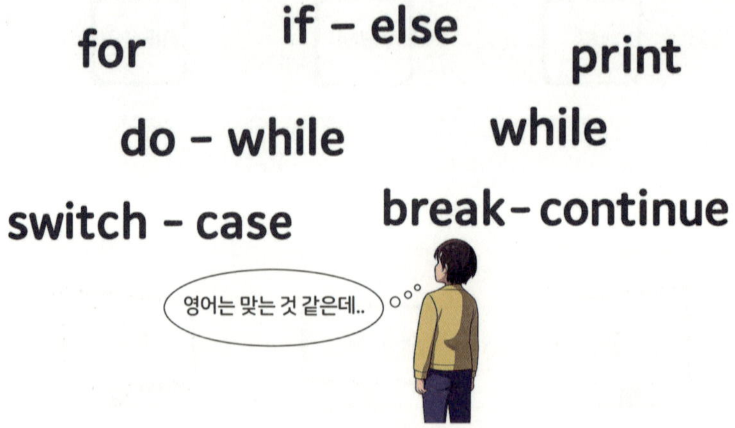

▲ 고급 프로그래밍 언어의 문법

고급 프로그래밍 언어는 기계어로 번역해 주는 해석 프로그램만 잘 선택하면 하드웨어의 종류에 구애받지 않고 다양한 컴퓨터에서 실행할 수 있습니다. 그러나 이러한 번역 과정에서 저급 프로그래밍 언어보다 실행 속도가 느려질 수 있습니다.

▲ 고급 프로그래밍 언어의 번역 과정

고급 프로그래밍 언어 개발 초기에는 1950년대 IBM에서 개발한 포트란(Fortran)이 가장 유명했습니다. 포트란은 주로 과학 기술 분야의 수치 계산에 사용되며, 높은 계산 효율성 덕분에 여러 차례의 업데이트를 거쳐 오늘날에도 사용되고 있습니다. 이후 코볼(COBOL), 알골(ALGOL), 파스칼(Pascal) 등 다양한 언어가 개발되었습니다. 오늘날 널리 사용되는 고급 프로그래밍 언어로는 C, C++, 파이썬(Python), 자바(Java), 자바스크립트(JavaScript) 등이 있으며, 모바일 프로그래밍 언어로는 코틀린(Kotlin)과 스위프트(Swift) 등이 있습니다.

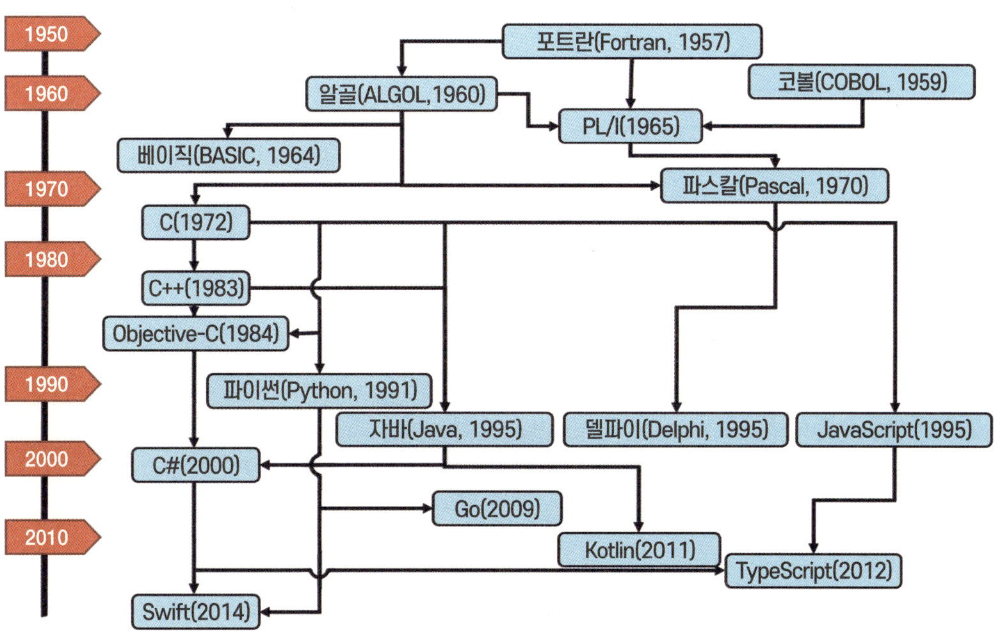

▲ 고급 프로그래밍 언어의 연대표

Lesson 2

프로그램 구현 과정

POINT 컴퓨터와 사람은 언어가 달라 소통을 위해서는 번역하는 과정이 필요합니다. 사람의 언어가 어떻게 기계어로 번역되는지 알아봅시다.

1 컴파일

고급 프로그래밍 언어로 작성한 코드를 **소스 코드**(Source Code)라고 합니다. 일반적으로 '코드'라고 하면 이 소스 코드를 의미합니다. 소스 코드는 사람이 이해하기 쉬운 언어로 작성되기 때문에, 컴퓨터에서 실행하려면 이를 기계어로 번역해야 합니다. 기계어로 번역된 코드를 **목적 코드**(Object Code)라고 하며, 이 번역 과정을 **컴파일**(Compile)이라고 합니다. 소스 코드가 저장된 파일은 소스 파일, 목적 코드가 저장된 파일은 목적 파일이라고 부릅니다.

컴파일하는 방식에는 두 가지가 있는데, 하나는 **컴파일러**(Compiler)를 이용하는 방식이고, 다른 하나는 **인터프리터**(Interpreter)를 이용하는 방식입니다.

▲ 컴파일

2 컴파일러

컴파일러(Compiler)는 소스 코드 전체를 한 번에 기계어로 번역해 주는 프로그램입니다. 전체 코드를 한꺼번에 번역하기 때문에 오류가 발생하면 프로그램 자체가 실행되지 않으며, 오류의 위치를 찾기 어려울 수 있습니다. 또한, 코드의 일부만 수정해도 전체 코드를 다시 컴파일해야 하므로 기계어로 번역하는 데 시간이 오래 걸리는 단점이 있습니다. 하지만 일단 한번 컴파일된 코드는 필요할 때마다 컴파일 과정 없이 바로 실행할 수 있으므로 실행 속도가 매우 빠릅니다.

▲ 컴파일러의 특징

컴파일러 방식을 사용하는 언어에는 포트란(Fortran), 코볼(COBOL), C, C++, C# 등이 있습니다. 자바의 경우, 컴파일 과정에서 중간 코드인 **자바 바이트 코드**(Java Byte Code)를 생성할 때까지 컴파일러 방식을 사용합니다.

한편, 규모가 큰 프로그램을 만들 때는 일반적으로 여러 명이 역할을 나누어 작업하므로, 여러 개의 목적 코드가 생성될 수 있습니다. 이때 각각의 목적 코드를 하나의 실행 파일로 합치는 작업이 필요한데, 이 작업을 수행하는 프로그램을 **링커**(Linker)라고 하고, 그 과정을 **링킹**(Linking)이라고 합니다.

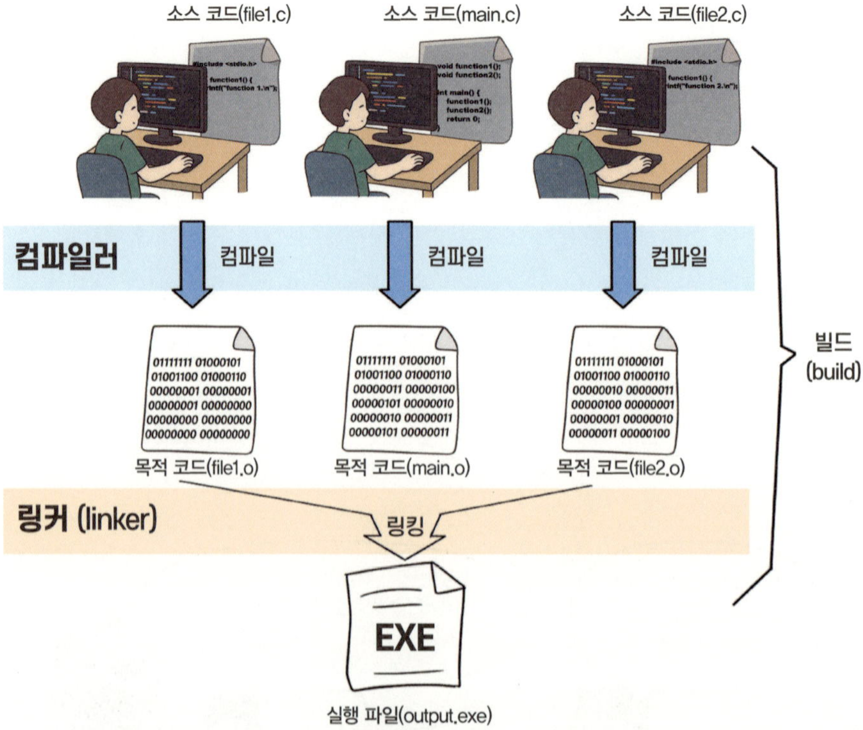

▲ 빌드 과정

링커로 만들어진 프로그램 파일을 **실행 파일**(Executable File)이라고 합니다. 컴퓨터 프로그램을 설치할 때 흔히 보는 install.exe나 setup.exe와 같은 파일이 바로 실행 파일입니다. 소스 코드가 목적 코드로 컴파일된 후, 링킹을 거쳐 실행 파일이 만들어지는 전체 과정을 **빌드**(Build)라고 합니다.

이렇게 만들어진 실행 파일은 **로더**(Loader)에 의해 메모리에 탑재된 후, 명령어에 따라 실행됩니다.

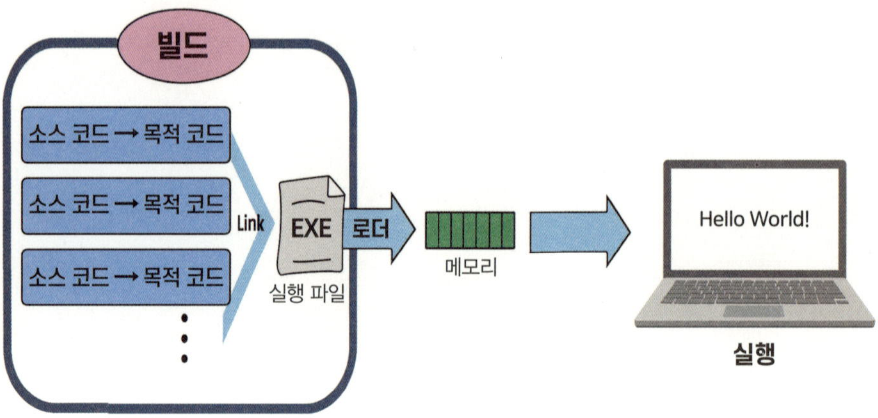

▲ 명령어 실행 과정

3 인터프리터

인터프리터(Interpreter)는 소스 코드의 명령어를 한 줄씩 번역하여 즉시 실행하는 언어 처리기입니다. 이는 소스 코드 전체를 한꺼번에 번역한 후 실행하는 컴파일러와 대조적입니다. 따라서 목적 코드를 따로 생성하지 않으며, 실행 과정에서 실시간으로 번역이 이루어집니다.

◀ 인터프리터

컴파일러는 한 번만 소스 코드를 번역하면, 그 이후에는 빠르게 실행할 수 있습니다. 반면, 인터프리터는 소스 코드를 실행할 때마다 매번 번역 과정을 반복하므로 실행 속도가 느릴 수 있습니다. 하지만 인터프리터는 실행 중에 바로 오류를 확인하고 수정할 수 있어, 개발 과정에서 빠른 피드백을 제공할 수 있다는 장점이 있습니다. 인터프리터를 사용하는 대표적인 프로그래밍 언어로는 베이직(BASIC), 파이썬(Python), 자바스크립트(JavaScript), 루비(Ruby) 등이 있습니다.

▲ 인터프리터의 장단점

Lesson 3

텍스트형 프로그래밍 언어

POINT 글자를 입력해서 코딩하는 프로그래밍 언어를 텍스트형 프로그래밍 언어라고 합니다. 텍스트형 프로그래밍 언어의 두 가지 유형과 특징을 살펴봅시다.

1 프로그래밍 언어의 분류

텍스트형 프로그래밍 언어는 명령어를 글자로 입력하여 코드를 작성하는 프로그래밍 언어입니다. 사실, 초기의 모든 프로그래밍 언어는 텍스트형이었지만, **블록형 프로그래밍 언어**가 등장한 이후 이를 구분하기 위해 **텍스트형**이라는 용어를 사용하기 시작했습니다. 텍스트형 프로그래밍 언어는 매우 다양한데, 크게는 **절차 지향**(Procedural) 프로그래밍 언어와 **객체 지향**(Object-Oriented) 프로그래밍 언어로 나눌 수 있습니다.

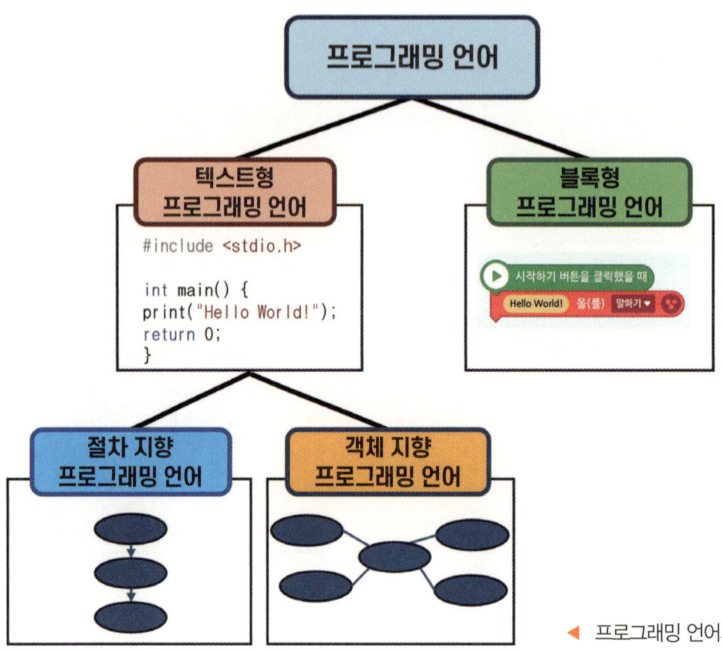

◀ 프로그래밍 언어의 분류

2 절차 지향 프로그래밍 언어

절차 지향 프로그래밍 언어(Procedural Programming Language)는 프로그램의 전체 작업을 작은 단위로 나누어 순서대로 실행하는 방식의 언어입니다. 이 작은 단위를 일반적으로 **함수**(Function) 또는 **프러시저**(Procedure)라고 합니다. 초기의 텍스트형 프로그래밍 언어인 포트란, 파스칼, C 언어 등이 절차 지향 프로그래밍 언어에 속합니다.

▲ 절차 지향 프로그래밍 언어

3 객체 지향 프로그래밍 언어

객체 지향 프로그래밍 언어(Object-Oriented Programming Language)는 특정 기능을 수행할 수 있는 **객체**(Object)를 만들어 객체 간의 상호작용으로 프로그램을 구성하는 방식의 언어입니다. 객체는 **속성**(Attributes)과 **행동**(메소드, Methods)으로 구성되며, 각 객체는 독립적으로 정의되어 다른 코드에서 불러와 재사용할 수 있습니다. 대표적인 객체 지향 언어에는 C#, C++, 파이썬, 자바, 자바스크립트 등이 있습니다.

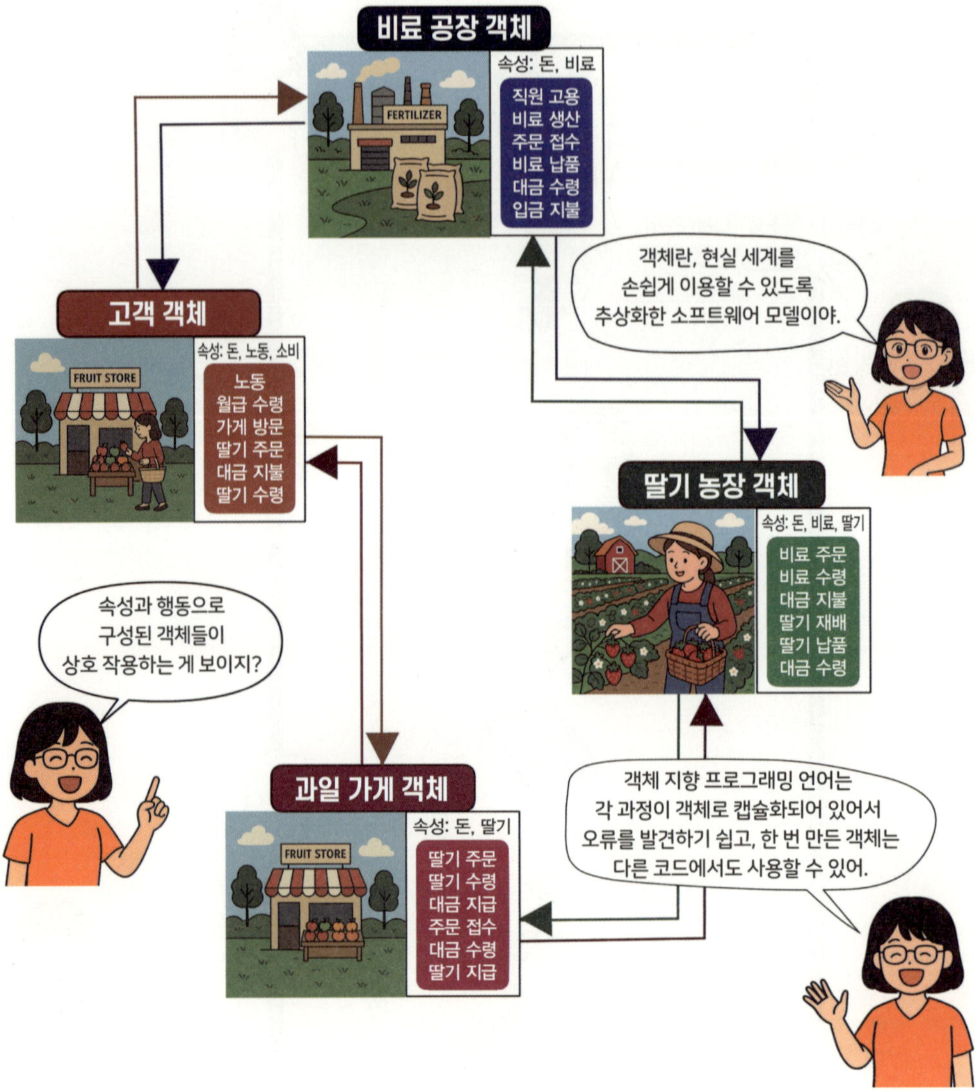

▲ 객체 지향 프로그래밍 언어

4 대표적인 텍스트형 프로그래밍 언어

1 C 언어

C 언어(C Programming Language)는 절차 지향 프로그래밍 언어로서, 1972년 개발된 이후 현재까지도 널리 사용되는 언어입니다. 유닉스(Unix)라는 운영체제를 개발하는 데 사용되었으며, 문법이 비교적 간단하고 하드웨어 제어에도 적합하여 많은 사람이 프로그래밍을 배울 때 입문 언어로 C 언어를 선택합니다. C++은 C 언어를 기반으로 객체 지향 프로그래밍 기능을 추가하여 개발된 언어입니다.

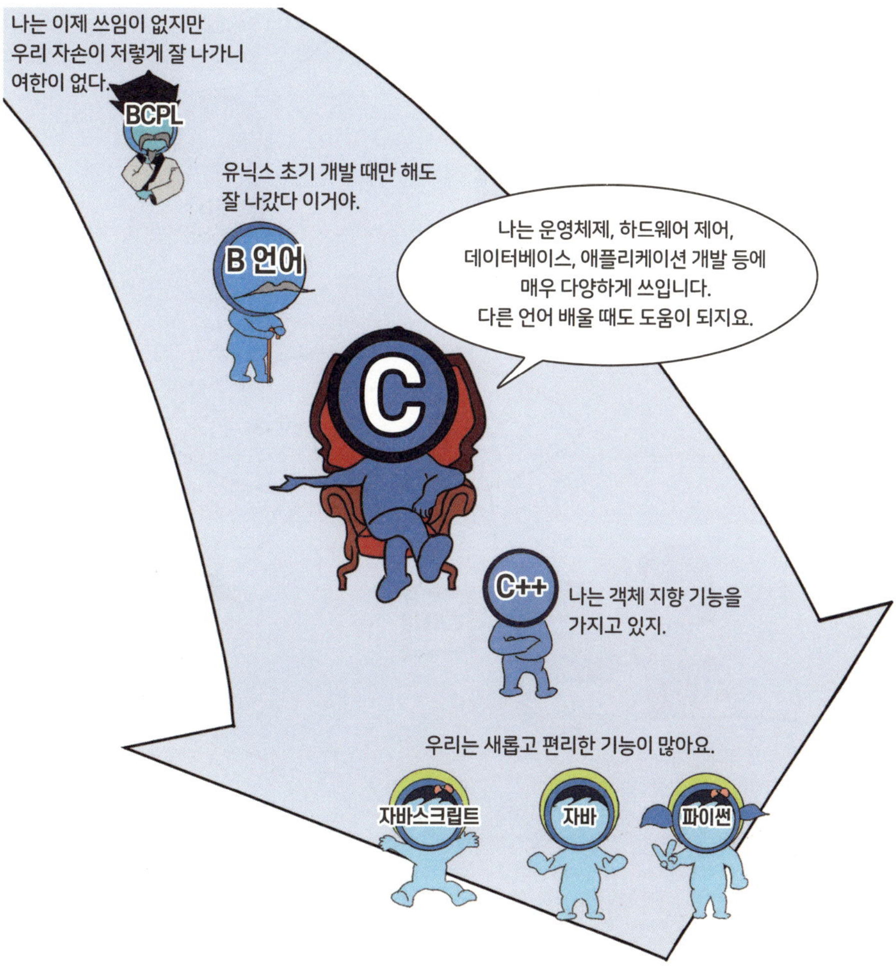

▲ C 언어의 등장

2 파이썬

파이썬(Python)은 1991년 발표된 객체 지향 프로그래밍 언어로서, 문법이 쉽고 확장성이 뛰어난 것이 특징입니다. 파이썬은 우리나라의 고등학교와 대학교 교육과정에 포함되어 있고, 연구기관과 산업계에서도 폭넓게 활용되고 있습니다. 또한 한 줄씩 명령을 해석하여 실행하는 인터프리터 방식 언어이므로, 결과를 즉시 확인할 수 있어 오류를 찾기 쉬운 장점이 있습니다. 특히 머신러닝과 딥러닝에 필요한 통계 · 데이터 분석 라이브러리를 풍부하게 제공하므로, 인공지능 프로그램을 개발하는 데 매우 유용합니다.

▲ 파이썬의 특징

3 자바

자바(Java)는 썬마이크로시스템즈(Sun Microsystems)의 제임스 고슬링(James Gosling) 팀이 1996년에 발표한 객체 지향 프로그래밍 언어입니다.

자바는 한 번 작성하면 어디서나 실행된다(Write Once, Run Anywhere)는 철학을 바탕으로, 운영체제와 관계없이 코드가 실행될 수 있도록 만들어졌습니다. C++에서 복잡하고 까다로운 기능들을 제거하여 좀 더 단순하고 안전하게 만든 점이 자바의 특징입니다. 현재 자바는 웹 애플리케이션, 모바일 애플리케이션, 서버 시스템 등 다양한 분야에서 폭넓게 활용되며, 개발자를 꿈꾸는 학생들이 반드시 배워야 할 대표적인 언어 중 하나로 꼽힙니다.

자바 언어의 가장 큰 특징은 **자바 가상 머신**(JVM, Java Virtual Machine)을 사용한다는 점입니다. 자바의 소스 코드는 자바 컴파일러를 거쳐 **바이트 코드**(Byte Code)라는 특수한 이진 파일(0과 1로 이루어진 파일)로 컴파일됩니다. 이후 자바 가상 머신이 이 바이트 코드를 인터프리터 방식을 사용하여 기계어로 해석합니다. 따라서 자바로 작성된 프로그램은 운영체제에 맞는 자바 가상 머신만 설치되어 있다면 운영체제의 종류와 상관없이 실행되는데, 이러한 특성을 **플랫폼 독립성**(Platform Independence)이라고 합니다.

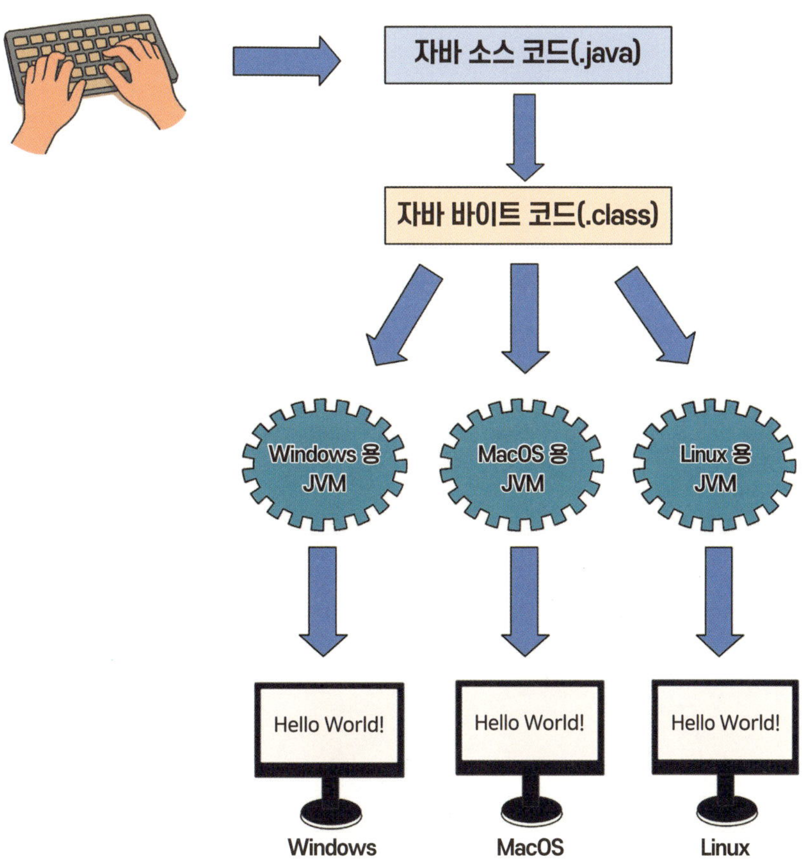

▲ 자바의 구현 과정

4 자바스크립트

자바스크립트(JavaScript, JS)는 1995년 미국의 프로그래머 브렌던 아이크(Brendan Eich)가 '모카(Mocha)'라는 이름으로 개발한 프로그래밍 언어로 객체 지향 프로그래밍을 지원합니다. 자바스크립트는 주로 웹 브라우저에서 HTML, CSS와 함께 사용되며, 상호작용(Interactive) 기능을 구현하는 역할을 합니다. 이름이 '자바'와 비슷하지만 전혀 다른 언어이고, 국제 표준화 기구인 Ecma International에서 제정한 ECMAScript 표준을 따르는 언어입니다.

▲ 웹 브라우저의 구성

자바스크립트로 할 수 있는 일은 매우 다양합니다. 예를 들어, 별도의 프로그램 설치 없이 웹 브라우저에서 바로 문서 작업이나 각종 기능을 사용할 수 있는 애플리케이션을 만들거나 페이스북, 인스타그램과 같은 모바일 애플리케이션, 디스코드(Discord), 비주얼 스튜디오 코드(Visual Studio Code)와 같은 데스크톱 애플리케이션을 개발하는 데 사용됩니다. 그뿐만 아니라 MongoDB와 같은 데이터베이스와 연동하여 데이터를 저장 · 관리하는 데에도 활용될 수 있습니다.

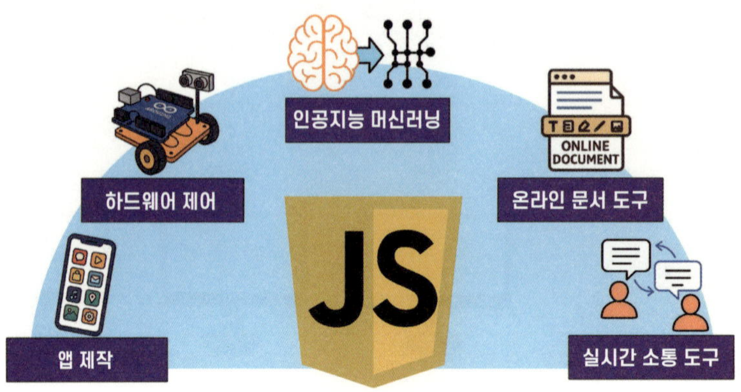

▲ 자바스크립트의 활용

Lesson 4

코딩의 가치

POINT 현재 모든 초·중·고등학생들이 코딩을 배우고 있고, 사회적으로도 많은 사람이 코더로서 살아가고 있습니다. 코딩이 우리 삶에 어떤 가치가 있는지 생각해 봅시다.

1 코딩으로 할 수 있는 일

우리 사회 대부분의 분야에서 컴퓨터 프로그램이 활용되고 있으므로, 코딩으로 할 수 있는 일은 매우 다양합니다. 코딩의 가치에 대해서 하나씩 생각해 봅시다.

첫째, 코딩을 할 수 있는 사람은 선택할 수 있는 직업의 폭이 넓습니다. 예를 들어 온라인 금융 거래나 보안 관리, 법률 사무, 회사 출입 관리, 엘리베이터 운행 제어, 웹디자인, 여행 포털 운영, 광고 디자인, 디지털 아트, 게임 개발, 가전제품 개발, 군사용 로봇이나 전투기 개발 등 다양한 분야에서 활동할 수 있습니다. 앞으로 인공지능과 같은 미래 기술이 발전함에 따라, 코딩의 중요성과 가치는 더욱 높아질 것입니다.

▲ 코더의 진로

둘째, 코딩은 삶의 다양한 문제를 해결하는 데 도움이 될 수 있습니다. 예를 들어 한 사회복무요원이 하루 8시간씩 6개월 수행해야 할 단순 작업을 코딩으로 단 30분 만에 해결한 사례가 인터넷에서 화제가 된 적이 있습니다. 애플의 공동 창업자 스티브 잡스(Steve Jobs)는 "모든 사람은 컴퓨터 프로그래밍을 배워야 한다. 왜냐하면 그것은 곧 생각하는 법을 가르쳐주기 때문이다."라고 말했습니다. 코딩의 핵심은 문제를 이해하고, 자료를 수집한 뒤, 패턴을 추출하고, 해결 과정을 구조화하는 것입니다. 이러한 사고 과정은 다양한 삶의 문제에 적용할 수 있으므로, 코딩을 배우면 문제 해결 역량을 기를 수 있습니다.

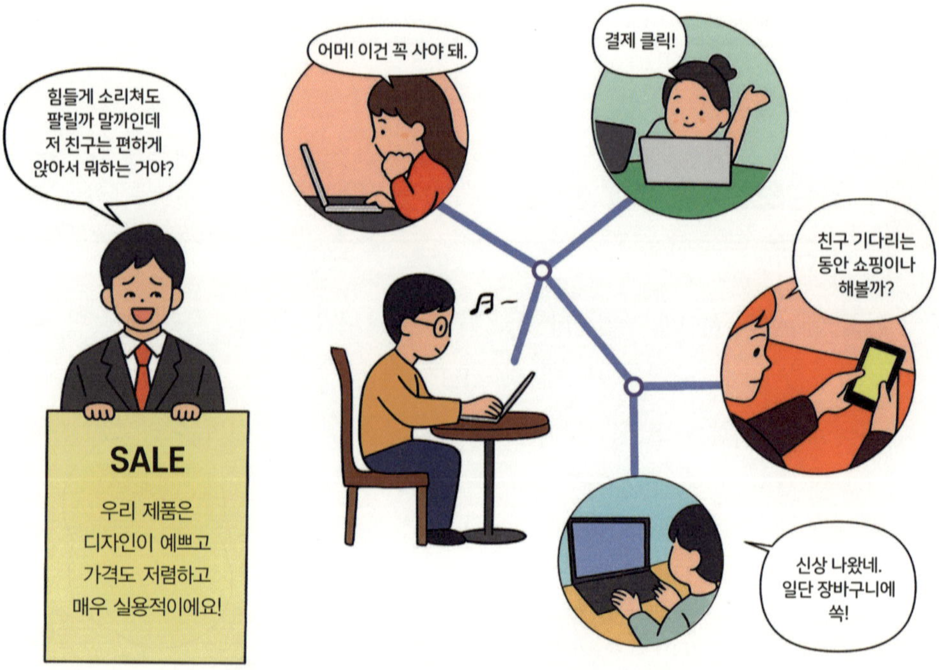

▲ 코딩을 이용한 문제 해결

셋째, 코딩은 삶을 더욱 즐겁고 의미 있게 만들어 줍니다. 코딩은 자신의 아이디어를 직접 구현할 수 있는 도구이므로, 창작의 기쁨과 자아실현의 만족감을 느끼게 해 줍니다. 나만을 위한 소프트웨어를 만들어 삶을 편리하게 하거나, 내가 만든 프로그램이 다른 사람에게 도움이 되는 모습을 보며 뿌듯함을 느낄 수 있습니다.

▲ 코딩을 이용한 자아실현

2 컴퓨팅 사고력 향상

컴퓨팅 사고력은 컴퓨팅 시스템의 개념과 원리를 바탕으로 문제를 해결하는 능력을 말합니다. 이는 전문 프로그래머뿐만 아니라 창의력과 문제 해결 능력을 기르기 위해 모든 사람이 갖추어야 할 중요한 역량입니다. 컴퓨팅 사고력의 주요 요소는 문제 분해(Decomposition), 패턴 인식(Pattern Recognition), 추상화(Abstraction), 알고리즘 설계(Algorithm Design)입니다.

1. 문제 분해

문제를 이해하는 효과적인 방법 중 하나는 문제를 분해해 보는 것입니다.
큰 문제를 작은 부분으로 나누면 더 쉽게 이해할 수 있습니다.

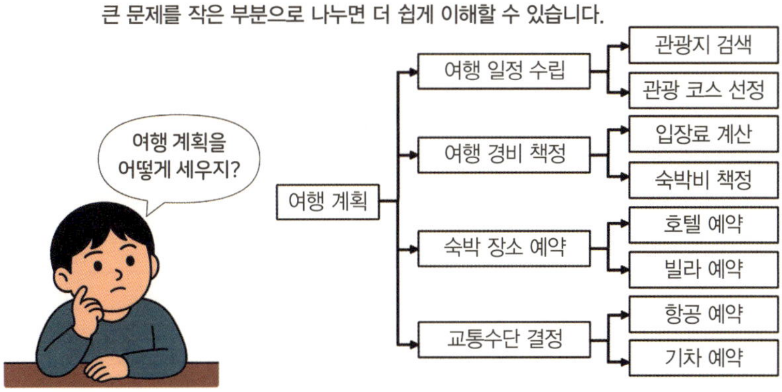

2. 패턴 인식

패턴이란, 문제에서 유사한 부분이나 규칙을 말합니다.
패턴을 찾아내면 문제를 효율적으로 해결할 수 있습니다.

3. 추상화

문제 해결에 불필요한 부분을 없애고, 핵심 요소만을 추출하는 과정입니다.

핵심 요소

관광지 목록
여행 기간 | 선호하는 활동 | 열차 시간표
숙소 위치 | 이동, 숙박, 활동 구성 | 예산
날짜별 여행 일정표 | 날씨 | 시차

공항에서 신을 신발
분 단위 시간표
여행지에서 입을 옷
배고플 때 먹을 간식
기내식 후기 읽기

4. 알고리즘 설계

문제를 해결하기 위한 구체적인 절차를 계획하고 구성하는 과정입니다.

여행 기간, 예산 결정
↓
주요 도시와 관광지 조사
↓
이동, 숙박 계획 확정
↓
항공권, 기차, 숙소 예약
↓
날짜별 일정표 작성
↓
동선 검토 및 조정

▲ 컴퓨팅 사고력의 주요 요소

코딩은 문제 해결을 위한 알고리즘을 컴퓨팅 시스템이 실행할 수 있는 형태로 표현하는 자동화의 중요한 단계입니다. 따라서 코딩을 하려면 문제 이해와 추상화 및 알고리즘 설계 과정을 거쳐야 하므로, 코딩을 배우는 동안 논리력, 창의력, 문제 해결 능력을 함께 키울 수 있습니다. 이러한 이유로 영국, 미국 등 주요국들에서는 일찍부터 코딩 교육을 정규 교육과정에 도입하였으며, 우리나라도 엔트리나 스크래치와 같은 교육용 프로그래밍 언어를 활용해 초등학교부터 코딩 교육을 실시하고 있습니다.

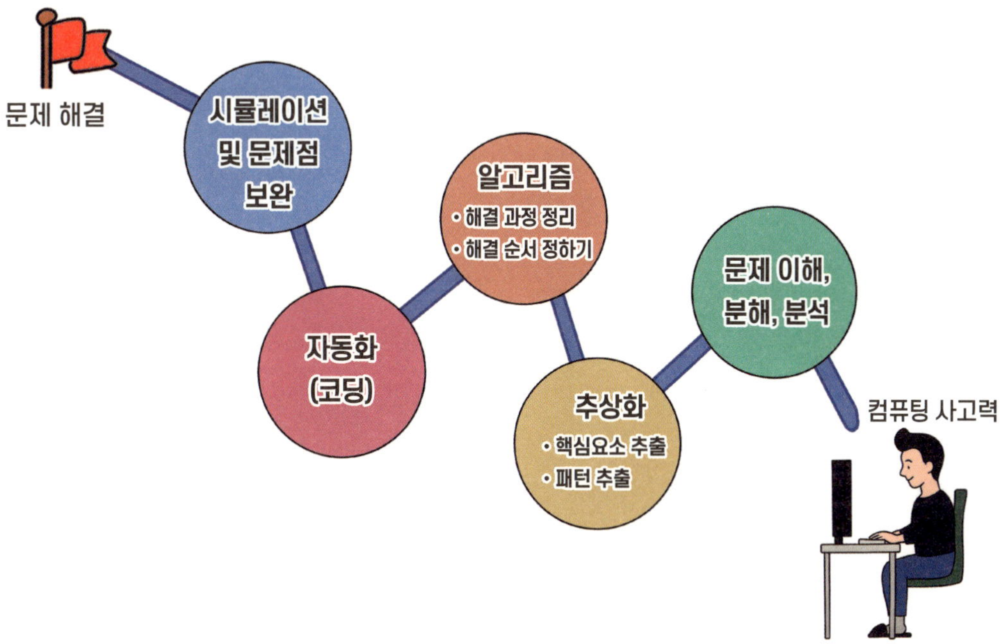

▲ 컴퓨팅 사고력 향상을 위한 코딩 교육

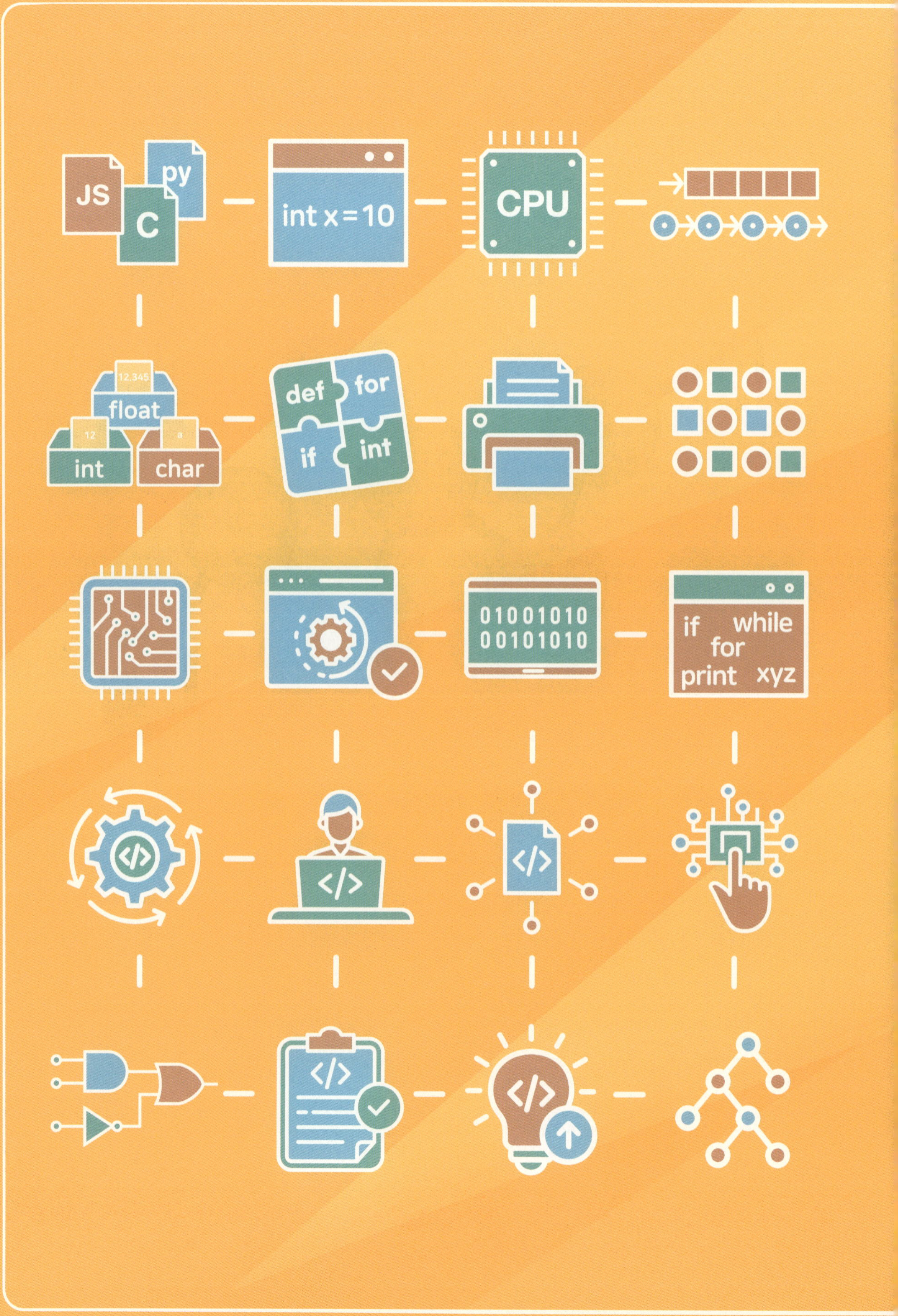
JS
py
C
int x=10
CPU
12,345
float
12
a
int
char
def
for
if
int
01001010
00101010
if
while
for
print
xyz

Chapter 2

사람과 컴퓨터의 소통

Lesson 1 비트와 코드

Lesson 2 반도체

Lesson 3 논리 게이트

Lesson 4 중앙 처리 장치

Lesson 5 레지스터와 기계 주기

Lesson 6 컴퓨터의 언어

Lesson 1

비트와 코드

POINT 프로그램은 기본적으로 0과 1의 연산으로 이루어집니다. 컴퓨터에서 데이터를 저장하는 원리를 살펴보고, 이진 처리 방식을 이해해 봅시다.

1 이진 처리와 코드

컴퓨터는 이진수 체계를 사용하여 데이터를 처리합니다. 이러한 방식은 컴퓨팅 시스템의 논리 회로에 적합하고, 데이터 처리와 저장, 전송에 효율적입니다.

▲ 이진수 체계

컴퓨터 메모리의 최소 저장 단위는 비트(bit)입니다. 비트는 전압의 높고 낮은 상태에 따라 1과 0으로 표현됩니다. 컴퓨터 메모리는 8비트로 구성된 1바이트 단위로 주소가 매겨지는데, 컴퓨터 CPU는 보통 한 번에 4바이트(32비트) 또는 8바이트(64비트) 단위로 처리합니다.

▲ 1바이트 표현

컴퓨터는 이진수 체계를 이용한 이진 처리 방식(Binary Processing)으로 연산 작업을 수행하여 숫자, 문자, 이미지, 소리 등 다양한 데이터를 표현할 수 있습니다. 이 방식은 전기 회로가 오직 꺼짐(0)과 켜짐(1) 두 상태만을 사용하므로 전기적 잡음이나 외부 간섭의 영향을 덜 받아 오류 발생이 적습니다.이런 장점 덕분에 이진 처리 방식은 단순하면서도 신뢰성이 높아 현대 디지털 기기의 핵심 기술로 자리 잡았습니다.

2 이진 데이터 저장 장치

컴퓨터 기술은 초기의 단순한 기계 장치에서부터 오늘날의 고성능 컴퓨터에 이르기까지 이진 처리 방식을 기반으로 꾸준히 발전해 왔습니다. 이 과정에서 이진 데이터를 저장하는 장치 또한 지속적으로 발전해 왔습니다.

1 천공카드(Punched Card)

천공카드는 이진 처리를 기계적으로 구현한 것으로, 카드에 뚫린 구멍의 유무로 0과 1을 표현합니다. 1950년대 초창기 컴퓨터에 주요한 입력 수단으로 사용되었으며, 초기 프로그래밍 언어인 포트란과 코볼을 활용할 때도 사용되었습니다.

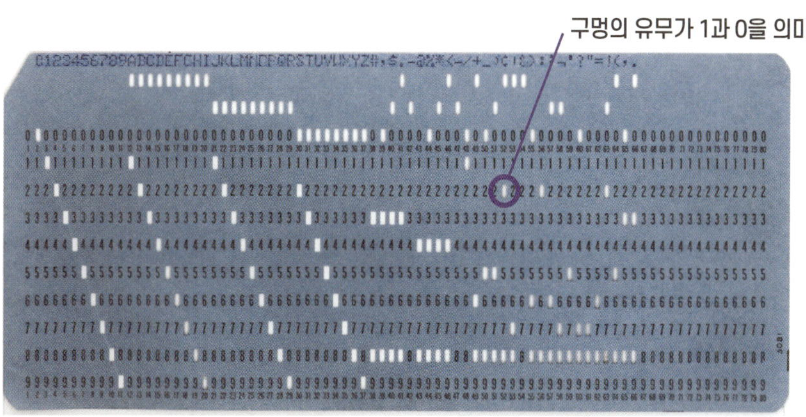

▲ 천공카드

하지만 천공카드는 구멍을 뚫는 과정이 번거롭고, 데이터 양에 비해 천공카드의 물리적 부피가 너무 크며, 기계에 입력하는 절차가 까다롭다는 단점이 있습니다. 이러한 이유로 점차 새롭게 등장한 자기 테이프에 밀리기 시작했습니다.

2 자기를 이용한 저장 장치

자기(磁氣, Magnetism)를 이용한 저장 장치는 강자성체[1]로 된 테이프나 금속 표면 위에 전류를 흘려 자화[2] 방향을 설정하고, 이 자화 방향에 따라 0과 1을 표현하는 방식입니다. 이러한 방식은 이전의 천공카드에 비해 대용량 데이터를 보다 간편하게 저장할 수 있고, 전원이 끊어져도 데이터를 유지할 수 있는 장점이 있습니다.

자기 테이프(Magnetic Tape)

- **뜻** – 플라스틱 테이프 표면에 산화철과 같은 자성 물질을 코팅한 저장 매체
- **장점** – 비용이 저렴하고 대용량 데이터를 저장하는 데 적합함
- **단점** – 순차 접근 방식이어서 데이터 접근 속도가 느림

자기 디스크(Magnetic Disk)

플로피 디스크
(FDD)

하드 디스크
(HDD)

- **뜻** – 디스크 표면에 자성 물질을 코팅한 저장 매체
- **플로피 디스크** – 얇고 가벼워 휴대성이 좋지만, 저장 용량이 작고 데이터 전송 속도가 느림
- **하드 디스크** – 플로피 디스크에 비해 저장 용량이 크고 데이터 처리 속도가 빨라 현재까지도 널리 사용되고 있음

▲ 자기를 이용한 저장 장치

3 전기를 이용한 저장 장치

전기를 이용한 저장 장치는 전기적 특성을 이용하여 데이터를 저장하고 읽어내는 장치로, 오늘날 대부분의 컴퓨터와 디지털 장치에서 널리 사용되고 있습니다. 이러한 저장 장치는 반도체 소자를 기반으로 하여, 전기 신호를 감지해서 0과 1을 표현합니다. 전기를 이용한 대표적인 저장 장치에는 램(RAM), 플래시 메모리 등이 있습니다.

1) 강자성체(強磁性體, Ferromagnet): 외부의 자기장에 의해 강하게 자기화되어, 자기장을 없애도 자기화가 그대로 남아 있는 성질의 물질
2) 자화(磁化, Magnetization): 물체가 자석처럼 자기를 띠는 현상

RAM(Random Access Memory)

- **뜻** – 커패시터에 전하를 저장하고 있는지 여부로 0과 1을 인식하여 데이터를 저장하는 장치
- **특징** – 전원이 꺼지면 데이터가 사라지는 휘발성 메모리
- **종류** – 주기억 장치에 주로 쓰는 DRAM과 캐시메모리에 주로 사용하는 SRAM으로 나뉨

플래시 메모리(Flash Memory)

- **뜻** – Floating Gate Transistor를 사용해 전하의 축적 유무로 0과 1을 인식하여 데이터를 저장하는 반도체 저장 장치
- **특징** – 전원이 꺼진 후에도 데이터를 유지하는 비휘발성 메모리
- **종류** – 대용량 저장 장치(SSD, USB 등)에 사용되는 NAND형과 빠른 읽기 속도가 필요한 저장 장치(ROM 등)에 사용되는 NOR형으로 나뉨

SSD(Solid State Drive)

- **뜻** – NAND 플래시 메모리를 이용해 데이터를 저장하는 고속의 비휘발성 저장 장치
- **특징** – 하드디스크와 비교하여 데이터 접근 속도가 빠르고, 기계적 부품이 적어 내구성이 높아 노트북이나 데스크톱 PC에 널리 사용되고 있음

▲ 전기를 이용한 저장 장치

이진 처리 방식의 저장 장치가 발달하면서 데이터를 보다 빠르고 안정적으로 처리할 수 있는 환경이 구축되었습니다. 그 결과, 현재 우리가 사용하는 거의 모든 디지털 기기에 대용량의 고속 저장 장치가 탑재되어 방대한 데이터를 효율적으로 저장하고 활용할 수 있게 되었습니다.

Lesson 2

반도체

POINT

컴퓨팅 시스템에서는 간단하고 효율적으로 연산을 하기 위해 이진수를 사용합니다. 컴퓨팅 시스템이 1과 0을 구별할 수 있도록 어떤 기계적 장치가 사용되었는지 알아봅시다.

1 릴레이

컴퓨터는 전류의 흐름 유무에 따라 1과 0만을 인식하는 기계이므로, 필요에 따라 전류를 흐르게 하거나 차단하는 장치가 필요합니다. 초기 컴퓨터에는 전류를 제어하기 위해 **릴레이**(Relay)라는 장치를 사용했습니다. 릴레이는 전자석의 힘으로 철판을 움직여 전류를 제어하는 장치로 전기 소모가 많은 단점이 있습니다. 또한 간혹 릴레이에 벌레가 끼어 작동이 멈추는 일이 발생하기도 했는데, 이때부터 컴퓨터의 오류를 **버그**(Bug)라고 부르게 되었다는 이야기도 있습니다.

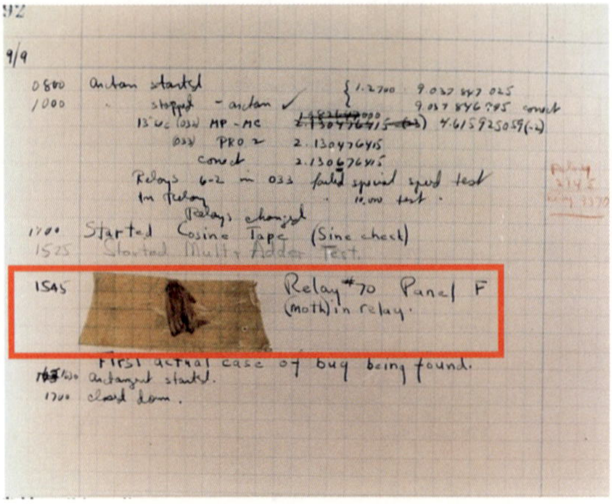

▲ 릴레이에 끼어서 Mark II 컴퓨터에 오류를 일으켰던 나방(출처: Wikimedia Commons)

▲ 버그의 유래

2 진공관

릴레이 다음으로 컴퓨터에 사용한 전류 제어 장치는 **진공관**(Vacuum Tube)입니다. 진공관은 내부가 진공 상태인 유리관입니다. 이 유리관 속 필라멘트에 전류를 흘려 가열하면, 음극(캐소드, Cathode)인 금속의 온도가 올라가 자유 전자가 방출됩니다. 이렇게 방출된 전자들은 양극(애노드, Anode) 금속판으로 이동하면서 전류를 흐르게 하는데, 이것이 진공관의 기본 원리입니다. 기존의 전기 기계식 릴레이 대신 진공관을 사용함으로써, 훨씬 더 빠르고 안정적인 컴퓨터를 구현할 수 있었습니다.

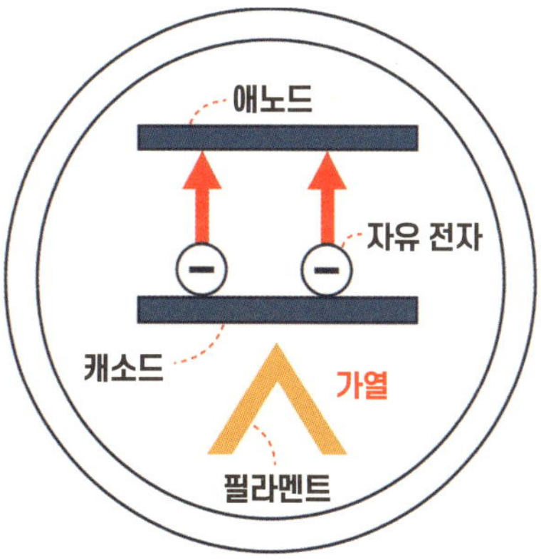

존 앰브로즈 플레밍(John Ambrose Fleming)

▲ 2극 진공관

음극과 양극, 두 개의 전극이 있는 진공관을 **2극 진공관**(Two-Pole Vacuum Tube)이라고 합니다. 이후 2극 진공관에 그리드(Grid)라는 그물 모양의 부품을 추가하여 애노드에 도달하는 전자의 양을 제어할 수 있게 되면서, 3극 진공관(그리드 1개), 4극 진공관(그리드 2개), 5극 진공관(그리드 3개)으로 발전했습니다.

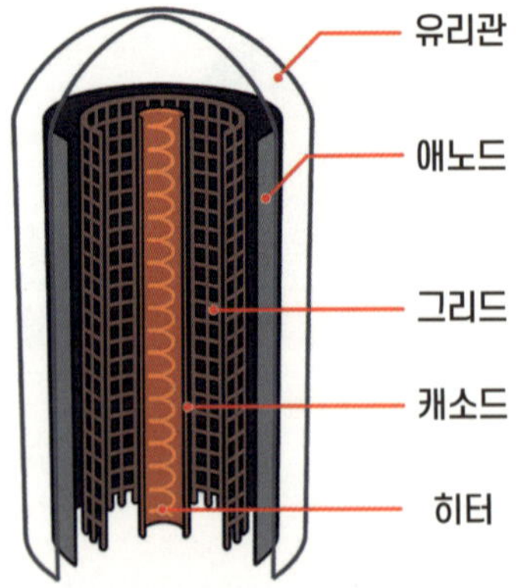

▲ 3극 진공관의 구조

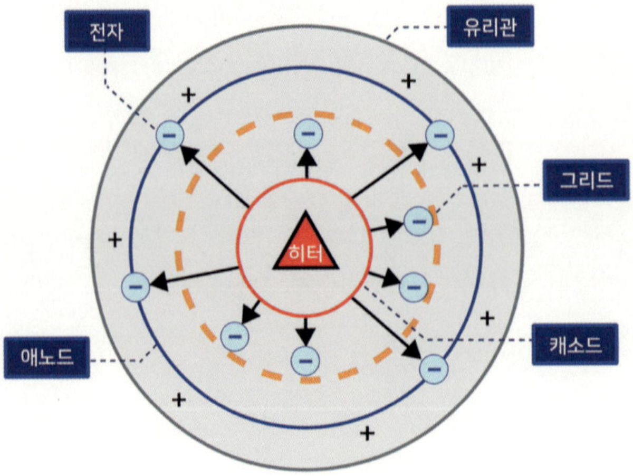

▲ 3극 진공관의 원리

전자는 캐소드(음극)를 떠나 애노드(양극)로 이동하지만, 초기 과학자들은 전류가 양극에서 음극으로 흐른다고 생각했습니다. 이로 인해 전자의 이동 방향과 전류의 흐름 방향은 서로 반대가 되었습니다. 즉, 전류는 양극에서 음극으로 흐르고, 전자는 음극에서 양극으로 이동합니다.

시간이 지나면서 진공관은 제조 비용과 소비 전력 면에서 비효율적인 문제가 부각되었습니다. 그래서 더 저렴하고 소비 전력이 적은 **트랜지스터**(Transistor)로 대체되기 시작했습니다.

3 트랜지스터

트랜지스터는 진공관처럼 전자의 흐름을 제어하는 장치입니다. 이름은 '전송하다(Transfer)'와 '저항(Resistor)'을 합친 말로, 전류의 흐름을 조절할 수 있다는 뜻을 담고 있습니다. 트랜지스터는 반도체를 이용해 전자의 흐름을 제어하여, 전류를 흐르게 하거나 차단하고, 전류를 증폭시키는 역할을 합니다. 반도체란 필요에 따라 도체처럼 전류를 흐르게 하거나 부도체처럼 전류를 차단할 수 있는 특별한 물질을 말합니다.

▲ 트랜지스터(출처: Wikimedia Commons)

트랜지스터를 구성하는 반도체는 어떻게 만들어질까요? 반도체는 전압을 걸어주면 전자가 이동하면서 전류가 흐르는 물질입니다. 좀 더 자세히 말하면, 안정적인 원자에 전자 수가 더 많은 원자를 일부러 섞어서 전자가 남게 하거나, 반대로 전자가 적은 원자를 섞어 전자가 비는 자리, 즉 정공(양공, Electron Hole)이 생기게 만드는 것입니다. 이렇게 하면 전자들이 이동할 수 있어서 전압을 걸어주면 전류가 흐르게 됩니다. 이런 방식으로 원자에 불순물을 섞어 반도체의 성질을 바꾸는 것을 도핑(Doping)이라고 합니다. 여기서 안정적인 전자의 수를 가진 대표적인 원자가 바로 규소(Si), 즉 실리콘입니다. 규소는 최외각 전자가 4개라서 다른 원자들과 공유결합을 하며 안정적인 구조를 만들 수 있어, 반도체의 재료로 널리 사용됩니다. 참고로 미국의 실리콘 밸리(Silicon Valley)라는 지명도 이 지역에서 실리콘을 사용한 반도체 산업이 활발했기 때문에 붙여진 이름입니다.

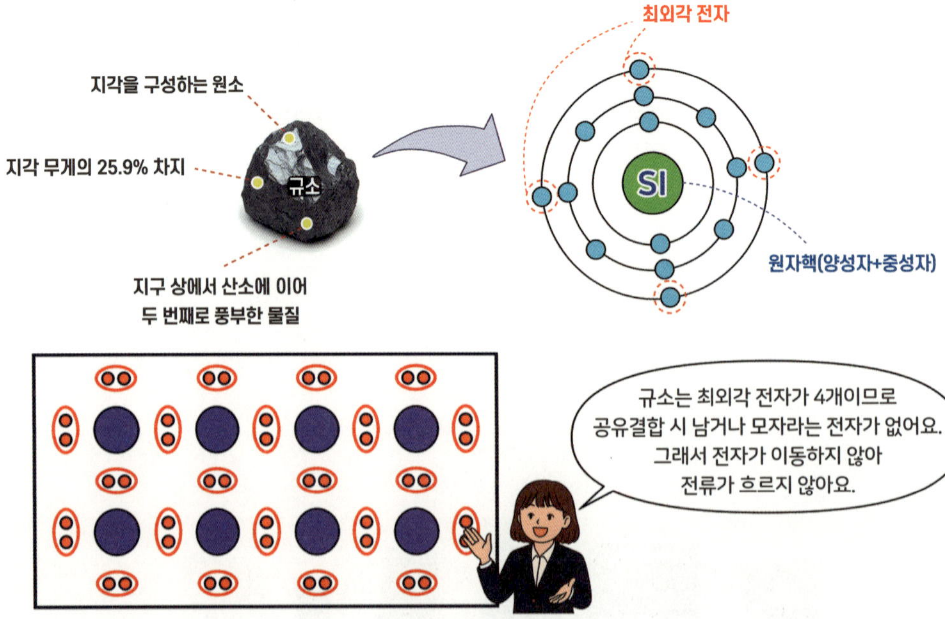

▲ 규소

예를 들어 규소에 최외각 전자가 3개인 붕소(B) 같은 물질을 도핑하면 전자가 부족한 자리, 즉 정공이 생깁니다. 이 상태에서 전압을 걸어 주면, 주변의 전자들이 정공을 채우기 위해 차례대로 이동하면서 마치 정공이 전자의 반대 방향으로 이동하는 것처럼 보이게 됩니다. 이처럼 정공이 이동하면서 전류가 흐르는 반도체를 **P형 반도체**라고 합니다. 여기서 P는 양전하(Positve)를 뜻하며, 정공이 전류를 운반하는 역할을 한다는 의미입니다.

▲ P형 반도체

반대로, 규소에 최외각 전자가 5개인 비소(As)와 같은 물질을 도핑하면, 전자가 하나 남게 됩니다. 이 남은 전자는 쉽게 움직일 수 있어서, 전압을 걸어 주면 자유 전자가 되어 이동하며 전류를 흐르게 합니다. 이렇게 자유 전자가 전류를 흐르게 하는 반도체를 **N형 반도체**라고 합니다. 여기서 N은 음전하(Negative)를 뜻하며, 전자가 전류를 운반하는 역할을 한다는 의미입니다.

▲ N형 반도체

P형 반도체와 N형 반도체를 붙이면, P형 반도체의 정공으로 N형 반도체의 전자들이 이동하려고 합니다. 이 과정에서 서로 만난 전자와 정공이 결합하면서, 경계 부분에 전류의 흐름을 막는 전위 장벽이 생깁니다.

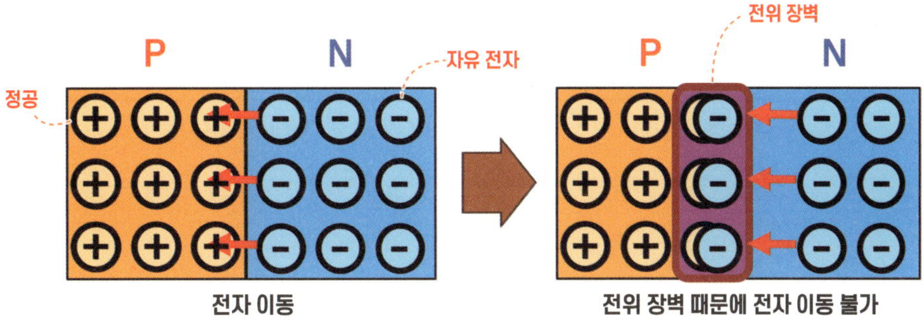

▲ 전위 장벽

이 상태에서 외부 전압을 걸어주면, 전자가 정공 쪽으로 이동할 수 있게 되어 전류가 흐르게 됩니다. 이 경우 전류가 흐르는 반대 방향으로 전압을 걸면 전류가 흐르지 않는데, 이처럼 한 쪽으로만 전류가 흐르는 반도체를 **다이오드**라고 합니다.

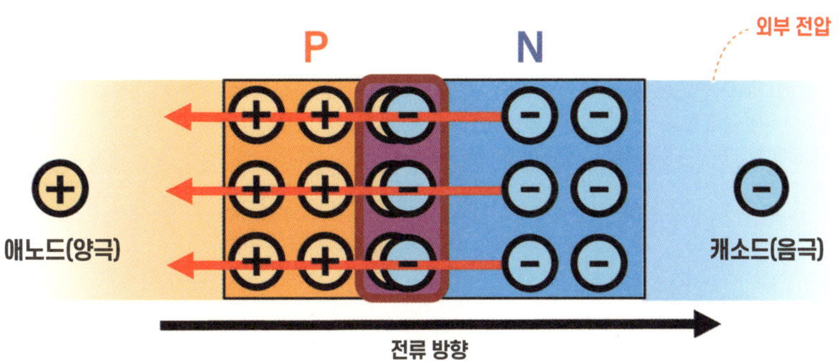

▲ 다이오드

다이오드는 애노드(Anode, 양극)와 캐소드(Cathode, 음극)의 두 단자로 구성되어 있습니다. 전류는 애노드에서 캐소드 방향으로만 흐를 수 있고, 반대 방향으로는 흐르지 않습니다. 그래서 다이오드는 전류의 방향을 조절하거나 역전류로부터 회로를 보호하는 데 자주 사용됩니다. 회로도에서는 다음과 같이 나타냅니다.

▲ 다이오드 회로 기호

트랜지스터는 두 가지 형태로 만들어집니다. NPN형 반도체는 두 N형 반도체 사이에 얇은 P형 반도체를 끼워 넣은 구조이고, PNP형 반도체는 두 P형 반도체 사이에 얇은 N형 반도체를 끼워 넣은 구조입니다.

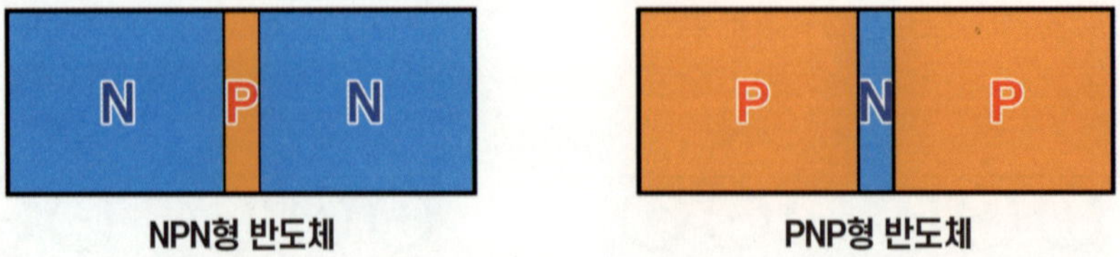

▲ 트랜지스터의 두 가지 형태

트랜지스터에는 **이미터**(Emitter), **베이스**(Base), **콜렉터**(Collector)가 있습니다. 이미터는 전자 또는 정공이 방출되는 곳이고, 베이스는 외부에서 전압을 걸어 전류를 제어하는 곳이며, 콜렉터는 전자 또는 정공이 모이는 곳입니다.

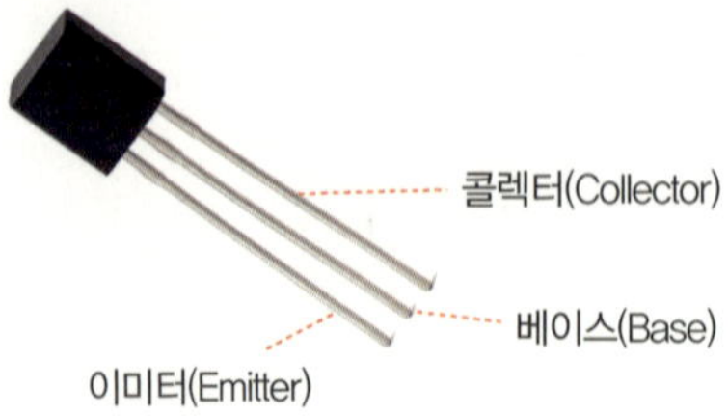

▲ 트랜지스터의 구성

NPN형 트랜지스터는 가운데에 있는 P형 반도체가 전류를 차단하고 있다가, 외부에서 적절한 전압을 걸어주면 전류가 흐릅니다. 이때 베이스에 이미터보다 약 0.7V 높은 전압을 걸어주고, 콜렉터에 베이스보다 더 높은 전압을 걸어주면, 이미터 쪽 N형 반도체에 있던 전자의 일부는 베이스로 이동하지만, 대부분의 전자는 얇은 P형 반도체를 통과해 콜렉터 쪽으로 이동하게 됩니다. 결과적으로 콜렉터에서 이미터 방향으로 전류가 흐릅니다.

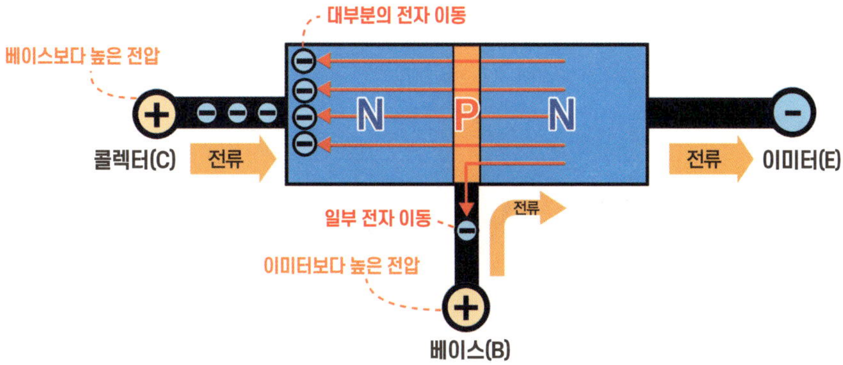

▲ NPN형 트랜지스터의 원리

NPN형 트랜지스터의 회로 기호는 다음과 같습니다.

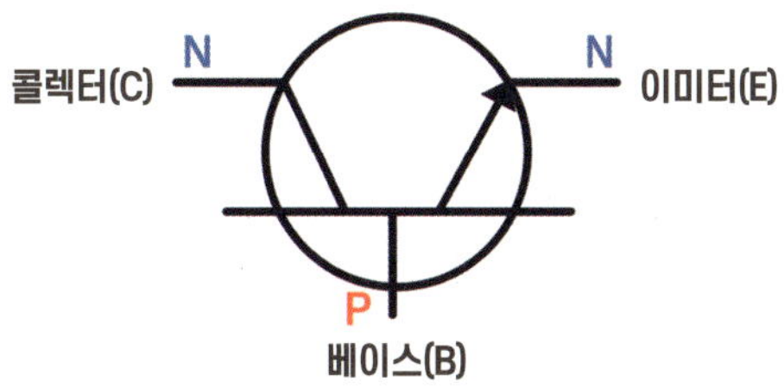

▲ NPN형 트랜지스터의 회로 기호

PNP형 트랜지스터는 가운데에 있는 N형 반도체 때문에 자체로는 전류가 흐르지 않지만, 외부에서 적절한 전압을 걸어 주면 전류가 흐릅니다. 즉, 베이스에 이미터보다 약 0.7V 낮은 전압을 걸어 주고, 콜렉터에는 베이스보다 더 낮은 전압을 걸어 주면, 이미터 쪽 정공들이 일부는 베이스로 유입되지만, 대부분은 얇은 N형 반도체를 통과해 콜렉터 쪽으로 확산됩니다. 이 과정에서 전자는 정공과 결합하기 위해 반대 방향으로 이동하므로, 결과적으로 이미터에서 콜렉터 방향으로 전류가 흐르게 됩니다.

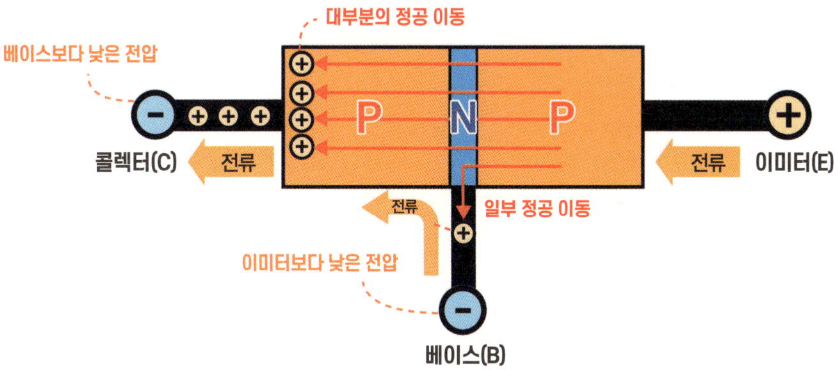

▲ PNP형 트랜지스터의 원리

PNP형 트랜지스터의 회로 기호는 다음과 같습니다.

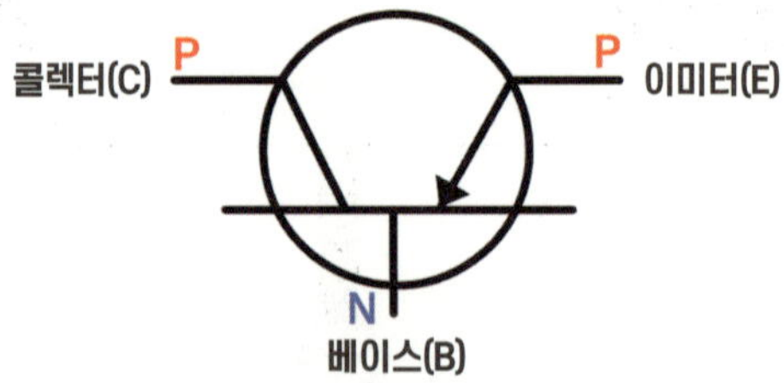

▲ PNP형 트랜지스터의 회로 기호

한편, 1958년 미국 엔지니어 **잭 킬비**(Jack Kilby)는 트랜지스터, 다이오드, 저항 등을 작게 만들어 전자회로를 구성한 **집적회로**(Integrated Circuit 또는 Chip)를 개발했습니다. 이후 집적도가 계속 높아지면서 오늘날의 첨단 반도체 제품으로 발전하게 되었습니다.

▲ 전자회로를 구성하는 집적회로(IC) 칩(출처: Wikimedia Commons)

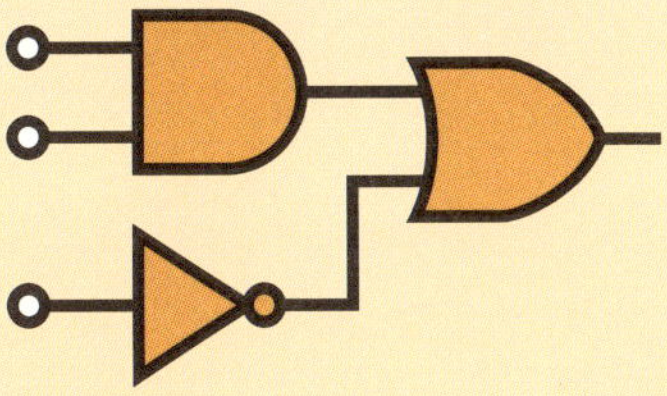

Lesson 3

논리 게이트

POINT 논리 게이트는 불 논리를 전기 회로로 구현한 것입니다. 컴퓨팅 시스템이 복잡한 수학 연산을 처리할 수 있도록 해주는 논리 게이트의 원리에 대해 알아봅시다.

1 불 논리

19세기 영국의 수학자 조지 불(George Boole, 1815~1864)은 1과 0, 즉 참(True)과 거짓(False)이라는 두 가지 값만을 사용하여 논리적인 판단을 수학적으로 표현할 수 있는 이진 논리 체계를 만들었는데, 이를 **불 대수**(Boole代數, Boolean Algebra)라고 합니다. 불 대수를 이용하면 논리합(OR), 논리곱(AND), 부정(NOT) 등 논리 연산으로 명제와 명제 사이의 관계를 수학적으로 표현할 수 있습니다.

OR ($A \vee B$ 또는 $A + B$)	A, B 중 하나라도 1이면 1
AND ($A \wedge B$ 또는 $A \cdot B$)	A, B 두 값이 모두 1일 때만 1
NOT ($\neg A$)	A가 1이면 0, 0이면 1

▲ 불 대수 주요 연산

교환 법칙 (Commutative Law)	순서를 달리해도 결과가 같음	$A + B = B + A$ $A \cdot B = B \cdot A$
결합 법칙 (Associative Law)	그룹 순서를 달리해도 결과가 같음	$(A + B) + C = A + (B + C)$ $(A \cdot B) \cdot C = A \cdot (B \cdot C)$
분배 법칙 (Distributive Law)	AND는 OR에, OR는 AND에 분배됨	$A \cdot (B + C) = A \cdot B + A \cdot C$ $A + (B \cdot C) = (A + B) \cdot (A + C)$
항등 법칙 (Identity Law)	0과의 곱은 0, 0과의 합은 자신, 1과의 곱은 자신, 1과의 합은 1	$A + 0 = A$ $A \cdot 1 = A$

<table>
<tr><td>멱등 법칙
(Idempotent Law)</td><td>자신을 OR 또는 AND 연산해도 결과는 자신이 됨</td><td>$A + A = A$
$A \cdot A = A$</td></tr>
<tr><td>흡수 법칙
(Absorption Law)</td><td>불필요한 항을 제거하여 논리식을 간단히 함</td><td>$A + (A \cdot B) = A$
$A \cdot (A + B) = A$</td></tr>
<tr><td>드모르간의 법칙
(De Morgan's Laws)</td><td>NOT을 분배하면 AND와 OR가 서로 바뀜</td><td>$\neg(A \cdot B) = \neg A + \neg B$
$\neg(A + B) = \neg A \cdot \neg B$</td></tr>
</table>

▲ 불 대수 주요 법칙

트랜지스터를 이용하면, 모든 입력 선에 전류가 흘러야만 출력 쪽으로 전류가 흐르게 하거나, 반대로 입력 선 중 하나라도 전류가 흐르면 출력 쪽으로 전류가 흐르게 하는 등 다양한 방식으로 입력에 따른 출력을 설계할 수 있습니다. 이러한 회로를 **논리 게이트**(Logic Gate)라고 합니다.

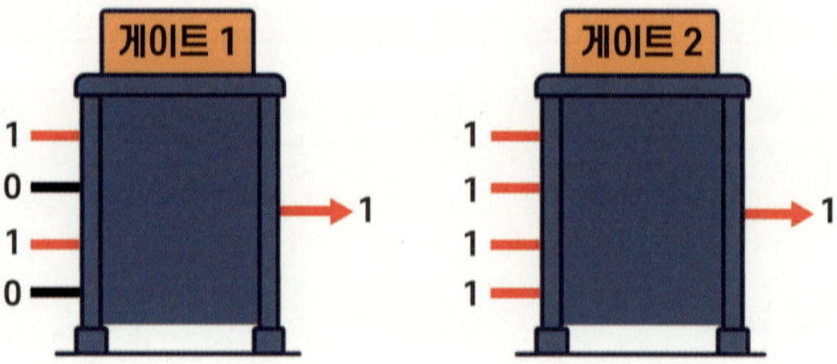

▲ 논리 게이트

이때 전류가 흐를 때를 1, 흐르지 않을 때를 0이라고 정하면, 논리 게이트에 불 대수를 적용하여 컴퓨팅 시스템에서 논리적으로 판단할 수 있는 체계를 만들 수 있습니다. 이러한 논리 체계를 **불 논리**(Boolean Logic)라고 하며, 불 논리에 따라 논리 게이트의 입력값과 그에 따른 출력값을 정리한 것을 **진리표**(Truth Table)라고 합니다.

<table>
<tr><th>불 대수 법칙</th><th>불 표현식</th><th>불 논리 회로도</th></tr>
<tr><td rowspan="2">교환 법칙
(Commutative Law)</td><td>$A + B = B + A$</td><td>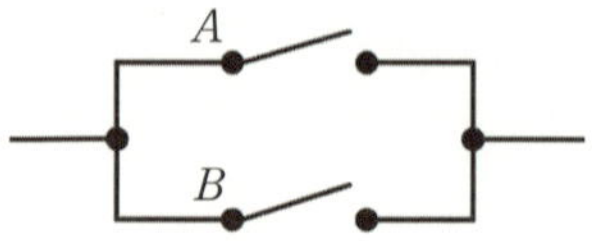</td></tr>
<tr><td>$A \cdot B = B \cdot A$</td><td></td></tr>
</table>

항등 법칙 (Identity Law)	$A + 0 = A$	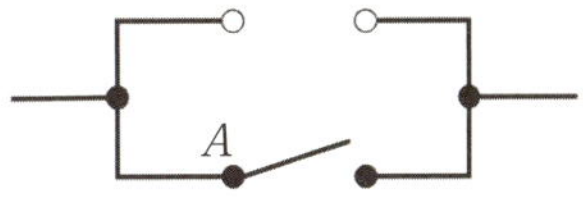
	$A \cdot 1 = A$	
멱등 법칙 (Idempotent Law)	$A + A = A$	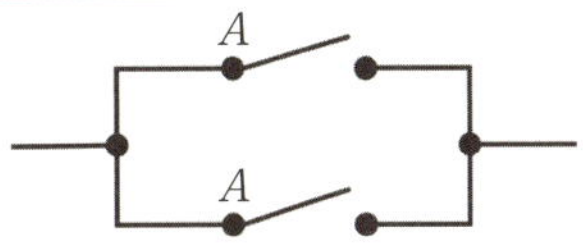
	$A \cdot A = A$	

▲ 불 논리 회로도

2 AND 게이트

AND 게이트는 입력한 모든 선에 전류가 흘러야만 출력에서도 전류가 흐르는 회로입니다. 두 개의 트랜지스터를 직렬로 연결했을 때, 두 트랜지스터에 모두 전류가 흐를 때만 1을 출력하는 경우가 이에 해당합니다.

예를 들어 A와 B라는 두 입력이 있고 X라는 출력이 있다고 가정하면, AND 게이트를 다음과 같이 표현할 수 있습니다. AND 게이트는 A와 B를 곱했을 때와 같은 결과를 보여 주므로 **논리곱**이라고 합니다.

<table>
<tr><td>논리식</td><td>$X = A \cdot B$</td></tr>
<tr><td>진리표</td><td>
<table>
<tr><th colspan="2">입력</th><th>출력</th></tr>
<tr><th>A</th><th>B</th><th>X</th></tr>
<tr><td>0</td><td>0</td><td>0</td></tr>
<tr><td>1</td><td>0</td><td>0</td></tr>
<tr><td>0</td><td>1</td><td>0</td></tr>
<tr><td>1</td><td>1</td><td>1</td></tr>
</table>
</td></tr>
<tr><td>기호</td><td>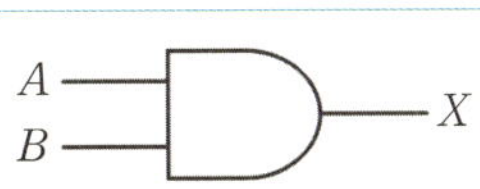</td></tr>
</table>

▲ AND 게이트

3 OR 게이트

OR 게이트는 입력 중 하나라도 1이면 1을 출력하는 회로입니다. 이 회로는 두 트랜지스터를 병렬로 연결하여 둘 중 하나에만 전류가 흐르더라도 1을 출력할 수 있게 합니다. OR 게이트는 덧셈처럼 동작하므로 **논리합**이라고 합니다.

<table>
<tr><td>논리식</td><td>$X = A + B$</td></tr>
<tr><td>진리표</td><td>
<table>
<tr><th colspan="2">입력</th><th>출력</th></tr>
<tr><th>A</th><th>B</th><th>X</th></tr>
<tr><td>0</td><td>0</td><td>0</td></tr>
<tr><td>1</td><td>0</td><td>1</td></tr>
<tr><td>0</td><td>1</td><td>1</td></tr>
<tr><td>1</td><td>1</td><td>1</td></tr>
</table>
</td></tr>
<tr><td>기호</td><td>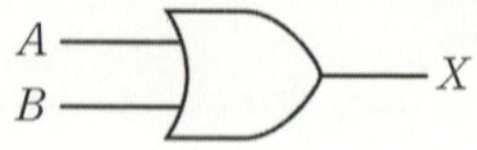
</td></tr>
</table>

▲ OR 게이트

4 NOT 게이트

NOT 게이트는 입력값의 반대를 출력하는 회로입니다. 예를 들어 1을 입력하면 0을 출력하고, 0을 입력하면 1을 출력합니다. 그래서 이를 **부정 연산**이라고도 부릅니다.

<table>
<tr><td>논리식</td><td>$X = \overline{A}$ 또는 $X = \mathrm{A}$</td></tr>
<tr><td>진리표</td><td>
<table>
<tr><th>입력</th><th>출력</th></tr>
<tr><th>A</th><th>X</th></tr>
<tr><td>0</td><td>1</td></tr>
<tr><td>1</td><td>0</td></tr>
</table>
</td></tr>
<tr><td>기호</td><td>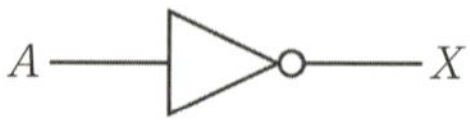
</td></tr>
</table>

▲ NOT 게이트

5 NAND 게이트

NAND 게이트는 AND 게이트에 NOT 연산을 결합한 형태로, AND 게이트의 결과와 반대로 출력이 됩니다.

논리식	$X = \overline{A \cdot B}$

진리표

입력		출력
A	B	X
0	0	1
1	0	1
0	1	1
1	1	0

기호

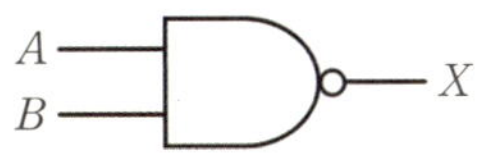

▲ NAND 게이트

6 NOR 게이트

NOR 게이트는 OR 게이트에 NOT을 결합한 형태로, OR 게이트의 결과와 반대로 출력이 됩니다.

논리식	$X = \overline{A + B}$

진리표

입력		출력
A	B	X
0	0	1
1	0	0
0	1	0
1	1	0

기호

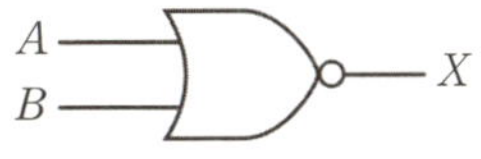

▲ NOR 게이트

7 XOR 게이트

XOR 게이트는 입력이 서로 다를 때에만 1을 출력하는 회로입니다. 두 입력 중 하나만 1일 때 1을 출력하기 때문에 XOR을 Exclusive OR, 즉 **배타적 OR**라고 말합니다.

<table>
<tr><td>논리식</td><td>$X = A \cdot \overline{B} + \overline{A} \cdot B = A \oplus B$</td></tr>
<tr><td>진리표</td><td>
<table>
<tr><th colspan="2">입력</th><th>출력</th></tr>
<tr><th>A</th><th>B</th><th>X</th></tr>
<tr><td>0</td><td>0</td><td>0</td></tr>
<tr><td>1</td><td>0</td><td>1</td></tr>
<tr><td>0</td><td>1</td><td>1</td></tr>
<tr><td>1</td><td>1</td><td>0</td></tr>
</table>
</td></tr>
<tr><td>기호</td><td>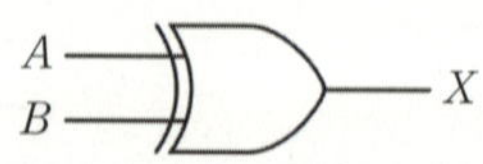
</td></tr>
</table>

▲ XOR 게이트

8 XNOR 게이트

XNOR 게이트는 Exclusive NOR의 줄임말로 **배타적 NOR**라고 말합니다. XOR 게이트와 정반대로 동작하므로 두 입력이 서로 같을 때만 1을 출력합니다.

<table>
<tr><td>논리식</td><td>$X = \overline{A} \cdot \overline{B} + A \cdot B = \overline{A \oplus B}$</td></tr>
<tr><td>진리표</td><td>
<table>
<tr><th colspan="2">입력</th><th>출력</th></tr>
<tr><th>A</th><th>B</th><th>X</th></tr>
<tr><td>0</td><td>0</td><td>1</td></tr>
<tr><td>1</td><td>0</td><td>0</td></tr>
<tr><td>0</td><td>1</td><td>0</td></tr>
<tr><td>1</td><td>1</td><td>1</td></tr>
</table>
</td></tr>
<tr><td>기호</td><td>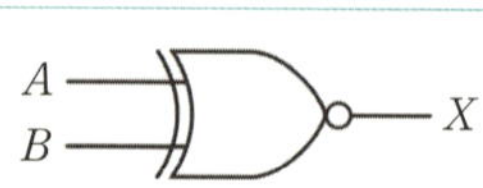
</td></tr>
</table>

▲ XNOR 게이트

읽을 거리 불 논리와 섀넌의 논문

AND, OR, NOT, NAND, NOR, XOR와 같은 논리 게이트의 전자 회로는 처음에 어떻게 생겼을까요? 이러한 논리 게이트의 이론적 기반은 19세기 수학자 조지 불(George Boole, 1815~1864)이 정의한 불 대수에 있습니다. 불 대수란 참(True)과 거짓(False)의 두 가지 값을 가지고 계산하는 수학 체계입니다.

불 논리(Boolean Logic)는 불 대수를 기반으로 판단하는 논리 체계입니다. 즉, 조건을 검사하여 참과 거짓으로 판단하고, 그 결과에 따라 어떤 일을 수행할지를 결정하는 데 사용됩니다.

불 논리를 처음으로 전자 회로에 구현한 인물은 미국의 수학자이자 전기공학자인 클로드 섀넌(Claude Shannon, 1916~2001)입니다. 섀넌은 석사 논문 "A Symbolic Analysis of Relay and Switching Circuits(릴레이와 스위치 회로의 기호학적 분석)"에서 릴레이를 이용해 불 논리와 이진수의 사칙연산을 수행할 수 있음을 증명했습니다. 릴레이는 전류가 흐르면 내부의 전자석이 철판을 끌어당겨 전선을 연결하는 방식으로 작동하는 자동 스위치 부품입니다.

섀넌은 초기 아날로그 컴퓨터인 미분해석기(Differential Analyzer)를 연구하면서 릴레이의 동작 원리가 불 논리와 일치한다는 사실을 발견했습니다. 이를 바탕으로 그는 전류의 흐름을 '0'과 '1'로 표현하고, 릴레이를 이용하여 불 논리를 전자 회로로 구현했습니다.

이러한 섀넌의 연구로 논리 게이트의 개념을 수학적으로 체계화할 수 있었고, 그가 개발한 디지털 논리 회로는 이후 트랜지스터 기반의 디지털 컴퓨터 설계에 적용되어 컴퓨터와 통신 기술의 발전에 큰 영향을 미쳤습니다.

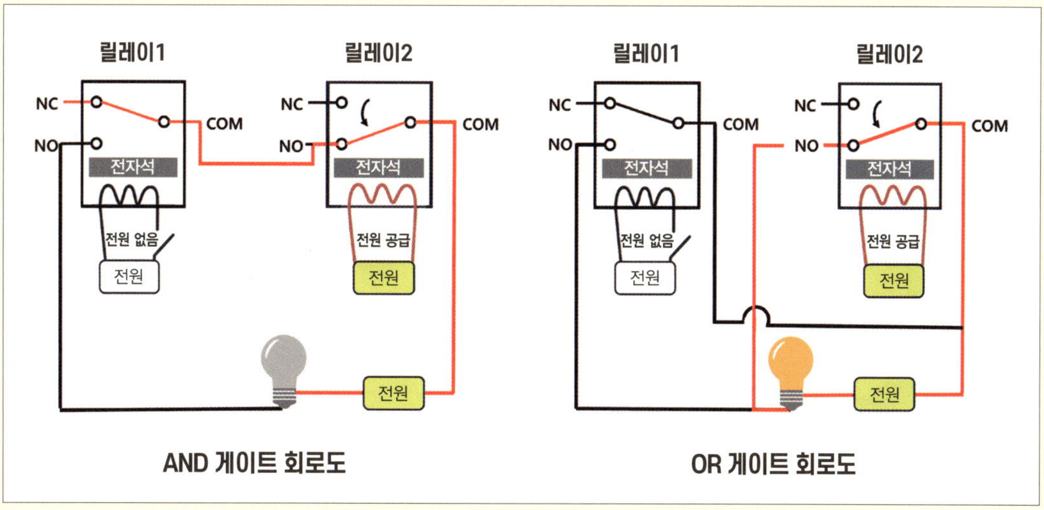

▲ 릴레이를 이용한 논리 게이트 회로도

Lesson 4

중앙 처리 장치

POINT

중앙 처리 장치는 사람의 두뇌에 해당하는 부분으로, 컴퓨터 안의 모든 연산을 수행하는 핵심 부품입니다. 중앙 처리 장치의 내부 구조가 어떻게 구성되어 있는지 살펴봅시다.

1 중앙 처리 장치의 구성

중앙 처리 장치(CPU, Central Processing Unit)는 데이터의 연산이 일어나는 곳으로, 사람의 두뇌에 해당하는 컴퓨터의 핵심 구성 요소입니다.

우리가 키보드나 마우스를 이용해 컴퓨터에 명령을 내리면, CPU 안에 있는 나노미터 크기의 작은 트랜지스터 수십억 개가 동작하면서 우리가 원하는 결과를 출력할 수 있도록 연산과 제어를 수행합니다.

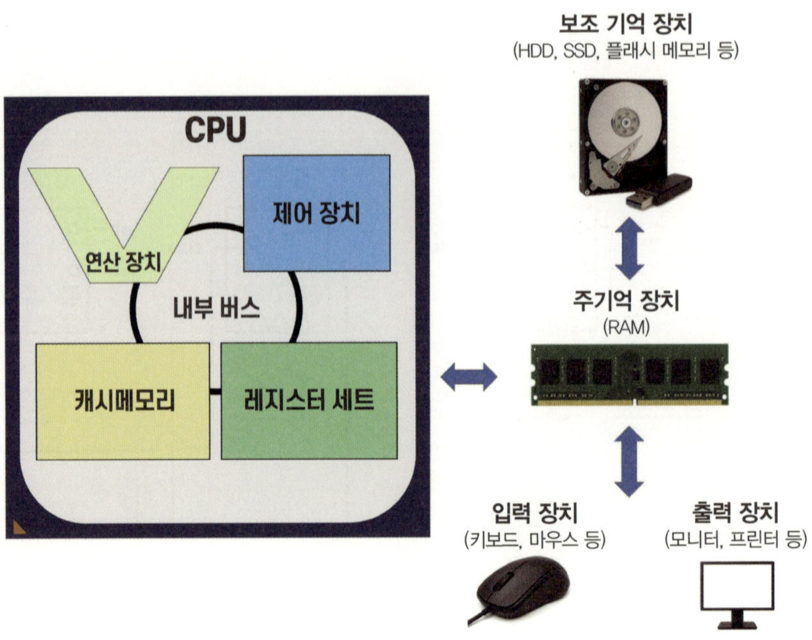

▲ 컴퓨터의 구성 요소

CPU 안에는 데이터의 흐름을 제어하는 **제어 장치**, 명령에 따라 계산을 수행하는 **연산 장치**, 연산할 내용을 저장하는 **레지스터**, 자주 사용하는 데이터를 임시로 저장하는 **캐시 메모리**, 각 구성 요소들이 데이터를 주고받을 수 있도록 연결해 주는 **버스**가 있습니다.

2 제어 장치

제어 장치(Control Unit)는 우리가 프로그래밍 언어로 내린 명령을 해석해서 연산 장치에 어떤 연산을 수행할지 알려주는 역할을 합니다. CPU 전체를 제어하고 통제하므로 CPU의 사령관이라고도 할 수 있습니다. 여기서 **해석**이란 명령어를 컴퓨터가 이해할 수 있는 전기 신호로 변환하는 작업을 의미합니다. 이러한 역할을 수행하기 위해, 제어 장치 안에는 명령을 해석하는 **해독기**(Decoder)와 연산의 순서나 종류를 제어하는 다양한 제어 회로들이 포함되어 있습니다.

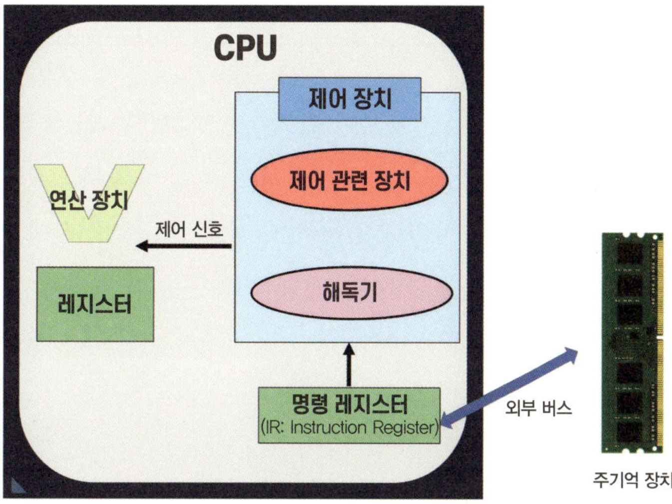

▲ 제어 장치

3 연산 장치

연산 장치(ALU, Arithmetic and Logic Unit) 또는 **산술 논리 장치**는 제어 장치에서 받은 명령에 따라 실제 연산을 수행하는 부품입니다. **산술 연산 모듈**에서는 더하기, 빼기와 같은 사칙연산을 처리하고, **논리 연산 모듈**에서는 AND, OR, NOR와 같은 논리 연산을 수행합니다. 이때 연산에 사용되는 피연산자는 불 대수를 기반으로 합니다.

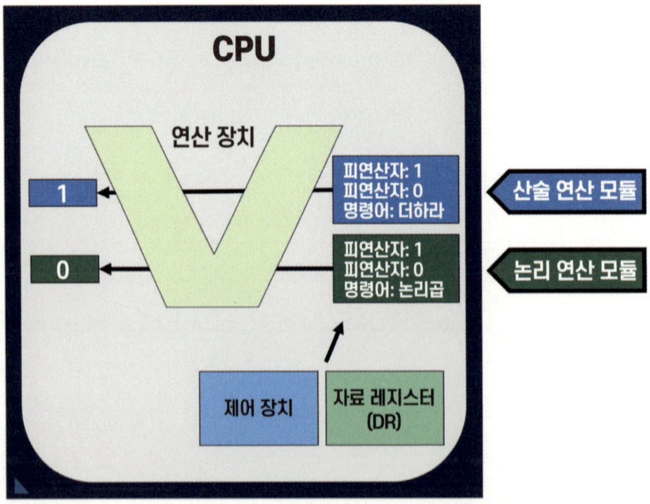

▲ 연산 장치

4 레지스터

연산 장치와 제어 장치가 제대로 작동하려면, 연산을 수행하거나 명령을 처리하는 동안 임시로 데이터를 저장할 수 있는 공간이 필요합니다. 이때 사용되는 것이 바로 **레지스터**(Register)입니다. 레지스터는 CPU 내부에 있는 임시 기억 장치로, 연산에 필요한 데이터나 명령어 등을 잠깐 저장해 두는 역할을 합니다. 레지스터에는 여러 종류가 있으며, 다음 장에서 그 종류와 역할을 자세히 살펴보겠습니다.

5 캐시 메모리

CPU는 필요한 데이터를 주기억 장치에서 가져와 사용합니다. 하지만 CPU의 연산 속도에 비해 주기억 장치의 속도가 상대적으로 느리기 때문에, 자주 사용하는 데이터는 매번 주기억 장치에서 가져오지 않고 CPU 내부의 고속 기억 장치인 **캐시 메모리**(Cache Memory)에 저장해 둡니다. 캐시 메모리는 CPU와 RAM 사이에서 속도 차이를 줄여주어 프로그램 실행 속도를 크게 향상시켜 줍니다.

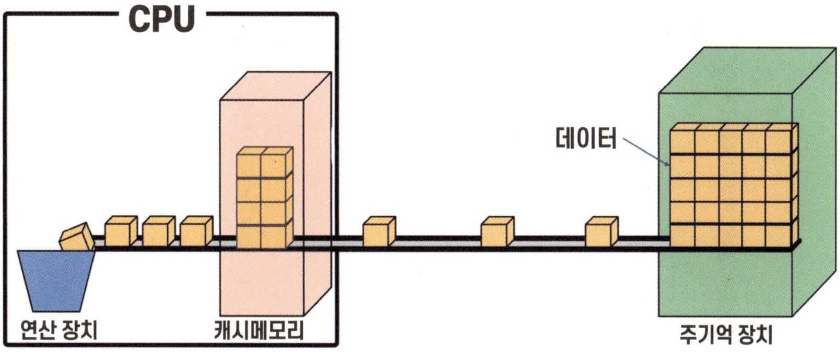

▲ 캐시 메모리와 주기억 장치

캐시 메모리는 보통 Level 1(L1)부터 Level 3(L3)까지로 나뉘며, L1에 가까울수록 속도는 빠르지만 용량이 작고, L3에 가까울수록 속도는 느리지만 용량이 큽니다. 따라서 CPU는 자주 사용하는 데이터를 L1부터 저장한 후, 필요한 데이터를 L1 → L2 → L3 → RAM 순서로 찾아갑니다. RAM에도 데이터가 없으면 보조 기억 장치에서 데이터를 불러와 RAM에 저장한 뒤 CPU에 전달합니다. 보통 속도와 가격은 레지스터, 캐시 메모리, 주기억 장치, 보조 기억 장치 순으로 높으며, 반대로 저장 공간은 보조 기억 장치가 가장 크고 레지스터가 가장 작습니다.

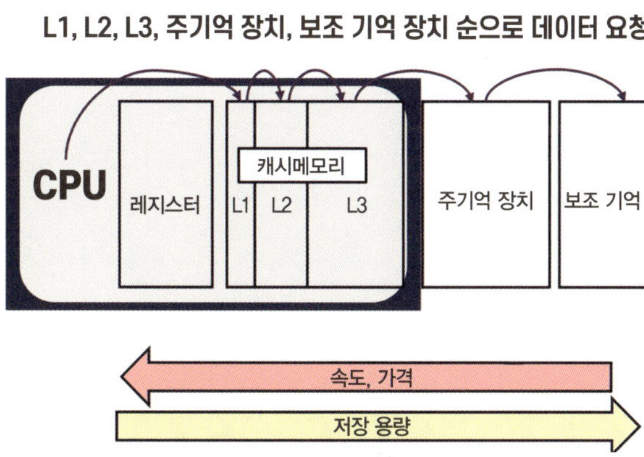

▲ 기억 장치

6 버스

컴퓨터 내부에서 데이터나 명령어를 주고받기 위해서는 **시스템 버스**(System Bus)라는 통로가 필요합니다. 시스템 버스는 CPU와 다른 장치들 간의 정보 전달을 담당하는 통신 경로입니다. CPU 내부에서 연산 장치, 제어 장치, 레지스터 등이 서로 데이터를 주고받는 통로를 **내부 버스**(Internal Bus)라고 하고, CPU 외부의 장치(주기억 장치, 입력 장치, 출력 장치 등)와 연결되는 통로를 **외부 버스**(External Bus)라고 합니다.

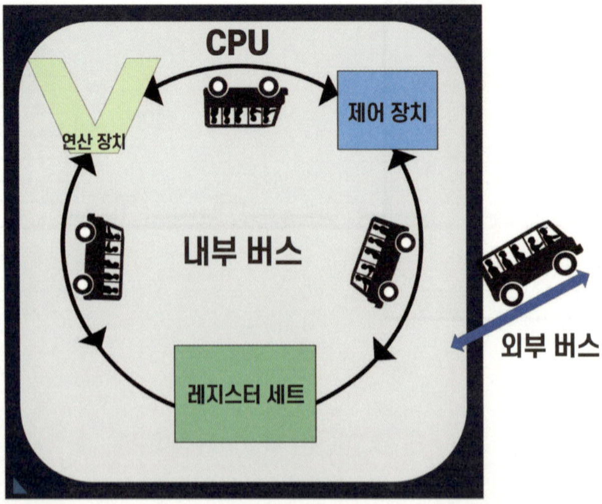

▲ 내부 버스와 외부 버스

시스템 버스는 어떤 신호를 전달하느냐에 따라 데이터 버스(Data Bus), 주소 버스(Adress Bus), 제어 버스(Control Bus)로 구분할 수 있습니다.

데이터 버스는 CPU와 기억 장치 또는 입출력 장치 간에 명령어와 데이터를 양방향으로 전송하는 역할을 합니다. 주소 버스는 CPU가 접근하고자 하는 기억 장치의 특정 주소를 단방향으로 전달하는 통로입니다. 제어 버스는 데이터 버스와 주소 버스를 제어하기 위한 버스로, 필요한 데이터나 명령어를 버스에 싣거나 버스에 실린 데이터나 명령어를 저장, 출력하는 신호를 전달합니다.

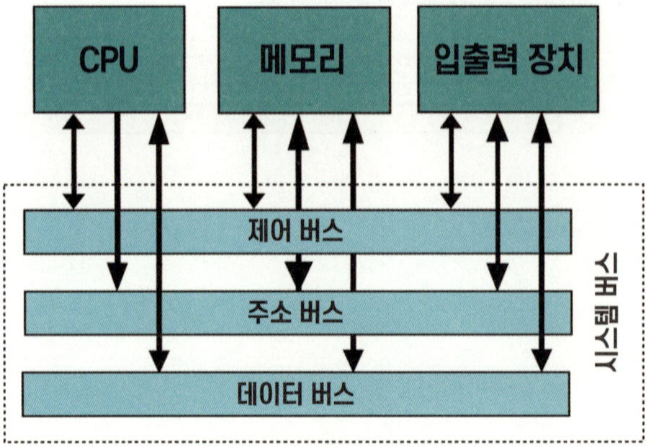

▲ 시스템 버스

Lesson 5
레지스터와 기계 주기

POINT 우리가 작성한 코드가 컴퓨터 내부에서 어떤 과정을 거쳐 실행되는지 살펴봅시다.

1 기계 주기

우리가 프로그래밍 언어로 컴퓨터에 명령을 내리면, 이 명령은 인터프리터나 컴파일러를 거쳐 컴퓨터가 이해할 수 있는 기계어로 변환되어 CPU에서 처리됩니다. 이 과정에서 CPU 내부의 레지스터들이 활발하게 작동하여 명령어와 데이터를 저장하고, 연산을 지원합니다.

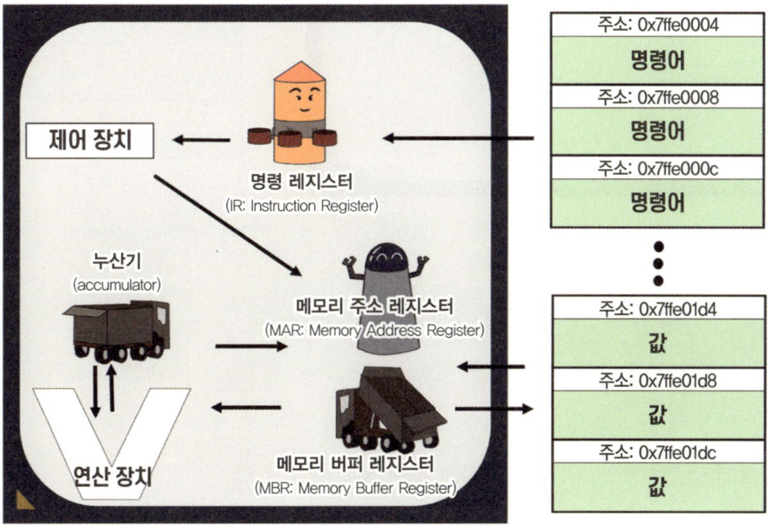

▲ 명령어 처리 과정

레지스터의 역할을 이해하려면 CPU가 하나의 명령어를 처리하는 과정을 살펴볼 필요가 있습니다. CPU의 명령어 처리 과정은 **인출**(Fetch), **해독**(Decode), **실행**(Execute)의 3단계로 나뉘며, 이를 **기계 주기**(Machine Cycle)라고 합니다.

▲ 기계 주기

2 인출 단계

인출 단계(Fetch Stage)는 메모리에서 필요한 명령어나 데이터를 CPU 내부의 **명령 레지스터**(IR, Instruction Register)로 가져오는 과정입니다.

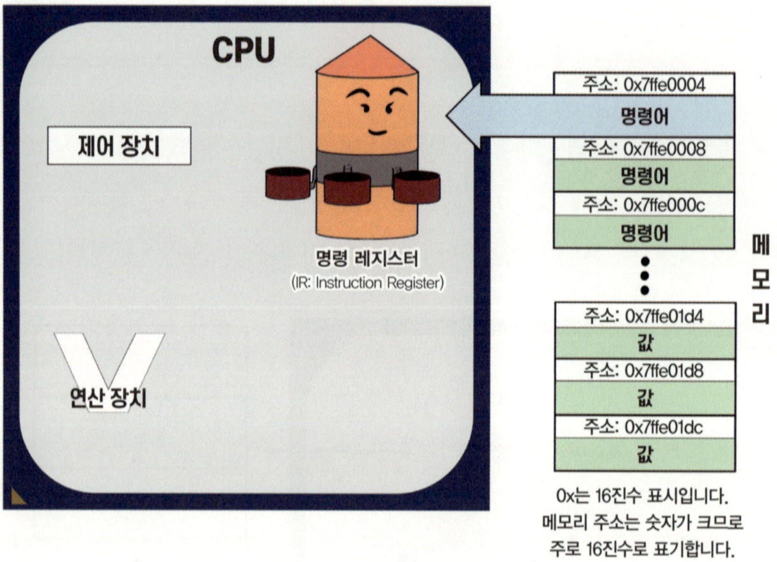

▲ 인출 단계

이 단계에서는 먼저 **프로그램 카운터**(PC, Program Counter)가 가리키는 주소에 따라 주기억 장치에서 해당 위치의 명령어를 한 번에 하나씩 가져옵니다. 이렇게 인출된 명령어는 CPU 내부의 **명령어 레지스터**(IR)에 저장되고, 프로그램 카운터는 다음 명령어의 주소를 가리키도록 증가합니다.

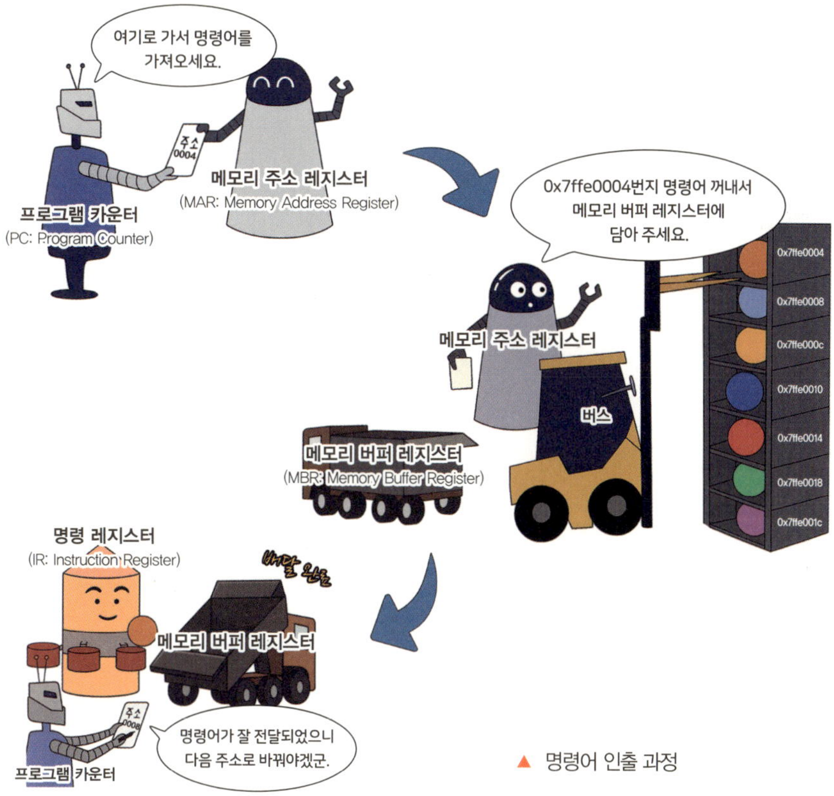

▲ 명령어 인출 과정

3 해독 단계

해독 단계(Decode Stage)에서는 CPU의 제어 장치가 명령어 레지스터(IR)에 저장된 명령어를 분석합니다.

CPU에서 작동하는 기계어 명령어는 제조사 고유의 형식으로 해석되므로, CPU의 아키텍처에 따라 표현 방식이 다를 수 있습니다. 그러나 기본적으로 명령어는 수행할 동작을 의미하는 **연산 코드**(OpCode)와 그 연산에 사용되는 데이터나 주소를 담고 있는 **피연산자**(Operand)로 구성됩니다.

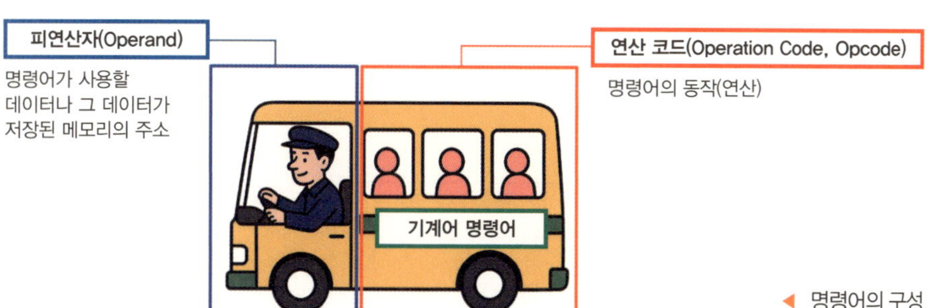

◀ 명령어의 구성

피연산자가 없는 명령어도 있을 수 있으며, 이 경우에는 단순히 데이터를 전달하는 역할만 수행합니다. 반면, 피연산자가 있는 경우에는 해당 주솟값이 메모리 주소 레지스터(MAR, Memory Address Register)에 저장되어, 이후 연산이나 데이터 처리를 위한 준비가 이루어집니다.

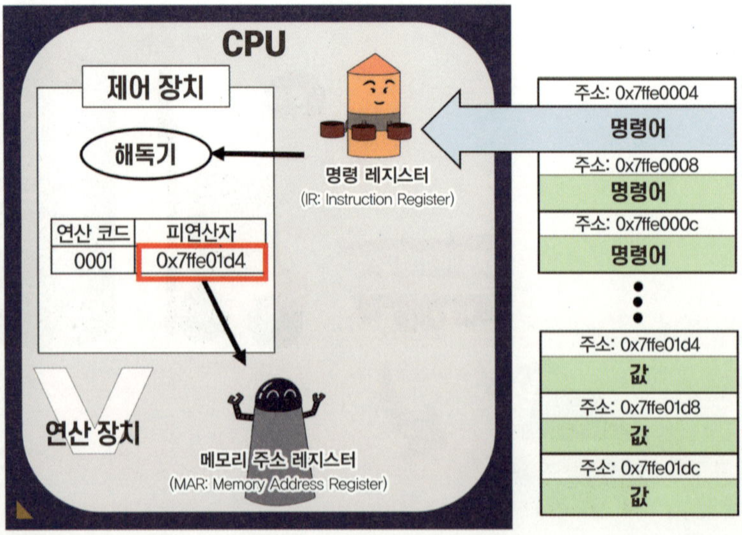

▲ 해독 단계

4 실행 단계

실행 단계(Execute stage)에서는 해독한 명령어에 따라 CPU가 동작합니다. 데이터 이동과 관련된 명령어라면 해당 데이터를 이동시키고, 산술 연산이나 논리 연산과 관련된 명령어라면 **누산 레지스터**(누산기/AC, Accumulator Register)를 이용하여 연산을 수행합니다. 이때 연산 결과는 메모리에 저장되거나 레지스터에 유지됩니다.

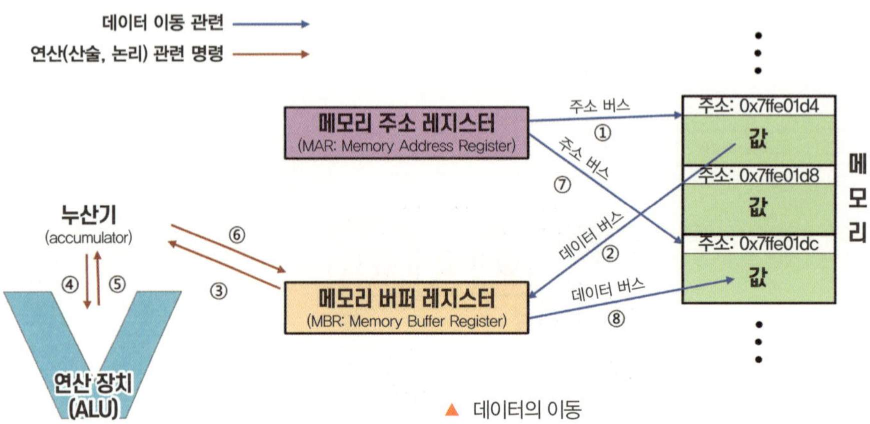

▲ 데이터의 이동

예를 들어 변수 a에 저장된 2를 불러오는 명령어가 인출되었다면, CPU는 변수 a가 위치한 메모리에서 2를 가져와 메모리 버퍼 레지스터(MBR)에 저장합니다.

▲ 실행 단계

5 기계 주기의 반복

한 기계 주기가 끝나면 다음 기계 주기가 시작되면서 다시 인출 단계로 돌아갑니다. 예를 들어 다음 기계 주기에서 인출된 명령어가 변수 b에 있는 3을 가져오라는 명령이라면, 변수 b의 값이 저장된 메모리에서 3을 가져옵니다. 다음 기계 주기에서 인출된 명령어가 앞에서 인출한 2와 3을 더하라는 명령이라면, 누산 레지스터에 저장했던 두 수를 연산 장치로 가져와 더한 후에, 그 결과를 다시 누산 레지스터에 저장합니다.

▲ 연산 과정

이어지는 기계 주기에서 다시 새로운 명령어를 인출하고, 명령어를 해석한 결과가 두 수를 합한 값을 변수 C에 저장하라는 명령이라면, 실행 단계에서 누산 레지스터에 저장된 5를 메모리 버퍼 레지스터를 거쳐 변수 C가 위치한 메모리의 주소에 저장합니다.

모든 작업이 완료되면, 다음 기계 주기에서 프로그램 종료 명령어가 인출되며 실행을 마칩니다.

지금까지 설명한 2+3의 연산 예제를 정리하면 다음 표와 같습니다. 연산 코드는 CPU 아키텍처에 따라 다르므로 여기서는 이해를 돕기 위해 가상의 연산 코드를 사용했습니다.

기계 주기	표현	피연산자 (Operands)	연산 코드 (OpCode)	의미
1회차	LOAD	0x7ffe0004	0001	주소 0x7ffe0004에서 데이터(2)를 가져옴
2회차	LOAD	0x7ffe000c	0001	주소 0x7ffe000c에서 데이터(3)를 가져옴
3회차	ADD	없음	0100	레지스터에 있는 2와 3을 더함
4회차	STORE	0x7ffe01dc	0010	결과(5)를 주소 0x7ffe01dc에 저장
5회차	HALT	없음	1111	프로그램 종료

▲ 기계 주기의 반복

Lesson 6

컴퓨터의 언어

POINT 기계어의 특징과 연산 방법을 살펴보고, 컴퓨터에서 데이터를 표현하는 단위에 대해 알아봅시다.

1 기계어

기계어(Machine Code)는 CPU가 직접 이해하고 실행할 수 있는 유일한 언어로, 0과 1로 이루어진 이진수 형태의 데이터로 표현됩니다. 모든 프로그래밍 언어는 결국 기계어로 번역되어 실행되므로 처리 속도 면에서 기계어는 그 어떤 프로그래밍 언어보다 빠릅니다.

일반적인 개인용 컴퓨터 기준으로 CPU가 한 번에 처리할 수 있는 데이터의 크기는 32비트 또는 64비트입니다. 이는 CPU가 32개 또는 64개의 0과 1로 이루어진 이진 데이터를 한 번에 불러와 해석하고, 그에 따라 명령을 수행할 수 있다는 뜻입니다.

• 기계어는 CPU가 이해하는 유일한 언어입니다.

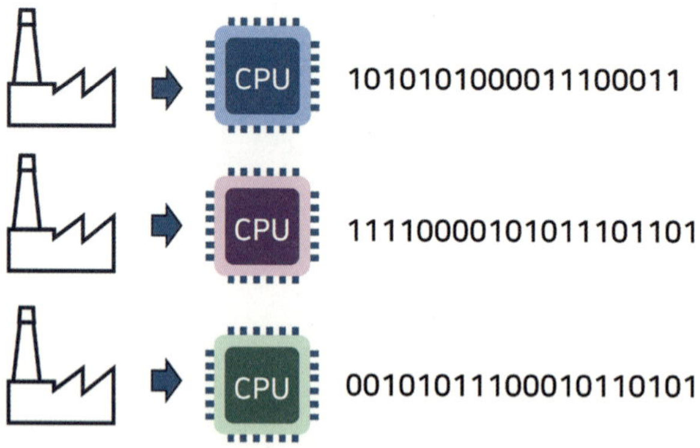

- 기계어 해석 코드는 제조사의 CPU 설계 및 구조(아키텍처)마다 다릅니다.

▲ 기계어의 특징

- 기계어는 빠르게 처리할 수 있지만 가독성이 좋지 않아 코딩하기에 어렵습니다.

2 이진법

컴퓨터가 발명되기 약 300년 전에 독일의 수학자이자 철학자인 **고트프리트 빌헬름 라이프니츠**(Gottfried Wilhelm von Leibniz, 1646~1716)는 동양 철학의 영향을 받아 0과 1만으로 계산하는 이진법을 개발했습니다.

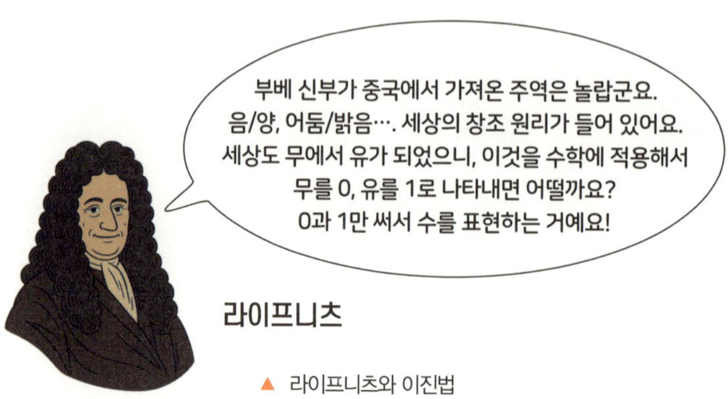

▲ 라이프니츠와 이진법

이진법에서는 0과 1, 두 개의 숫자만 사용하므로 2 이상의 수는 자릿수를 올려 10처럼 표기합니다. 이는 우리가 일상적으로 사용하는 십진법에서 십진수는 0부터 9까지 10개의 숫자를 사용하고, 9 다음을 10으로 표기하는 것과 같은 원리입니다.

이진수	십진수	의미
1	1	2^{0}
10	2	2^{1}
100	4	2^{2}
1000	8	2^{3}
10000	16	2^{4}
100000	32	2^{5}
1000000	64	2^{6}
10000000	128	2^{7}
100000000	256	2^{8}
1000000000	512	2^{9}
10000000000	1024	2^{10}

▲ 이진법

3 팔진법과 십육진법

기계어를 숫자로 표현할 때 이진수로 쓰면 너무 길어지므로 2의 거듭제곱을 기준으로 더 간결하게 표현하기도 합니다. 예를 들어 8비트는 1바이트이므로, 기계어를 팔진수나 십육진수로 나타내면 간단하고 편리하게 기계어를 표현할 수 있습니다.

▲ 팔진법과 십육진법

팔진수는 리눅스 운영체제에서 폴더 접근 권한을 설정할 때도 사용합니다. 예를 들어 폴더의 접근 권한이 $754_{(8)}$로 설정되어 있다면, 이는 파일 소유자가 해당 폴더를 읽고, 쓰고, 실행할 수 있고, 그룹원은 폴더를 읽고 실행할 수만 있으며, 외부 사용자는 폴더를 읽을 수만 있음을 의미합니다.

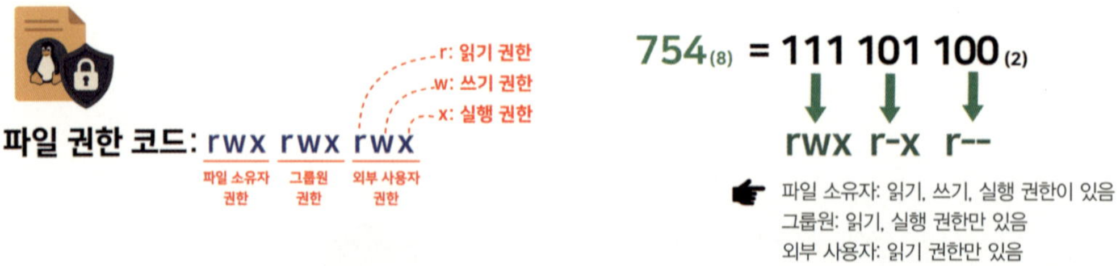

▲ 팔진수의 활용

한편, 십육진수는 메모리 주소, 화면을 구성하는 최소의 단위인 픽셀(Pixel)의 색상 코드, 문자나 기호를 표현하는 유니코드 등에서 사용됩니다.

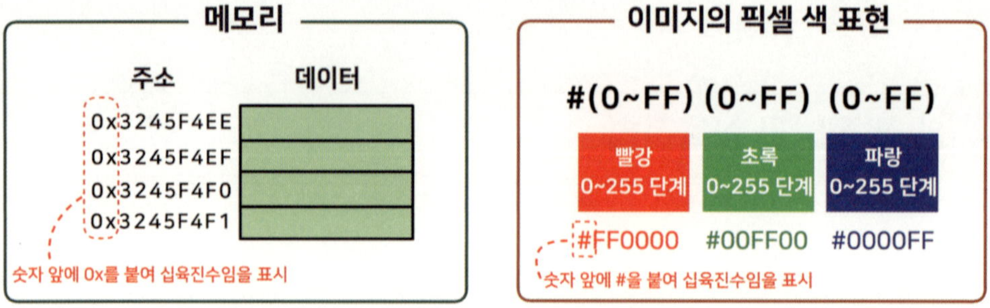

▲ 십육진수의 활용

4 기계어 데이터의 단위

기계어에서 사용하는 가장 작은 데이터 단위를 **비트**(Bit)라고 합니다. 1비트에는 0 또는 1 하나를 저장할 수 있습니다. 메모리 하나의 주소에는 8비트의 데이터를 저장할 수 있는데, 대부분의 개인용 컴퓨터는 한 번에 32비트 또는 64비트의 데이터를 처리할 수 있습니다.

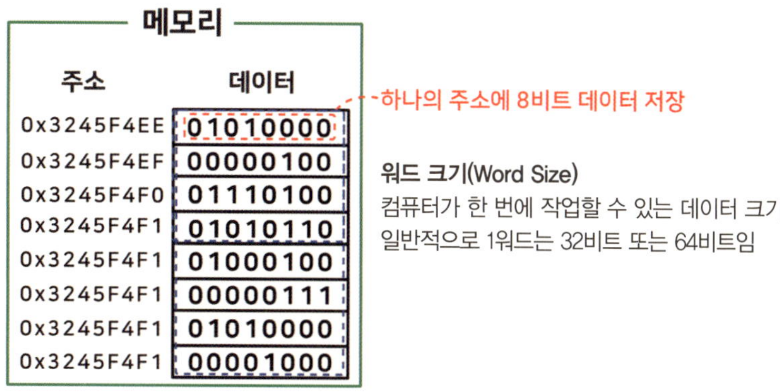

▲ 메모리의 주소

큰 데이터를 비트로만 표현하면 숫자가 너무 길어지기 때문에, 보통 8비트를 1바이트(Byte)로 묶어 표현합니다. 바이트 단위도 숫자가 커져 1024바이트가 되면 1킬로바이트(KB)로 묶어 표현합니다. 1024킬로바이트는 1메가바이트(MB), 1024메가바이트는 1기가바이트(GB)와 같이 새로운 단위로 바꿔서 표현합니다. 이처럼 1024(2^{10})배마다 새로운 단위를 붙여 데이터의 크기를 더 간단하고 효율적으로 나타낼 수 있습니다.

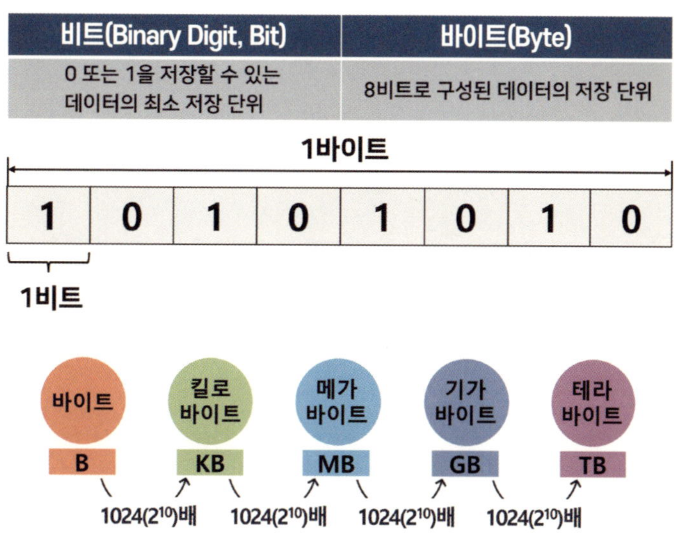

▲ 데이터의 단위

AI

Chapter 3

코딩을 위한 준비

Lesson 1 자료형

Lesson 2 변수

Lesson 3 배열과 연결 리스트

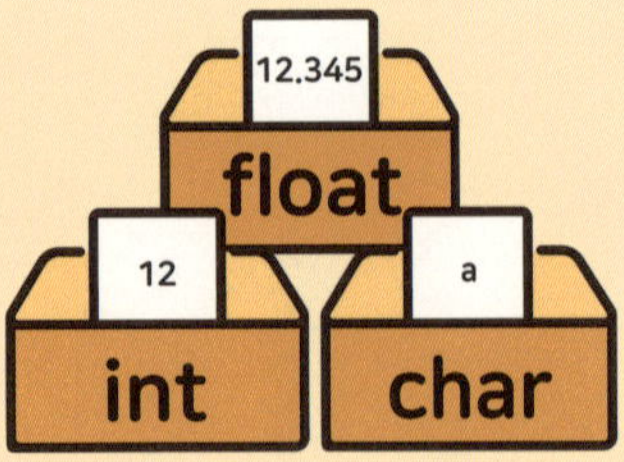

Lesson 1

자료형

POINT 프로그래밍에서 자료형은 데이터의 종류와 크기를 정의하는 중요한 개념입니다. 프로그래밍 언어별로 어떤 자료형을 사용하는지 알아봅시다.

1 컴퓨터의 메모리

컴퓨터의 메모리는 데이터를 비트 단위로 저장하거나 읽습니다. 1비트는 0이나 1 중 하나를 저장할 수 있는 가장 작은 단위입니다. 예를 들어 2비트로 4개의 값(00, 01, 10, 11) 중 하나를 저장할 수 있습니다. 일반적으로 n비트로 2^n개의 서로 다른 값을 저장할 수 있습니다.

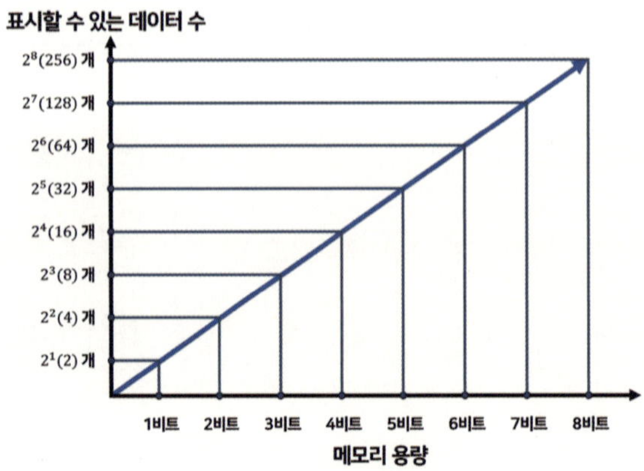

▲ 메모리 용량 대비 데이터 수

운영 체제는 메모리에 1바이트마다 주소를 붙여 관리합니다. 1바이트는 8비트로 구성되어 있으므로, 1바이트로 2^8인 256개(0~255) 값을 표현할 수 있습니다. 다만, 부호가 있는 정수의 경우 1비트를 **부호 비트**(Sign Bit)로 사용하여 양수와 음수를 구분합니다. 예를 들어 8비트의 정수에서 1비트를 부호 비트로 사용하면, 실제 데이터는 7비트로 표현되므로 2^7인 128개(0~127 또는 -128~-1) 값을 나타낼 수 있습니다.

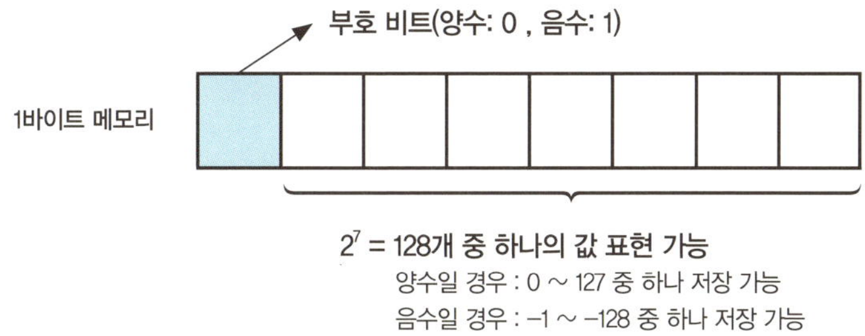

▲ 1바이트 메모리의 데이터 표현

2 자료형의 유형

메모리는 한정된 자원이므로 메모리를 낭비하지 않고 효율적으로 활용하려면 데이터의 종류와 크기에 알맞은 메모리 공간을 할당해 줄 필요가 있습니다. 이를 위해 대부분의 프로그래밍 언어에서는 **자료형**(Data Type)이라는 개념을 사용합니다. 자료형은 데이터의 크기, 표현할 수 있는 값의 범위, 사용할 수 있는 연산 방식 등을 미리 정해 놓은 규칙입니다. 예를 들어 C 언어에서 char 자료형은 1바이트 크기의 문자나 정수 데이터를 저장할 수 있는 자료형입니다. 단, 자료형의 크기나 표현 범위는 사용하는 프로그래밍 언어나 시스템 구조에 따라 다를 수 있습니다.

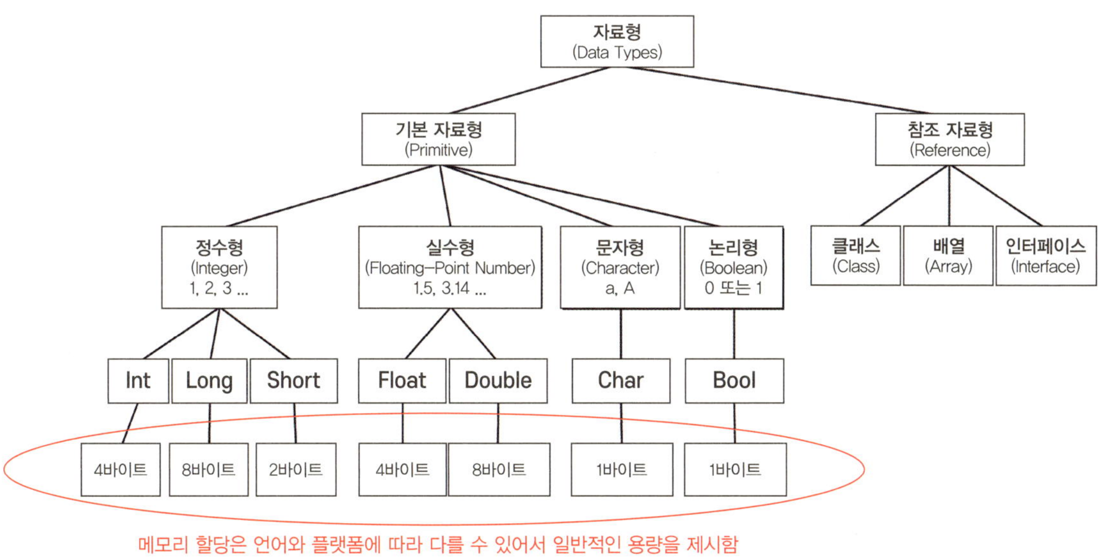

▲ 자료형의 유형

코드를 작성할 때 사용하는 프로그래밍 언어가 **정적 타입**(Statically Typed)인지, **동적 타입**(Dynamically Typed)인지에 따라 자료형을 명시해야 할 수도 있고, 그렇지 않을 수도 있습니다. 정적 타입 언어는 컴파일 시점에서 자료형이 정해지므로 자료형을 반드시 명시해야 합니다. 대표적인 정적 타입 언어로는 C, C++, C#, Java 등이 있습니다. 반면, 동적 타입의 언어는 프로그램을 실행하는 시간, 즉 런타임(Runtime)에 자료형이 결정되기 때문에 자료형을 명시하지 않아도 자동으로 결정됩니다. 대표적인 동적 타입 언어로는 파이썬, 자바스크립트 등이 있습니다.

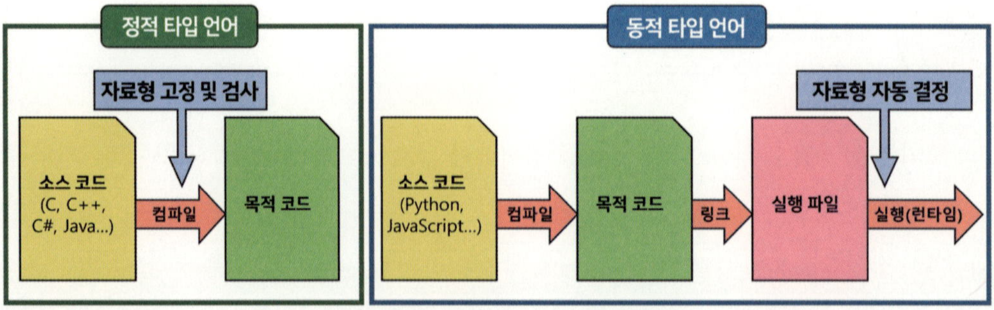

▲ 언어 타입에 따른 자료형 명시 여부

3 C 언어 자료형

C 언어는 정적 타입 언어이므로 자료형을 명시하지 않으면 컴파일 오류가 발생하여 프로그램이 실행되지 않습니다. 아래는 C 언어에서 사용하는 기본 자료형입니다. 저장 범위는 CPU 아키텍처나 컴파일러 설정 등에 따라 달라질 수 있기 때문에, 여기서는 일반적인 기준으로 제시했습니다. 참고로, '-128~127'처럼 저장 범위에서 양수가 음수보다 1이 적은 이유는 0이 양수 범위에 포함되기 때문입니다.

자료형	표현	크기	원래 형태	저장 범위(일반적인 기준)
char	문자, 정수	1바이트	signed char	–128 ~ 127
unsigned char	문자, 정수	1바이트	unsigned char	0 ~ 255
short	정수	2바이트	signed short int	–32,768 ~ 32,767
unsigned short	정수	2바이트	unsigned short int	0 ~ 65,535
int	정수	4바이트	signed long int	0 ~ 65,535
unsigned int	정수	4바이트	unsigned long int	0 ~ 4,294,967,295
long long	정수	8바이트	signed long long int	–9,223,372,036,854,775,808 ~ 9,223,372,036,854,775,807
unsigned long long	정수	8바이트	unsigned long long int	0 ~ 18,446,744,073,709,551,615
float	실수	4바이트		대략 1.2E–38 ~ 3.4E+38
double	실수	8바이트		대략 2.2E–308 ~ 1.8E+308

▲ C 언어 자료형

1 signed와 unsigned

signed는 음수와 양수를 구별하는 부호 비트가 있는 자료형을 의미하고, **unsigned**는 부호 비트가 없이 양수만을 표현하는 자료형을 말합니다. 보통 signed는 생략하고, 부호 비트가 없는 경우에만 unsigned를 명시합니다. 예를 들어 1바이트 자료형에서 (signed) char는 –128 ~ 127의 값을, unsigned char는 0 ~ 255의 값을 표현할 수 있습니다.

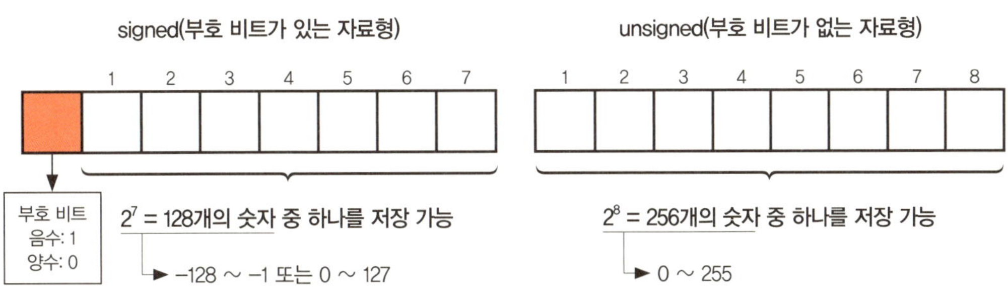

▲ 부호 비트 유무에 따른 데이터 저장량의 차이

2 short와 long

2바이트 크기의 정수를 저장할 때는 자료형에 short를 붙이고, 4바이트 크기의 정수를 저장할 때는 자료형에 long을 붙입니다.

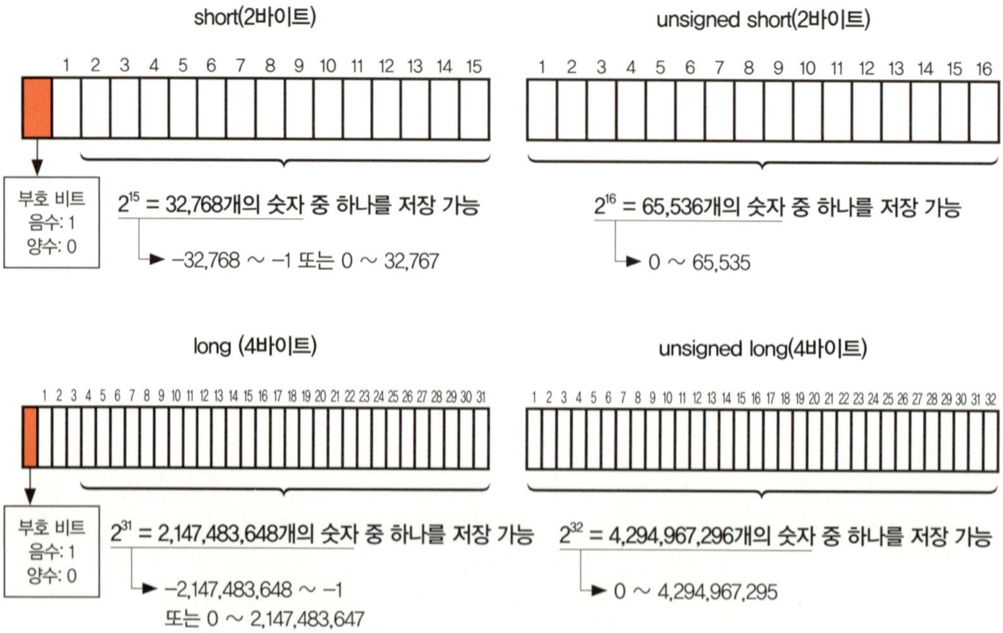

▲ short와 long에 따른 데이터 저장량의 차이

long으로 표현할 수 없는 큰 숫자는 long long 자료형을 사용합니다. long long 자료형은 8바이트의 저장 공간을 사용하므로 이론적으로 최대 2^{64}개의 숫자 중 하나를 표현할 수 있습니다.

float(Floating-Point Number, 부동 소수점(浮動小數點))와 double은 소수점이 있는 실수를 정의할 때 사용하는 자료형입니다. float는 4바이트로 약 7자리 정도의 유효 숫자를 표현할 수 있고, double은 8바이트로 약 15자리 정도의 유효 숫자를 표현할 수 있습니다. 부동 소수점은 정규화된 형태로 표기하는데, 예를 들어 31.625를 부동 소수점으로 표현하면 다음 그림처럼 3.1625E+1로 나타낼 수 있습니다.

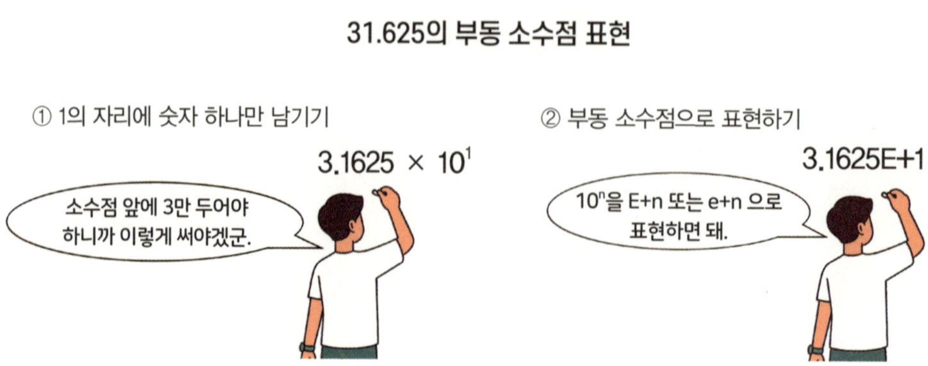

▲ 부동 소수점의 정규화

3 float와 double

컴퓨터에서는 이진수를 사용하기 때문에 실수를 표현할 때 10의 거듭제곱이 아닌, 2의 거듭제곱을 기반으로 정규화합니다. 이처럼 이진수로 정규화된 실수 표현에서 소수점 이하 부분을 **가수**(Mantissa), 2의 몇 제곱인지 나타내는 수를 **지수**(Exponent)라고 합니다.

▲ 지수와 가수

실수를 표현하는 방식으로 가장 널리 사용되는 방식은 IEEE 754 표준입니다. 이 표준은 메모리의 효율성, 정밀도, 표현할 수 있는 숫자 범위 등을 고려하여 만들어졌으며, 대부분의 프로그래밍 언어와 하드웨어에서 이를 따릅니다.

float 자료형은 IEEE 754 표준에 따라 4바이트(32비트)의 메모리를 사용하며, 다음과 같은 구조로 실수를 저장합니다.

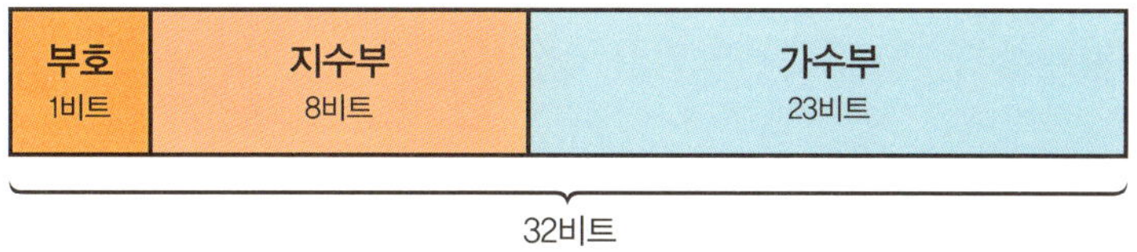

▲ IEEE 754 표준에 따른 float 자료형의 표현

31.625를 float 자료형으로 메모리에 저장하려면 먼저 1.1111101×2^4으로 정규화합니다.

부호 비트는 양수일 경우 0, 음수일 경우 1이 입력되는데, 31.625가 양수이므로 부호 비트에 0이 저장됩니다.

지수부는 8비트로 구성되며, 저장할 수 있는 값의 범위는 0 ~ 255, 이진수로 00000000 ~ 11111111입니다. 지수부에는 지수에 바이어스(편향, Bias) 값을 더한 결과를 저장합니다. IEEE 754 표준에서 정한 float 자료형의 바이어스는 127이므로, 지수에 127을 더한 값이 지수부에 저장됩니다. 따라서 1.1111101×2^4의 지수가 4이므로 여기에 127을 더한 131, 즉 이진수로 10000011이 지수부에 저장됩니다.

참고로 여기에서 00000000이면 0 또는 정규화되지 않은 수(Subnormal)를 나타내고, 11111111이면 무한대 또는 NaN(Not a Number)을 나타냅니다. 따라서 실제로 정규화된 수로 표현할 수 있는 지수의 범위는 -126 ~ 127(00000001 ~ 11111110)입니다.

가수부에는 정규화된 수에서 소수점 이하의 유효 숫자가 저장됩니다. 이 값을 가수부의 왼쪽

부터 채우고 남는 비트에는 0을 채워 총 23비트를 구성합니다. 1.1111101×2^4에서 유효 비트는 1.1111101이고, 이 중 정수 부분 1을 생략한 1111101이 가수부에 저장됩니다. 따라서 가수부에는 1111101을 왼쪽부터 채우고, 남은 비트는 모두 0으로 채워 11111010000000000000000이 저장됩니다.

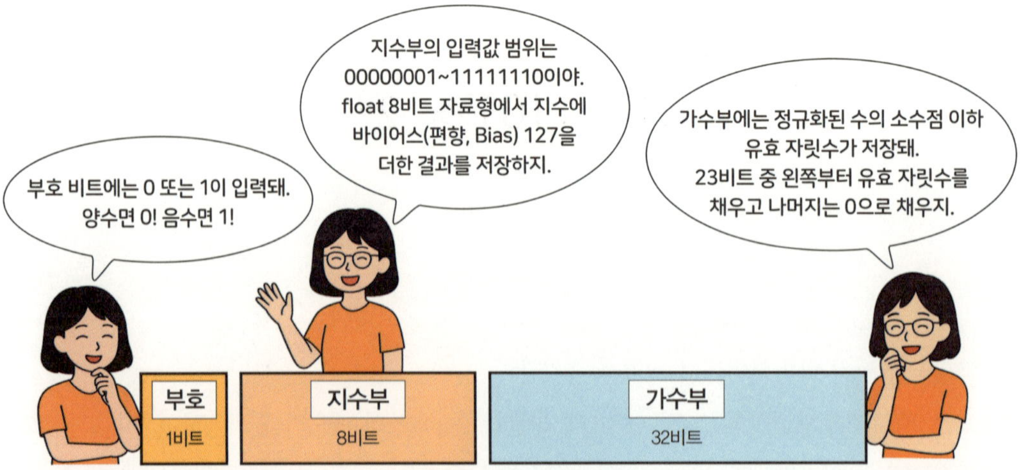

▲ float 자료형의 메모리 저장 형태

IEEE 754 표준에 따라 31.625를 메모리에 저장하면 다음 그림과 같습니다.

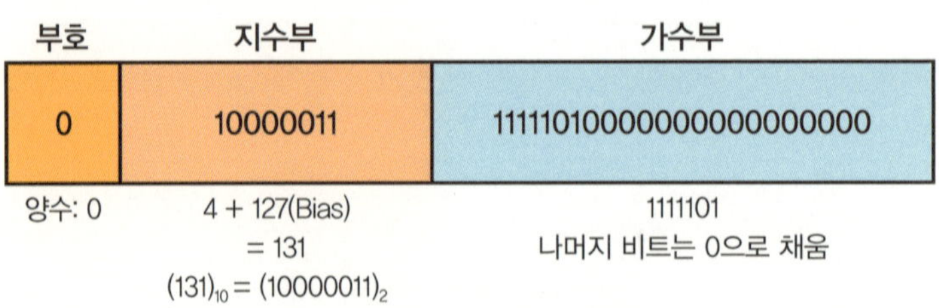

▲ float 자료형의 메모리 저장 예시

4 파이썬 타입

파이썬에서는 '자료형'이라는 표현보다 '타입'이라는 용어를 더 자주 사용합니다. 파이썬은 동적 타입의 언어라서 타입을 명시하지 않아도 되고, 타입에 따른 메모리 용량 제한도 고려할 필요가 거의 없습니다. 그러나 코딩의 목적에 따라 타입을 변환하거나 확인해야 하는 경우가 있으므로, 파이썬에서 사용하는 타입의 종류를 알아두는 것이 좋습니다. 파이썬에서 사용하는 대표적인 타입은 아래와 같습니다.

분류	타입 이름	설명	사용 예시
논리형(Boolean)	불리언(bool)	참과 거짓	True, False
수 (Numbers)	정수(int)	음수, 0, 양수	−2, −1, 0, 1, 2
	실수(float)	부동 소수점(소수점이 있는 수)	−3.4, 3.14
	복소수(complex)	복소수	2+3j, 6−2j
시퀀스 (Sequence)	문자열(str)	문자의 집합	"a", "abc", "반가워"
	리스트(list)	순서가 있는 자료의 집합	[1, 2, 3, "list"]
	튜플(tuple)	내용 변경이 불가능한 리스트	(1, 2, 3, "tuple")
매핑 (Mapping)	딕셔너리 (dict)	key와 value로 연결된 값	{1:"name",2:"address"}
집합(Set)		서로 중복되지 않는 값들의 모음	{1, 2, 3, "set"}

▲ 파이썬 타입

5 자바 타입

자바는 C 언어처럼 코드를 입력할 때 자료형을 반드시 명시해야 하는 정적 타입 언어입니다. 자바의 자료형은 크게 **기본 타입**(Primitive Type)과 **참조 타입**(Reference Type)으로 나뉘며, 타입에 따라 데이터의 종류와 방식이 다르게 저장됩니다.

1 기본 타입

기본 타입이란 논리값, 정수, 실수, 문자 리터럴(Literal)과 같이, 메모리 공간에 값을 직접 저장하는 자료형을 말합니다. 여기서 리터럴이란 "0", "A", "true", "3.14"처럼 프로그래머가 코드에 직접 입력한 고정된 값입니다.

기본 타입		설명	저장 가능 범위
논리 타입	boolean	참과 거짓	True, False
정수 타입	byte (1바이트)	부호가 있는 8비트 정수	$-128(-2^{7}) \sim 127(2^{7}-1)$
	short (2바이트)	부호가 있는 16비트 정수	$-32{,}768(-2^{15}) \sim 32{,}767(2^{15}-1)$
	int (4바이트)	부호가 있는 32비트 정수	$-2{,}147{,}483{,}648(-2^{31}) \sim 2{,}147{,}483{,}647(2^{31}-1)$

정수 타입	long (8바이트)	부호가 있는 64비트 정수	$-2,147,483,648(-2^{31}) \sim 2,147,483,647(2^{31}-1)$
실수 타입	float (4바이트)	부호가 있는 32비트 실수 (소수점 이하 약 7자리까지 유효)	−3.4E+38 ~ −1.4E−45, 1.4E−45 ~ 3.4E+38
	double (8바이트)	부호가 있는 64비트 실수 (소수점 이하 약 15자리까지 유효)	−1.8E+308 ~ −4.9E−324, 4.9E−324 ~ 1.8E+308
문자 타입	char (2바이트)	16비트 유니코드 문자	₩u0000(0) ~ ₩uffff(65,535)에 매핑되어 있는 모든 유니코드 문자

▲ 자바의 기본 타입

2 참조 타입

리터럴을 직접 저장하는 기본 타입과 달리, 참조 타입은 객체가 저장된 메모리 주소(참조 값)를 저장하는 타입을 말합니다. 참조 타입에는 배열, 열거 타입, 클래스, 인터페이스 등이 있습니다.

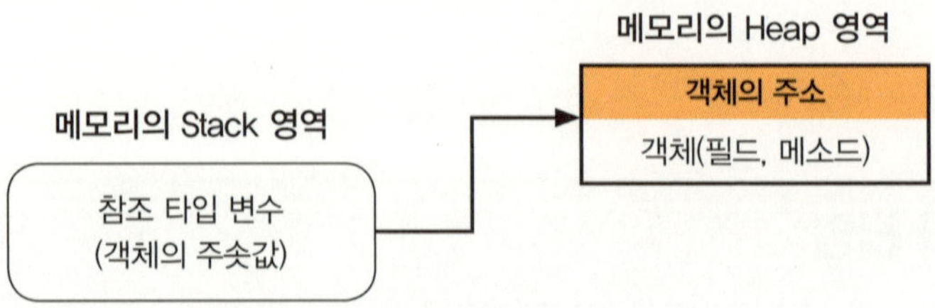

▲ 자바의 참조 타입

배열(Array)은 같은 타입의 데이터를 하나의 이름으로 묶어, 연속된 메모리 공간에 저장하는 **자료 구조**입니다. 배열의 각 요소에는 **인덱스**(Index)가 부여되어 있어, 순서대로 접근할 수 있습니다. 여기서 자료 구조란 데이터 간의 관계와 구성 방식을 정의한 개념이고, 인덱스란 배열 안의 요소가 위치한 번호를 말합니다. 일반적으로 인덱스는 0부터 시작합니다.

배열 - Array

데이터 →	10	20	25	30	32	34
인덱스 →	Array[0]	Array[1]	Array[2]	Array[3]	Array[4]	Array[5]

▲ 배열의 예

클래스(Class)는 객체를 생성하기 위한 틀로서, 객체에 사용할 변수와 객체가 해야 할 동작을 정의합니다. 클래스에서 생성한 객체를 해당 클래스의 **인스턴스**(Instance)라고 하며, 인스턴스의 데이터나 상태 등 속성을 저장하는 곳을 **필드**(Field), 인스턴스의 동작을 정의한 실행 코드를 **메소드**(Method)라고 합니다.

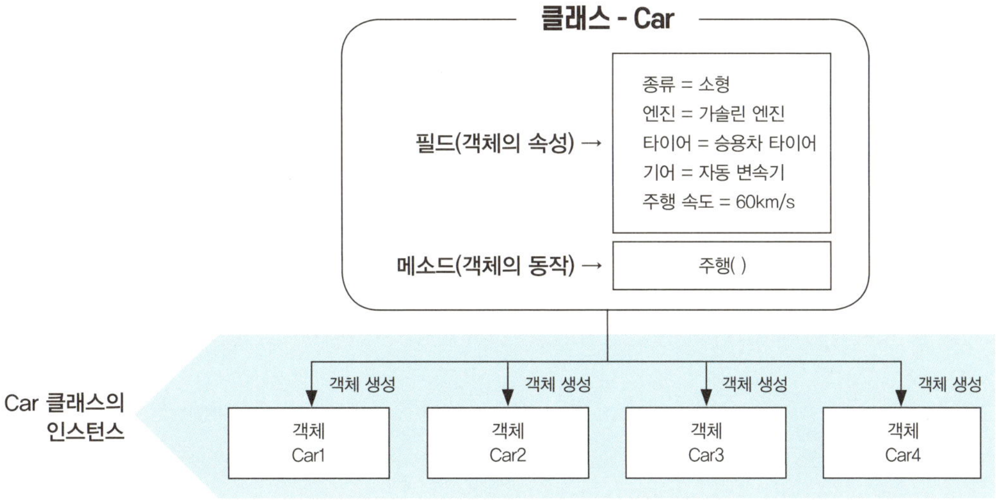

▲ 클래스의 예

열거 타입(Enum)은 정해진 여러 개의 값을 하나의 타입으로 묶어 정의할 수 있는 데이터 타입입니다. 이때 각각의 값은 **열거 상수**라고 하며, 미리 정해진 값만 사용할 수 있다는 점에서 '한정된 데이터'라고도 부릅니다. 열거 상수는 객체로 생성되므로, 메소드를 호출하거나 속성을 가질 수 있는 등 객체 지향적 동작을 할 수 있습니다. 예를 들어 'DayOfWeek'라는 열거 타입에 Monday부터 Sunday까지의 요일 이름을 정의하면, 각 값은 모두 DayOfWeek 클래스의 인스턴스로 만들어져 특정 메시지를 출력하거나 값을 반환하는 메소드를 가지는 등의 기능을 수행할 수 있습니다.

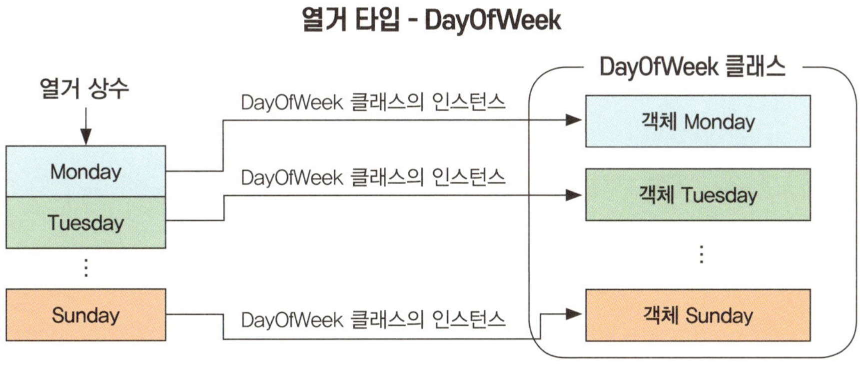

▲ 열거 타입의 예

인터페이스(Interface)는 각 객체에서 특정 메소드를 선택적으로 구현할 수 있도록 안내하는 메뉴판과 같습니다. 인터페이스는 메소드의 선언만 포함하고, 실제 구현은 각 클래스에서 직접 정의합니다. 따라서 여러 객체를 활용하여 프로그램을 개발할 때, 인터페이스를 사용하면 클래스 내부의 코드나 메소드를 수정할 필요 없이, 인터페이스에 정의된 메소드를 호출하여 처리할 수 있습니다. 이렇게 하면 코드의 확장성과 유지보수성이 좋아집니다.

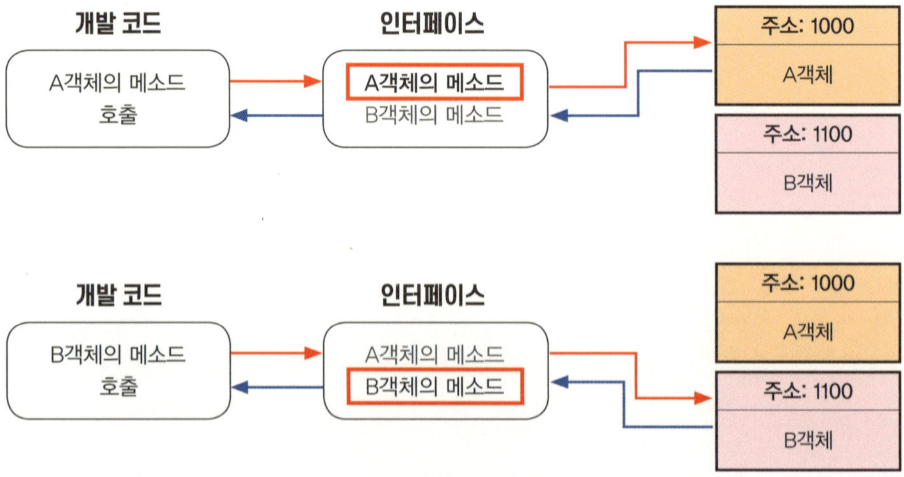

▲ 인터페이스의 예

6 자바스크립트 타입

자바스크립트는 파이썬과 같이 동적 타입의 언어입니다. 즉, 입력되는 값에 따라 자료형을 미리 선언하지 않아도 프로그램이 실행되는 도중에 자료형이 자동으로 결정됩니다. 이러한 특성 덕분에 코드를 간결하게 작성할 수 있는 장점이 있습니다.

자바스크립트에서 사용하는 타입은 크게 기본 타입(Primitive Type)과 참조 타입(Reference Type)으로 나눌 수 있습니다. 기본 타입은 하나의 고정된 값을 가지는 자료형이며, 값의 일부를 변경할 수 없습니다. 참조 타입은 여러 값을 포함할 수 있으며, 객체처럼 속성과 메소드를 가질 수 있습니다.

자바스크립트에서 사용하는 주요 타입은 다음과 같습니다.

구분		설명	사용 예시
기본 타입	널 (null)	타입은 정해졌지만, 값이 없음을 나타냄	let x = null;
	미정의 (undefined)	값이 할당되지 않음	let y;
	불리언 (boolean)	참 또는 거짓	true, false
	수 (number)	정수와 실수를 포함하는 숫자형	−1, 0, 1, −3.4, 3.14
		특수 값	Infinity, NaN
	BigInt	number 타입의 표현 범위를 초과하는 매우 큰 정수	100n, 9007199254740991n
	문자열 (string)	문자들의 집합 (작은따옴표나 큰따옴표로 묶어 표현함)	"a", "abc", "반가워"
	심볼 (symbol)	변경할 수 없는 유일한 값	Symbol("code")
참조 타입	배열(array)	여러 값을 순서대로 저장하는 객체	[1, 2, 3, "list"]
	객체(object)	key-value 쌍으로 구성된 복합 자료형	{ name: "John", age: 30 }
	함수(function)	실행 가능한 코드 블록	function car() { console.log("운행 중입니다"); }
	내장 객체	자바스크립트에서 기본으로 제공하는 객체 유형. 날짜 처리, 정규 표현식, 자료 구조 등을 다룸	new Date(), new Map() 등

▲ 자바스크립트 타입

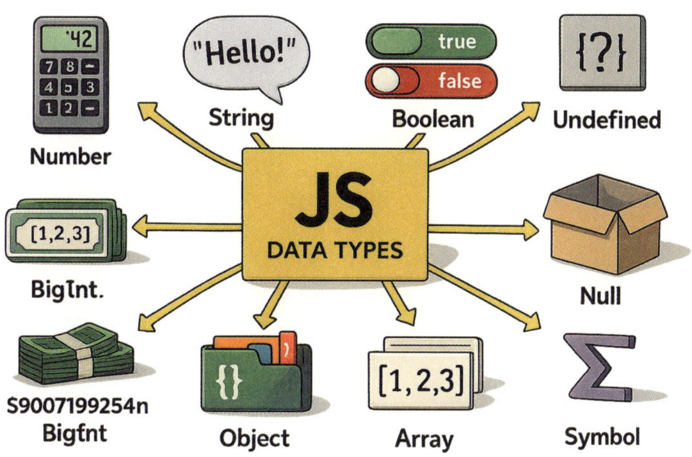

Lesson 2

변수

POINT 프로그래밍에서 변수는 데이터를 저장하고 참조하는 역할을 합니다. 변수를 사용하면 데이터를 쉽게 수정하거나 재사용할 수 있습니다.

1 변수란?

변수(Variable)란, 값(Data)을 저장하는 메모리 공간에 붙인 이름입니다. 마치 볶음밥을 만들 때 파, 햄, 달걀 같은 재료를 담아 두는 그릇의 이름과 같습니다. 예를 들어 'name'이라는 변수에 '홍길동'이라는 데이터를 입력하면 메모리의 'name'이라는 위치에 '홍길동'이라는 데이터가 저장됩니다. 이후 name을 호출하면 '홍길동'을 불러올 수 있습니다.

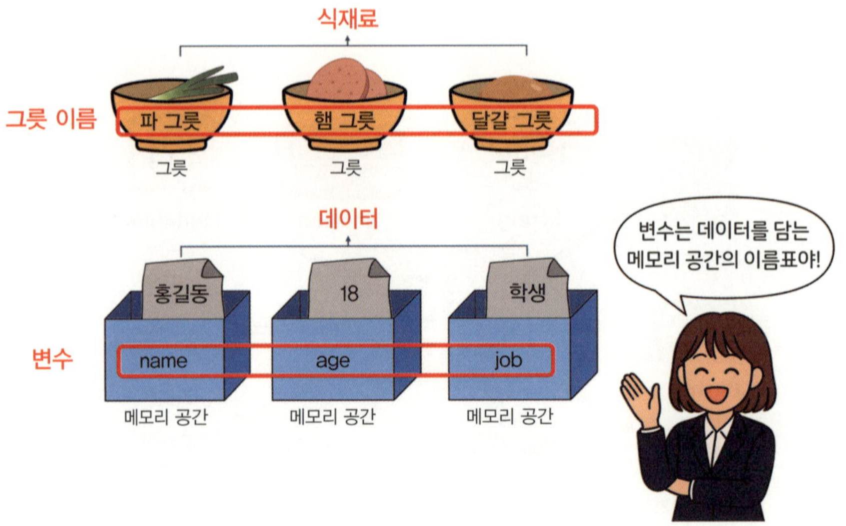

▲ 변수의 의미

변수에는 **전역 변수**(Global Variable)와 **지역 변수**(Local Variable)가 있습니다. 전역 변수는 프로그램 전체에서 접근할 수 있는 변수로, 여러 함수에서 값을 공유할 수 있습니다. 하지만 전역 변수를 잘못 사용하면, 여러 함수가 동시에 값을 바꾸면서 데이터 충돌이나 예기치 않은 값 변경이 발생할 수 있습니다.

반면에 지역 변수는 특정 함수 내에서만 접근할 수 있는 변수로, 함수 외부에서는 사용할 수 없기 때문에 이러한 충돌 위험이 없습니다.

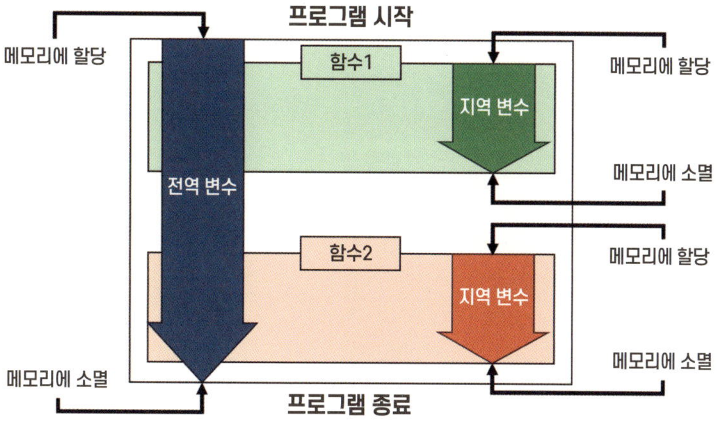

▲ 전역 변수와 지역 변수

변수는 **정적 변수**(Static Variable)와 **동적 변수**(Dynamic Variable)로 나눌 수 있습니다. 정적 변수는 'static'이라는 키워드로 선언하며, 고정된 메모리 공간에 저장됩니다. 또한 정적 변수는 선언된 함수나 파일 내에서만 접근할 수 있고, 프로그램이 종료될 때까지 메모리에 유지됩니다. 동적 변수는 필요에 따라 메모리에 직접 할당하고, 필요 없으면 해제해 주어야 하는 변수입니다. 동적 변수의 메모리 크기는 실행할 때 정해지므로 메모리 공간을 유연하게 사용하기에 유리하지만 메모리 관리가 필요합니다.

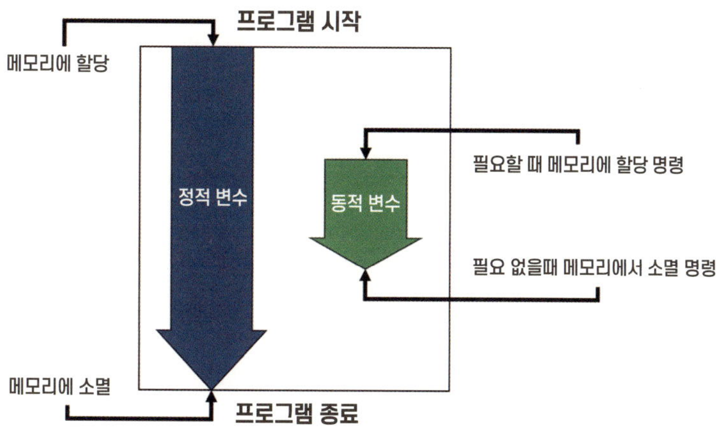

▲ 정적 변수와 동적 변수

변수의 값은 주기억 장치 중 하나인 램(RAM)에 저장됩니다. RAM(Random Access Memory)이라는 말은 데이터에 순차적으로 접근하는 것이 아니라, 데이터가 어디에 있든 임의로 접근할 수 있다는 의미입니다. 주기억 장치는 데이터 접근 속도가 빠른 장점이 있지만, 전원이 꺼지면 저장된 모든 데이터가 사라지는 휘발성 메모리입니다. 주기억 장치는 내부적으로 Code, Data, Stack, Heap의 네 영역으로 구분되며, 전역 변수와 정적 변수는 Data 영역에, 지역 변수는 stack 영역에, 동적 변수는 Heap 영역에 저장됩니다.

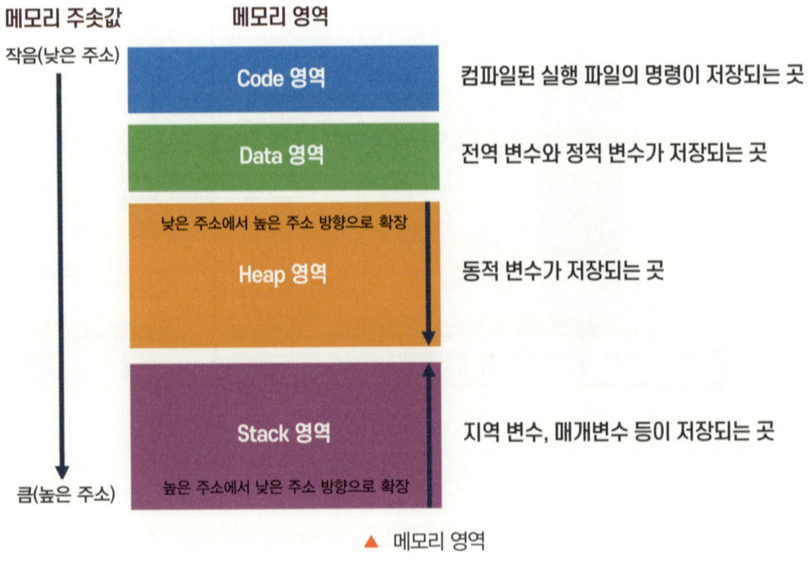

▲ 메모리 영역

2 변수의 선언

변수를 사용하기 위해서는 해당 변수에 필요한 크기의 저장 공간을 확보해야 하는데, 이를 '변수를 선언한다'라고 표현합니다.

정적 타입 언어에서는 변수가 어떤 종류의 값을 저장할 것인지 미리 정해 주어야 하므로, 변수 선언 시 자료형을 먼저 적고 그 뒤에 변수 이름을 작성합니다. 예를 들어 Java나 C 언어에서는 '`int age = 18;`'처럼 자료형을 명시한 뒤 변수 이름을 지정합니다.

반면 파이썬이나 자바스크립트와 같은 동적 타입 언어에서는 변수에 저장되는 값을 보고 자료형을 자동으로 판단하므로, 별도로 자료형을 작성하지 않아도 됩니다. 예를 들어 '`age = 18;`'처럼 변수 이름만 적고 값을 대입하면, 실행할 때 해당 값이 정수인지 실수인지 판단하여 자동으로 자료형을 지정합니다.

▲ 언어의 타입에 따른 자료형 명시 여부

변수 이름은 영문자, 숫자, 밑줄 등을 이용해서 만들 수 있는데, 몇 가지 제약이 있습니다.

auto	break	case	char	const
continue	default	do	double	else
enum	extern	float	for	goto
if	int	long	register	return
short	signed	sizeof	static	struct
switch	typedef	union	unsigned	void

▲ 변수 이름의 제약

3 변수의 표기법

변수 이름을 지을 때 두 개 이상의 단어를 조합해야 하는 경우가 많은데, 이에 대해 정해진 규칙은 없지만, 가독성과 협업을 위해 널리 쓰이는 몇 가지 관례가 있습니다.

카멜 표기법(Camel Case)은 변수 이름에서 첫 번째 단어는 소문자로 시작하고, 두 번째 단어부터는 첫 글자를 대문자로 표기하여 단어들을 쉽게 구분해 알아볼 수 있게 하는 방법입니다. 예를 들어 'studentName'이나 'gotResult'처럼 표기합니다. 이렇게 표기한 모습이 마치 단봉낙타의 등과 비슷하다고 해서 '카멜'이라는 이름이 붙었습니다.

▲ 카멜 표기법의 예

파스칼 표기법(Pascal Case)은 카멜 표기법과 유사하지만, 첫 글자도 대문자로 쓴다는 점에서 차이가 있습니다. 예를 들어 'StudentName'이나 'GotResult'와 같은 방식으로 씁니다. 이 형식은 마치 쌍봉낙타의 모습과 유사하다고 하여 '쌍봉낙타 표기법'이라고도 부릅니다.

▲ 파스칼 표기법의 예

헝가리언 표기법(Hungarian Notation)은 변수 이름 앞에 해당 변수의 자료형을 줄임말로 붙이는 방식입니다. 예를 들어 정수형 변수는 `int`의 `i`를 변수 이름 앞에 붙여, '`iScore`', 문자열 변수는 string의 `str`을 변수 이름 앞에 붙여 '`strName`'처럼 씁니다. 이 방식은 헝가리 출신 마이크로소프트 개발자인 찰스 시모니(Charles Simonyi)가 사용해서 '헝가리언 표기법'이라고 부릅니다. 하지만 현대 프로그래밍 언어에서는 자료형을 확인하는 다른 수단들이 많아지면서, 헝가리언 표기법은 그다지 권장하지 않는 추세입니다.

```
int iNum
char chName
```

▲ 헝가리언 표기법의 예

스네이크 표기법(Snake Case)은 변수 이름을 모두 소문자로 쓰되, 단어 사이에 밑줄을 그어 표기하는 방식으로, '`student_name`'이나 '`got_result`'처럼 작성합니다. 이 표기법은 주로 파이썬이나 C 계열 언어에서 변수나 함수 이름을 정할 때 사용됩니다. 밑줄이 마치 땅을 기어가는 뱀처럼 생겼다고 하여 '스네이크 표기법'이라는 이름이 붙었습니다.

▲ 스네이크 표기법의 예

4 변수의 초기화

변수를 선언할 때 값을 함께 지정하면, 그 값을 **초깃값**이라고 하고, 그 과정을 **변수의 초기화**라고 합니다. 변수에 값을 입력하는 것을 '값을 할당한다'라고 하는데, 변수에 값을 할당할 때는 대입 연산자인 '=' 기호를 사용합니다.

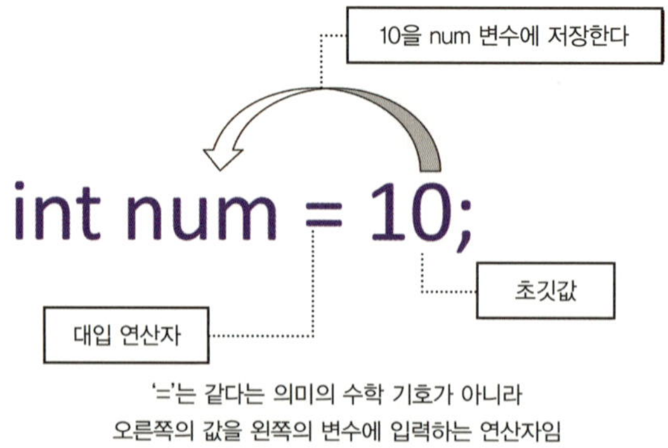

▲ 변수의 초기화

변수에 저장된 값은 대부분 새로운 값을 할당하면 그 값으로 변경됩니다.

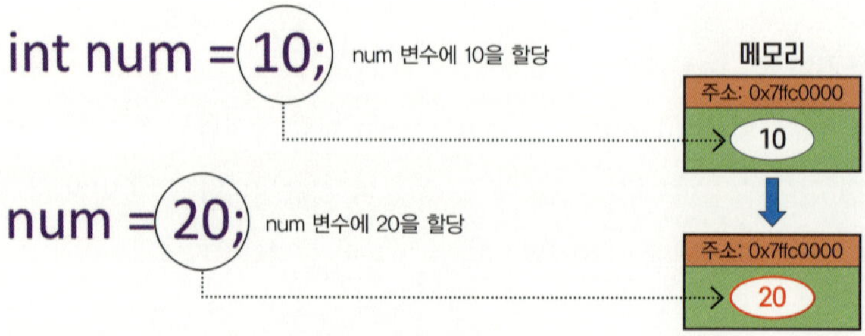

▲ 변숫값의 변경

Java의 `final`이나 C 언어의 `const`와 같은 키워드를 사용하면, 한 번 초기화한 후에 변수의 값을 다시 바꿀 수 없습니다. 그래서 이런 변수를 '상수'라고 부릅니다.

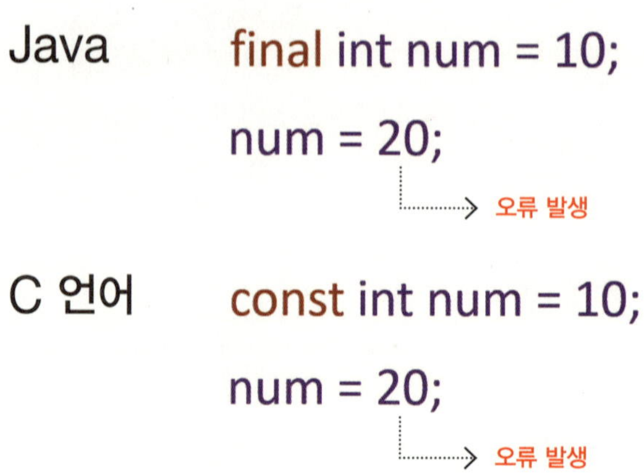

▲ 상수

Lesson 3

배열과 연결 리스트

POINT 배열과 연결 리스트는 데이터를 저장하고 관리하는 자료 구조입니다. 각 자료 구조의 장단점과 사용 방법을 이해하면 더 효율적으로 데이터를 처리할 수 있습니다.

1 배열과 리스트

변수 하나에는 하나의 값만 저장할 수 있습니다. 그러면 한번에 200개의 값을 저장하려면 어떻게 해야 할까요? 물론 변수를 200개 만들어 각각의 값을 저장할 수도 있지만, 이는 매우 비효율적이고 관리도 어렵습니다. 이런 경우에는 여러 개의 값을 하나의 변수처럼 다룰 수 있는 **리스트**를 사용하는 것이 효과적입니다.

리스트는 여러 개의 데이터를 하나로 묶어 순서대로 저장할 수 있는 자료 구조입니다. 리스트를 사용하면 데이터 요소를 쉽게 삽입하거나 삭제할 수 있습니다. 리스트는 **배열**과 **연결 리스트** 등으로 구현할 수 있습니다.

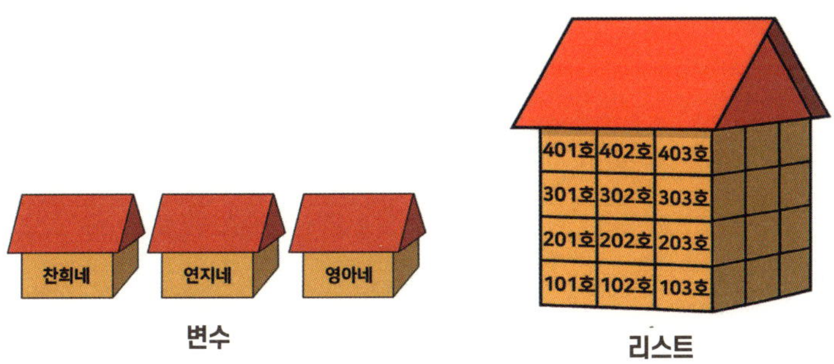

▲ 변수와 리스트

배열은 자료형이 같은 데이터를 메모리에 연속적으로 저장하는 자료 구조로, 사용하기 전에 저장할 데이터의 개수만큼 미리 메모리 공간을 확보합니다. 배열은 C, C++, Java 등의 언어에서 기본적으로 제공되며 빠르게 데이터에 접근하고 관리할 수 있다는 장점이 있습니다.

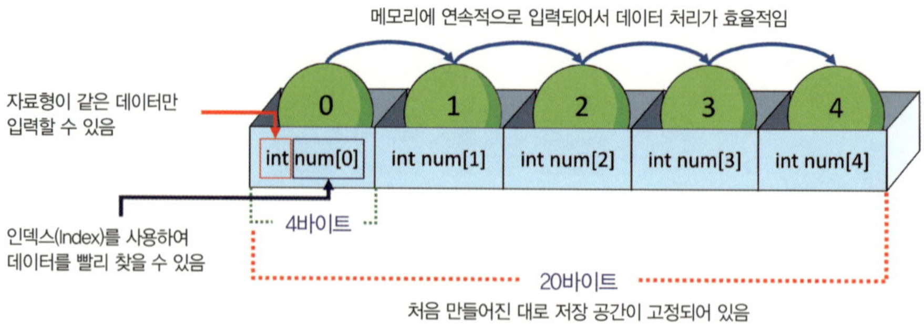

▲ 배열의 구조

2 배열의 선언

배열은 일단 선언한 후에 사용할 수 있는 자료 구조입니다. 배열을 선언할 때는 저장할 데이터의 자료형과 개수를 명시해야 합니다. C 언어에서는 배열을 선언하면 배열 이름이 해당 메모리 공간의 시작 주소를 나타내며, 그 공간 안에 실제 데이터가 직접 저장됩니다. 반면에 자바에서는 배열이 객체로 생성되므로, 배열을 생성하면 변수에는 배열 자체가 아니라 배열 객체가 저장된 주소가 저장됩니다.

C 언어 배열

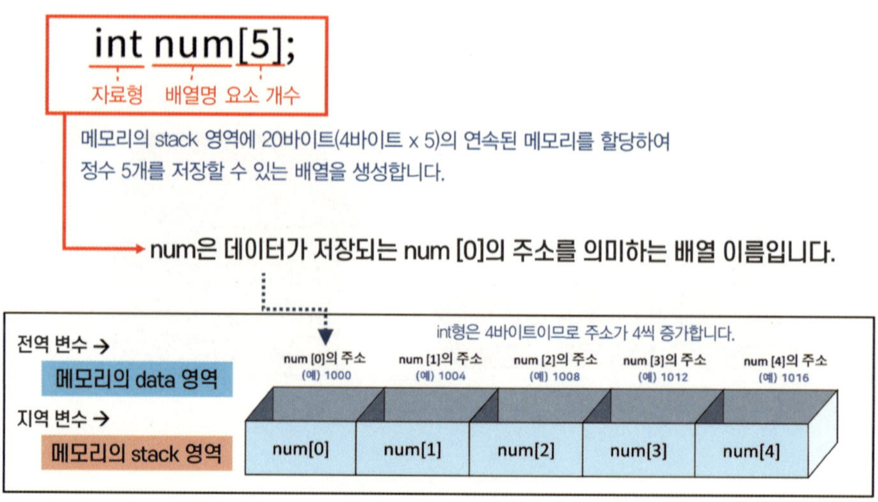

JAVA 배열

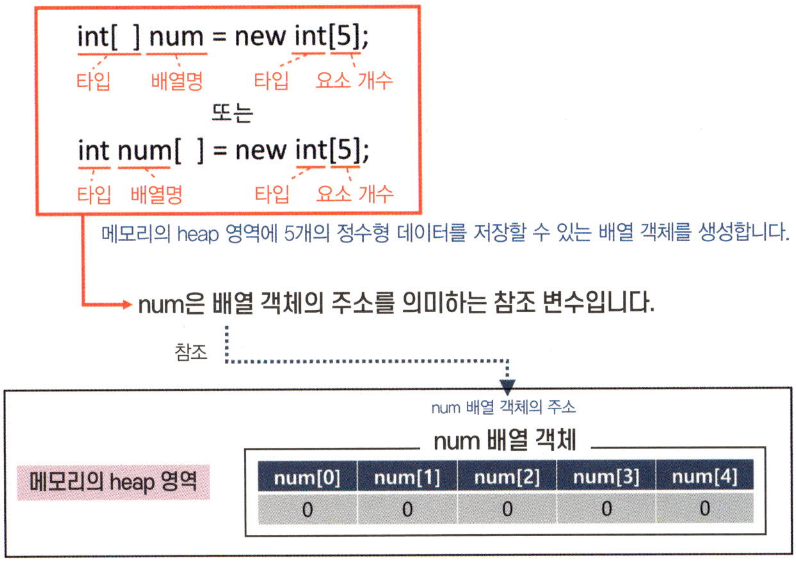

C 언어에서 배열을 선언하면 메모리 공간만 할당되고 각 요소는 자동으로 초기화되지 않기 때문에 쓰레깃값(임의의 기존 메모리값)이 들어 있게 됩니다. 반면 자바의 경우 배열이 생성되면 각 요소가 자료형에 따라 자동으로 초기화됩니다. 예를 들어 `int`와 `short`는 `0`, `double`은 `0.0`, 참조 타입의 경우는 `null` 값으로 자동 초기화됩니다. 따라서 배열을 사용하기에 전에 명시적으로 초기화해 주는 것이 좋습니다.

1 배열 선언할 때 초기화

배열을 생성할 때 중괄호를 사용하여 배열의 모든 요소를 동시에 초기화할 수 있습니다. 이 방식은 선언과 동시에 값을 지정할 때 사용합니다.

C 언어 배열의 초기화

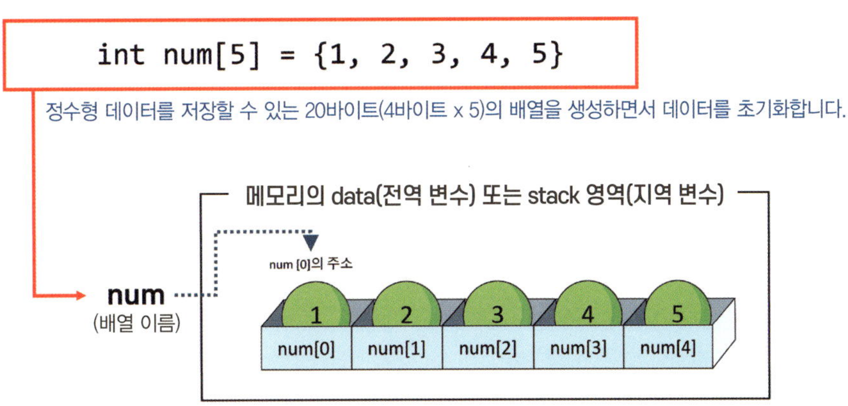

JAVA 배열의 초기화

```
int[] num = {1, 2, 3, 4, 5};
            또는
int num[] = new int[]{1, 2, 3, 4, 5};
```

5개의 정수형 데이터를 저장할 수 있는 객체를 생성하면서 데이터를 초기화합니다.

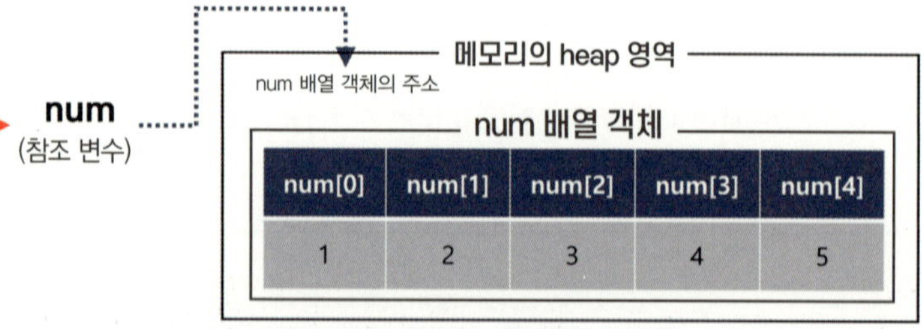

2 배열 선언 후 초기화

배열을 선언한 후에 개별 요소를 초기화하는 방법은 다음과 같습니다.

```
num[0] = 10;
```

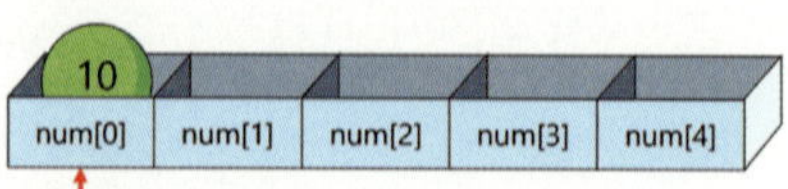

0번째 요소에 10을 입력

```
num[1] = 20;
```

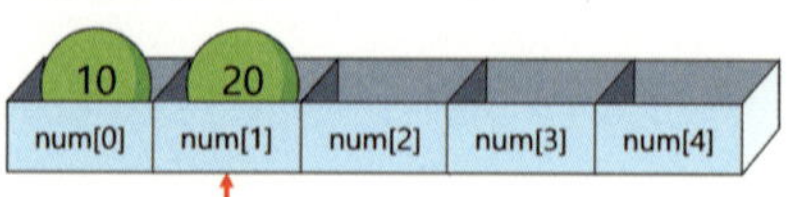

1번째 요소에 20을 입력

▲ 배열의 개별 요소 초기화

배열을 행과 열로 구성하여 다차원 배열도 만들 수 있습니다. 예를 들어 2차원 배열을 선언할 때는 저장할 데이터의 자료형(타입)과 행의 개수, 열의 개수를 지정하면 됩니다.

C 언어의 다차원 배열

선언 형식: 자료형 배열명, [행 개수][열 개수]

```
int num[2][5];
```

총 10개의 int형 데이터를 저장할 수 있는 연속된 배열이 생성됨

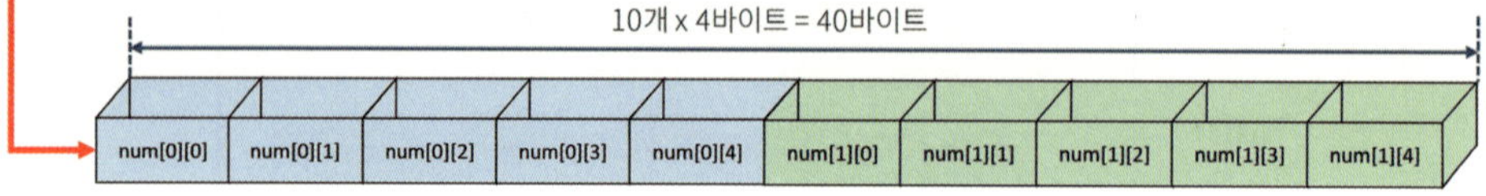

첫 번째 행 배열(1행의 데이터)을 저장 두 번째 행 배열(2행의 데이터)을 저장

JAVA의 다차원 배열

선언 형식: 타입[][] 배열명 = new 타입[행 개수][열 개수]'

```
int[][] num = new int[2][5];
```

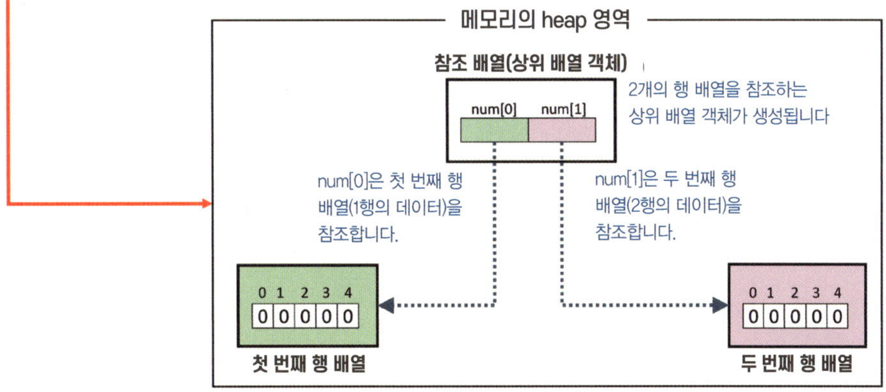

다차원 배열도 1차원 배열과 같이 선언과 동시에 초기화할 수 있고, 배열을 선언한 후 나중에 데이터를 할당할 수도 있습니다. 배열 선언 후에 초기화할 때 자바에서는 전체 요소를 한 번에 초기화할 수 있지만, C 언어에서는 개별 요소에 값을 할당하는 방식으로만 초기화할 수 있습니다.

3 다차원 배열 선언할 때 초기화

C 언어

```
int num[2][5] = {
    {10, 20, 30, 40, 50},
    {60, 70, 80, 90, 100}
};
```

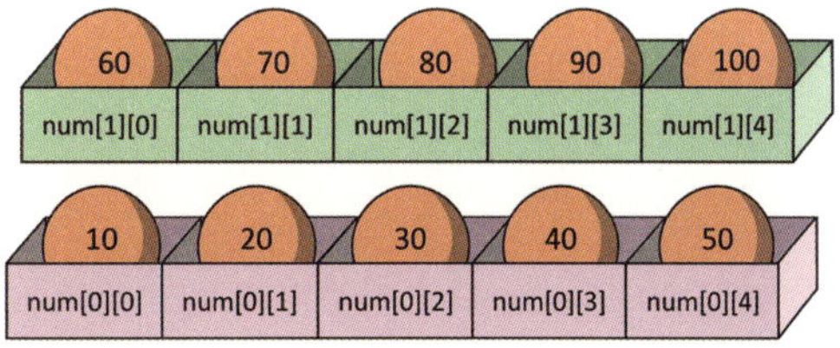

JAVA

```
int[ ][ ] num = {
    {10, 20, 30, 40, 50},
    {60, 70, 80, 90, 100}
};
```

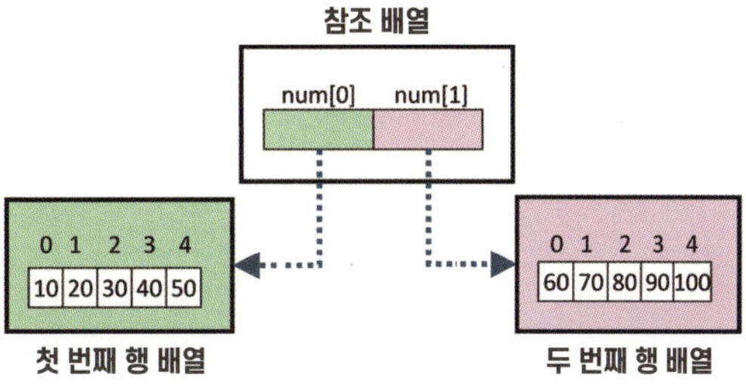

3 다차원 배열 선언 후 초기화

C 언어

```
int num[2][5];
num[0][0] = 10;
num[0][1] = 20;
num[1][0] = 60;
num[1][1] = 70;
```

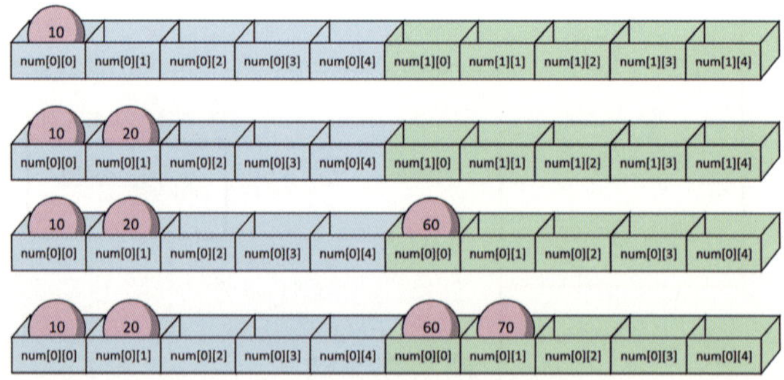

JAVA

```
int[][] num = new int[2][5];

num[0] = new int[]{10, 20, 30, 40, 50};

num[1] = new int[]{60, 70, 80, 90, 100};
```

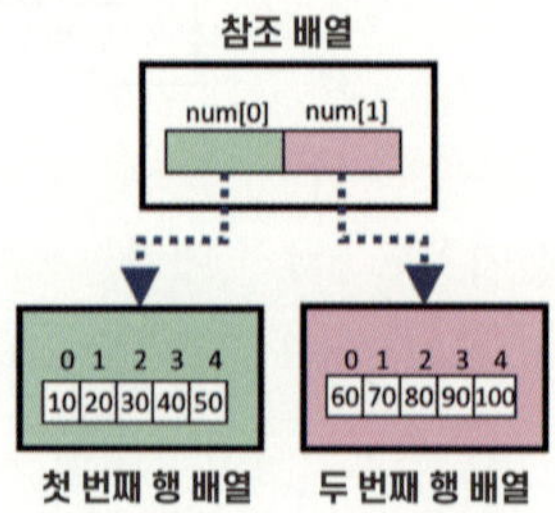

3 연결 리스트

연결 리스트(Linked List)는 배열처럼 여러 데이터를 저장할 수 있는 자료 구조이지만, 메모리의 크기가 고정되어 있지 않고 가변적이라는 점에서 배열과 차이가 있습니다. 연결 리스트가 이렇게 유연하게 활용될 수 있는 이유는 배열과 달리 비연속적인 메모리 공간에 저장된 데이터들을 **포인터**(Pointer)로 연결해서 관리하기 때문입니다.

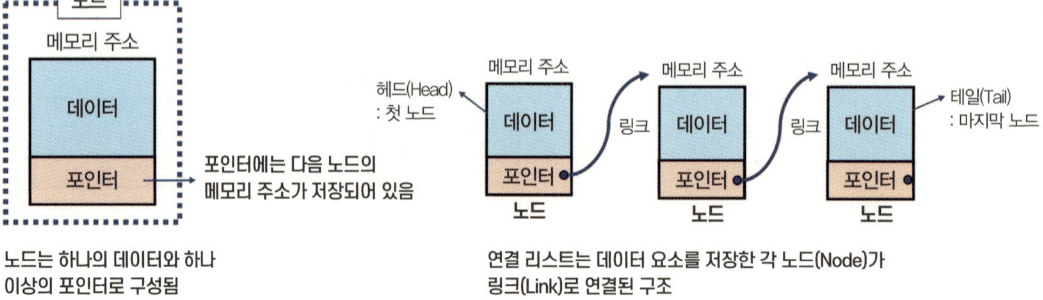

▲ 연결 리스트의 구조

연결 리스트에서 데이터를 추가, 삽입, 삭제하는 연산은 포인터의 연결만 변경하면 되므로 배열보다 더 효율적일 수 있습니다.

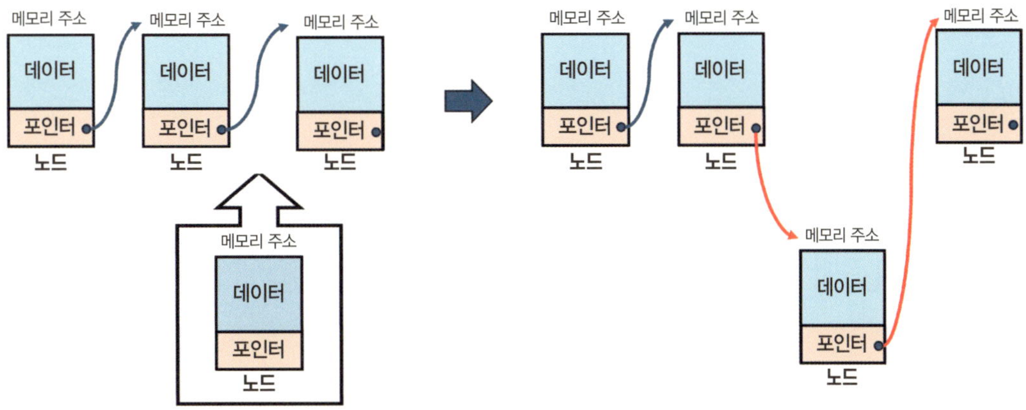

▲ 연결 리스트의 데이터 추가

하지만 연결 리스트는 데이터 외에도 포인터를 저장할 추가 공간이 필요하고, 첫 노드부터 시작해서 순차적으로 탐색해야 하므로 인덱스로 직접 접근할 수 있는 배열보다 데이터 접근 속도가 느리다는 단점도 있습니다.

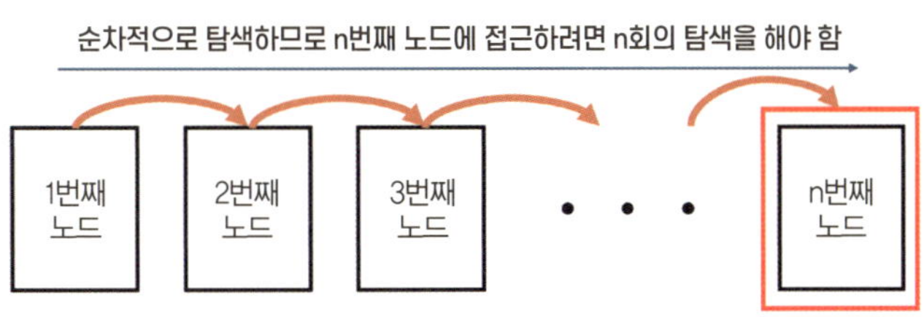

▲ 연결 리스트의 데이터 접근 방식

1 단일 연결 리스트

단일 연결 리스트(Singly Linked List)는 다음과 같이 각 노드가 다음 노드를 가리키는 포인터만을 가지고 있는 선형 자료 구조입니다.

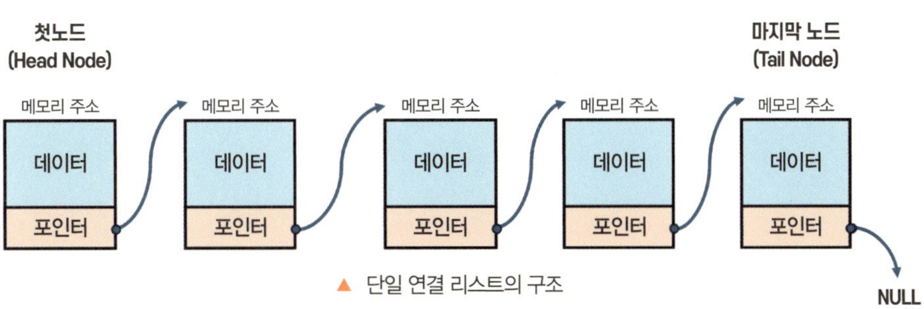

▲ 단일 연결 리스트의 구조

2 이중 연결 리스트

이중 연결 리스트(Doubly Linked List)는 각 노드가 이전 노드와 다음 노드의 주소를 모두 포인터로 저장하고 있어, 양방향으로 탐색이 가능한 자료 구조입니다.

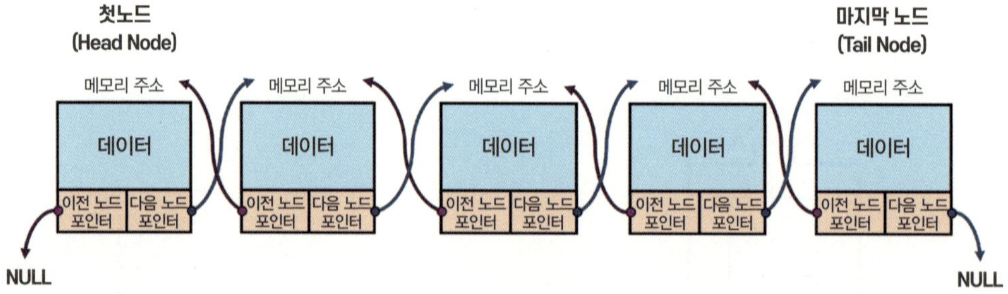

▲ 이중 연결 리스트의 구조

3 원형 연결 리스트

원형 연결 리스트(Circular Linked List)는 마지막 노드가 첫 노드를 가리키는 포인터를 가지고 있어 노드들이 순환하는 구조로 연결된 리스트입니다.

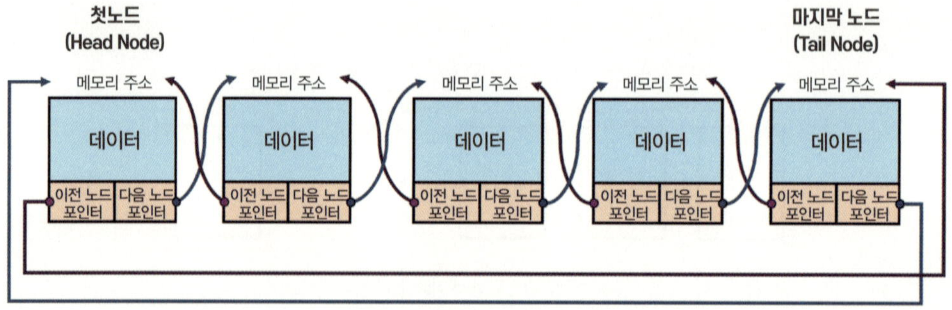

▲ 원형 연결리스트의 구조

4 파이썬의 리스트

파이썬에서 리스트는 배열 구조를 기반으로 하면서도 연결 리스트의 특징을 일부 갖는 동적 배열(Dynamic Array) 방식으로 구현됩니다. 동적 배열은 요소를 직접 저장하는 대신, 각 요소의 메모리 주소를 배열에 저장하여 배열과 객체를 연결한 구조입니다.

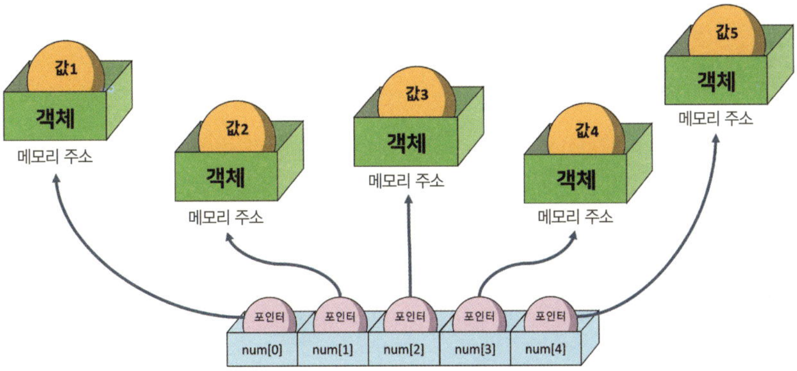

▲ 파이썬 리스트의 구조

파이썬의 리스트는 배열과 객체를 연결한 형태이므로 요소를 추가하거나 제거할 때 연결 리스트에서 포인터의 주소만 바꾸는 것처럼, 리스트에서도 배열에 저장된 참조(주소)만 변경하면 됩니다. 그래서 append(), extend(), insert(), remove() 등의 메소드를 사용하여 리스트에 요소를 간편하게 추가하거나 삭제할 수 있습니다.

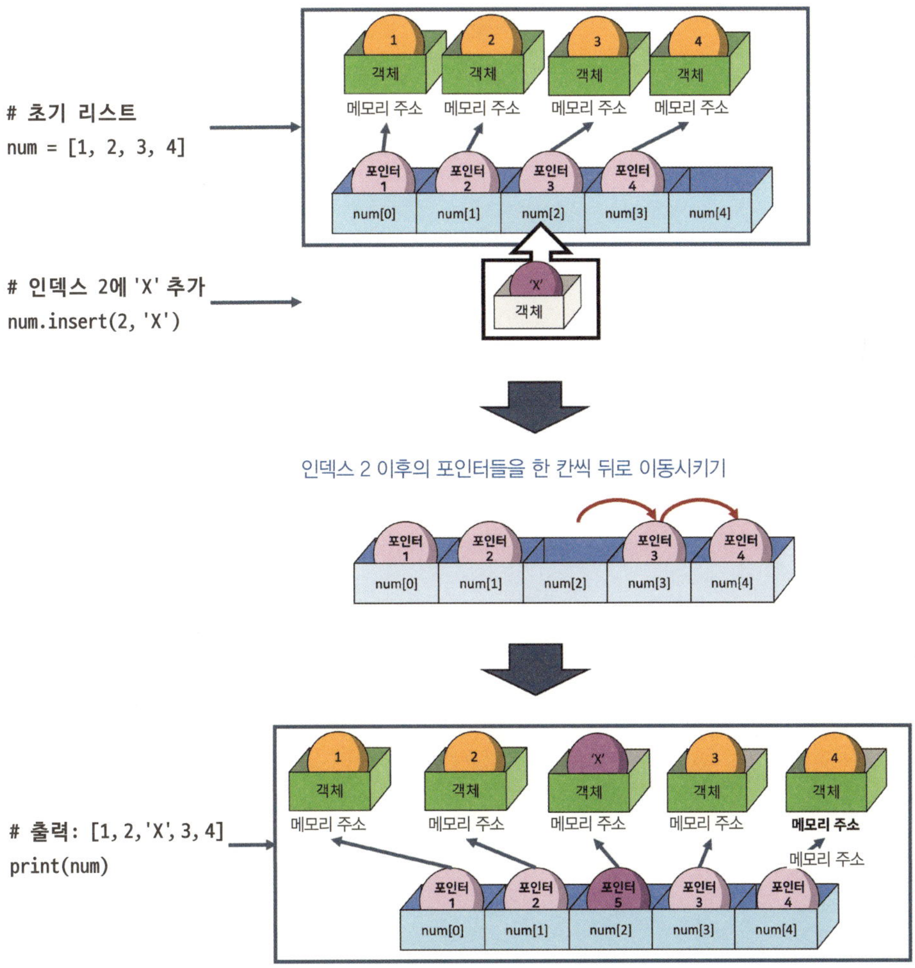

▲ 파이썬 리스트의 데이터 추가 과정

이와 같이 파이썬의 리스트는 배열처럼 인덱스를 이용해 빠르게 요소에 접근할 수 있을 뿐만 아니라, 연결 리스트처럼 요소를 추가하거나 삭제하기가 쉽습니다.

파이썬의 리스트에서 정해진 용량이 다 찼을 때 새 요소를 추가하는 과정은 다음과 같습니다.

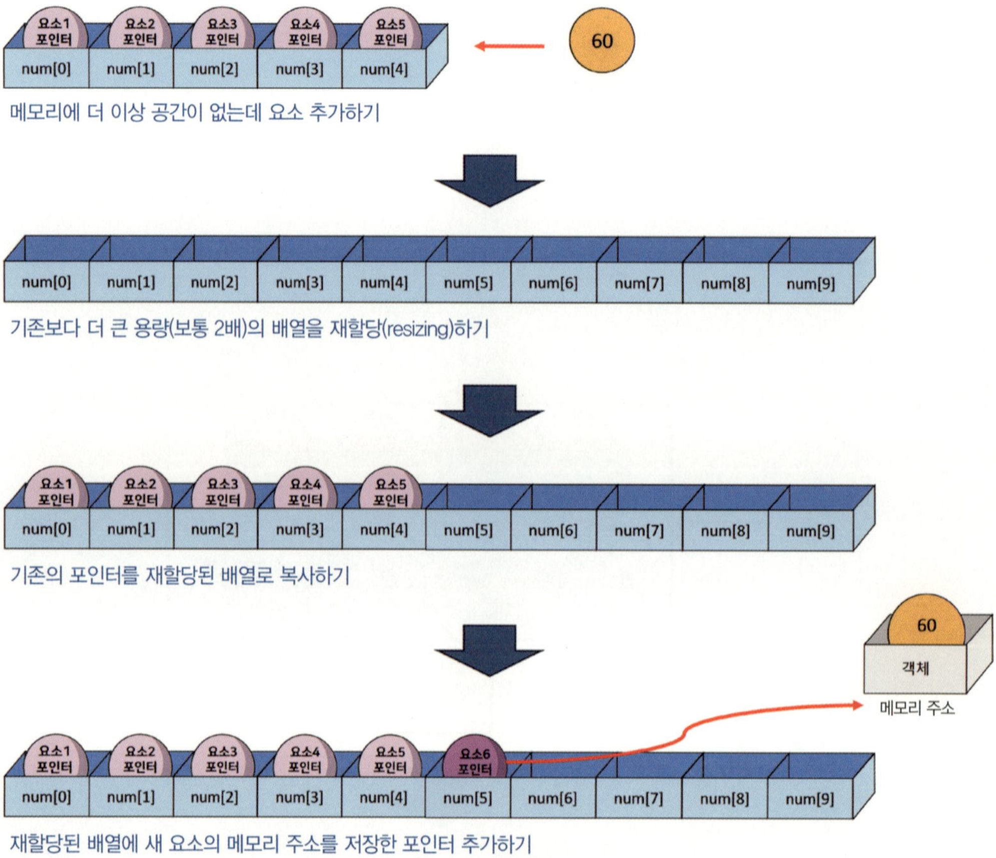

▲ 파이썬 리스트의 용량 추가 방법

5 리스트 유사 구조

배열처럼 요소에 하나씩 순차적으로 접근할 수 있는 객체를 **이터러블**(Iterable)이라고 합니다. 이터러블은 리스트, 튜플, 집합, 딕셔너리, 문자열과 같이 요소를 순회하면서 반복 작업을 할 수 있는 특징이 있습니다.

1 시퀀스와 튜플

시퀀스(Sequence)는 요소(Element)에 순서가 있는 자료 구조로, 요소의 위치를 지정하는 **인덱싱**(Indexing)과 요소의 일부분만 선택하는 **슬라이싱**(Slicing)이 가능합니다. 이터러블 중 리스트와 **튜플**(Tuple)이 대표적인 시퀀스 자료형에 속합니다.

튜플은 한 번 생성하면 내용을 변경할 수 없고, 대괄호가 아니라 소괄호로 묶인다는 점에서 리스트와 차이가 있습니다.

```
my_tuple = (1, 2, 3, 4,)  # 튜플 생성
print(my_tuple[2])     # 인덱스는 0부터 시작하므로 [2]는 세 번째 요소인 3을 반환 → 출력: 3
print(my_tuple[1:3])  # [1:3]은 첫 번째부터 세 번째 미만(세 번째는 포함하지 않음)의
                        요소를 반환하므로, 결과는 (2, 3) → 출력: (2, 3)
```

2 집합

집합(Set)은 순서와 중복 없이 구성된 데이터 구조입니다. 수정이 가능하며 중괄호를 사용하여 생성할 수 있습니다.

```
print({1, 2, 3} | {3, 4, 5})   # 합집합은: 두 집합에 있는 모든 요소를 포함
                                → 출력: {1, 2, 3, 4, 5}
print({1, 2, 3} & {3, 4, 5})   # 교집합은: 두 집합에 있는 모든 존재하는 요소만 포함
                                → 출력: {3}
print({1, 2, 3} - {3, 4, 5})   # 차집합은: 첫 번째 집합에만 있는 요소만 포함
                                → 출력: {1, 2}
print({1, 2, 3} ^ {3, 4, 5})   # 대칭차집합은: 두 집합 중 한쪽에만 있는 요소만 포함
                                → 출력: {1, 2, 4, 5}
```

집합은 중복이 없는 구조이므로 리스트에서 중복된 내용이 있는 경우 다음과 같이 중복을 없애는 데 사용할 수 있습니다.

```
num = [1, 2, 2, 3, 4, 4, 5]    # 요소가 중복된 리스트
uniq_num = set(num)            # 집합으로 변환해서 uniq_num에 저장
print(uniq_num)                # 중복이 사라짐 → 출력: {1, 2, 3, 4, 5}
```

3 딕셔너리

딕셔너리(Dictionary)는 {키(Key):값(Value)} 형태로 키와 값이 대응 관계를 이루는 구조입니다. 키와 값은 모두 수정할 수 있으며, 키를 이용해 값을 빠르게 찾을 수 있는 것이 특징입니다. 딕셔너리는 전체 구조를 중괄호로 감싸며, 키와 값은 콜론(:)으로 구분합니다.

```
             키1       값1       키2   값2    키3       값3
my_dict = {'name': 'Alice', 'age': 25, 'city': 'New York'}
print(my_dict = ['name'])       # 'name'키로 값1에 접근 → 출력: Alice
print(my_dict.get('age'))       # get() 메소드는 키에 해당하는 값을 반환,
                                값이 없으면 None이나 기본값 반환 → 출력: 25
```

4 문자열

문자열은 각 문자를 요소로 가지는 시퀀스 자료형으로, 요소를 변경할 수 없는 특징이 있습니다.

리스트처럼 인덱싱과 슬라이싱이 가능하여 원하는 문자에 빠르게 접근하거나, 특정 범위의 문자를 잘라 새로운 문자열을 만들 수 있습니다.

text = "Hello Python"

인덱스	[0]	[1]	[2]	[3]	[4]	[5]	[6]	[7]	[8]	[9]	[10]	[11]
	H	e	l	l	o		P	y	t	h	o	n
인덱스	[-12]	[-11]	[-10]	[-9]	[-8]	[-7]	[-6]	[-5]	[-4]	[-3]	[-2]	[-1]

```
print(text[0])              # 첫 번째 문자 → 출력: H
print(text[-1])             # 마지막 문자 → 출력: n
print(text[0:5])            # 0부터 4까지 문자 → 출력: Hello
print(text[-6:-1])          # -6부터 -2까지 문자 → 출력: Pytho
print(text[:2] + 'aling')   # 앞 2글자 'He'+ aling → 출력: Healing
```

읽을 거리 리스트와 연결 리스트의 탄생

리스트와 연결 리스트의 기본적인 개념은 우리 삶 곳곳에서 발견할 수 있습니다. 예를 들어 소셜 미디어 피드처럼 새로운 항목이 상단에 추가되고 기존 항목이 다음 순서대로 배치되는 구조는 리스트의 특성과 유사합니다. 또한 음악 앱에서 '다음 곡' 또는 '이전 곡' 버튼을 눌러 데이터의 흐름을 자유롭게 탐색하는 구조는 이중 연결 리스트의 좋은 예시가 됩니다.

리스트라는 개념을 프로그래밍 언어에 처음 도입한 사람은 바로 '인공지능'이라는 말을 최초로 제안한 미국의 컴퓨터 과학자, 존 매카시(John McCarthy, 1927~2011)입니다. 그는 매사추세츠공과대학교(MIT) 교수로 재직하던 중, 데이터와 코드 자체를 리스트 형태로 표현하고 처리하는 LISP(LISt Processing)라는 언어를 만들었습니다. LISP에서 사용된 리스트는 오늘날 수많은 프로그래밍 언어의 자료 구조 설계에 영향을 미쳤습니다.

비슷한 시기, 미국의 랜드(RAND) 연구소에서는 앨런 뉴얼(Allen Newell), 클리프 쇼(Cliff Shaw), 허버트 사이먼(Herbert A. Simon)이라는 세 명의 학자가 논리 정리를 자동으로 증명하는 프로그램인 '로직 시어리스트(Logic Theorist)'를 개발하고 있었습니다. 이들은 이 과정에서 데이터 항목들을 노드(node)와 포인터(pointer)로 연결하는 방식을 고안하여 IPL(Information Processing Language)이라는 언어를 탄생시켰습니다. 이 노드-포인터 연결 방식은 연결 리스트 아이디어의 직접적인 기반이 되었으며, 나아가 스택(stack), 트리(tree), 그래프(graph) 등 다양한 자료 구조들이 발전할 수 있는 초석이 되었습니다.

이처럼 리스트와 연결 리스트는 서로 다른 배경에서 만들어졌지만, 오늘날 인공지능의 핵심인 신경망(Neural Network)의 노드 연결 방식이나, 방대한 지식을 구조화하는 지식 그래프(Knowledge Graph)의 관계 표현 등 현대 정보 처리 기술의 근간에 깊숙이 스며들어 그 영향력을 발휘하고 있습니다.

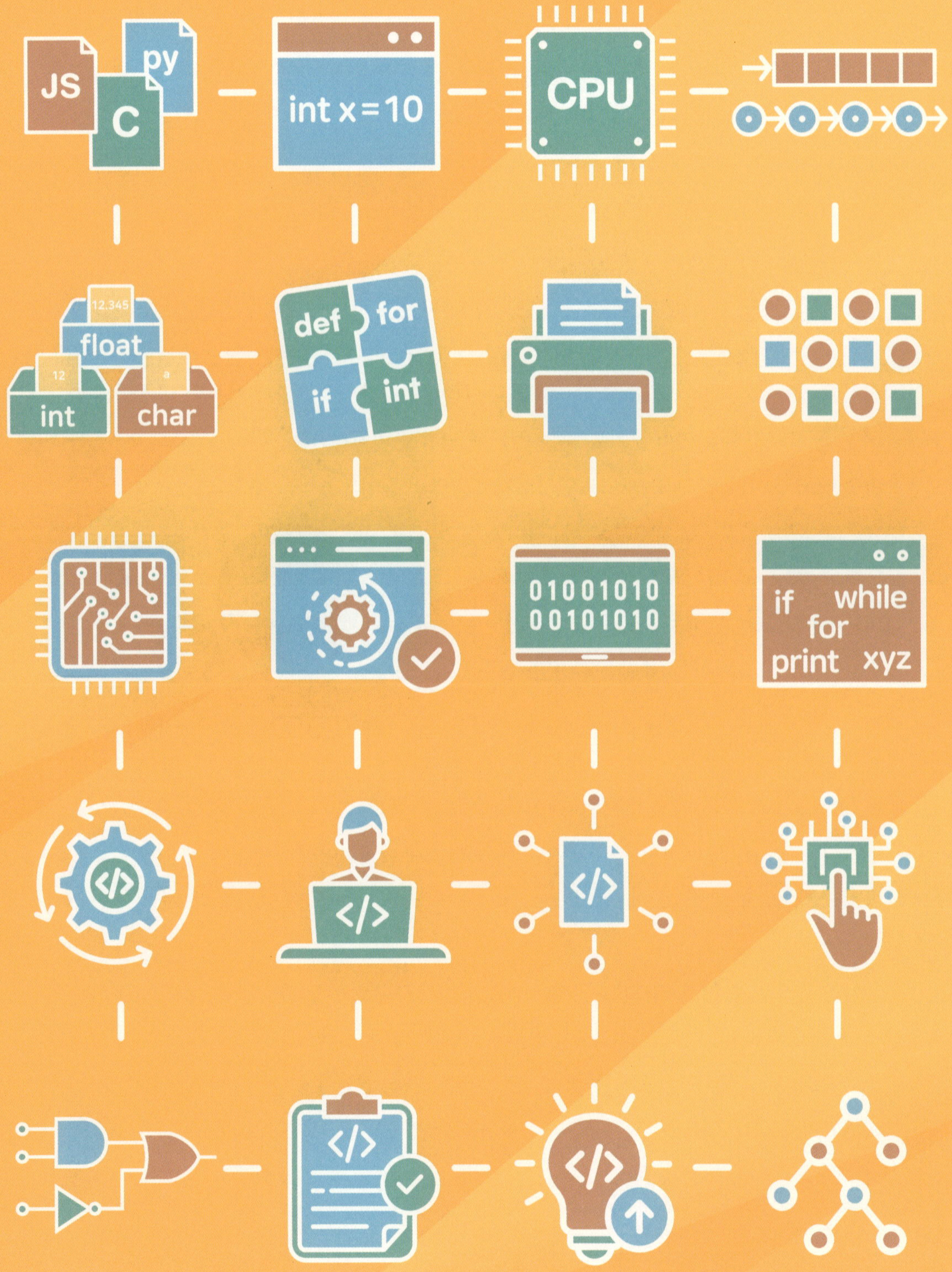

JS
py
C
int x=10
CPU
12.345
float
12
int
a
char
def
for
if
int
01001010
00101010
if
while
for
print
xyz

Chapter 4

코딩의 실제

Lesson 1 개발 환경 구축

Lesson 2 기본 명령어

Lesson 3 자료 출력

Lesson 4 자료 입력

Lesson 5 제어 구조

Lesson 6 함수

Lesson 7 라이브러리

Lesson 1

개발 환경 구축

POINT 대부분의 프로그래밍 언어는 프로그램을 개발하고 실행하기 위한 특정 개발 환경이 필요합니다. 개발 환경이 무엇인지 이해하고, 각 프로그래밍 언어에 맞는 개발 환경을 구축해 봅시다.

1 개발 환경이란?

개발 환경(Development Environment)은 프로그램을 개발하기 위해 필요한 도구와 시스템 전체를 말합니다. 이 중 코드 편집, 컴파일, 오류 검사, 실행 등 개발에 필요한 주요 기능을 하나의 프로그램에 통합한 소프트웨어를 **통합 개발 환경**(IDE: Integrated Development Environment)이라고 합니다.

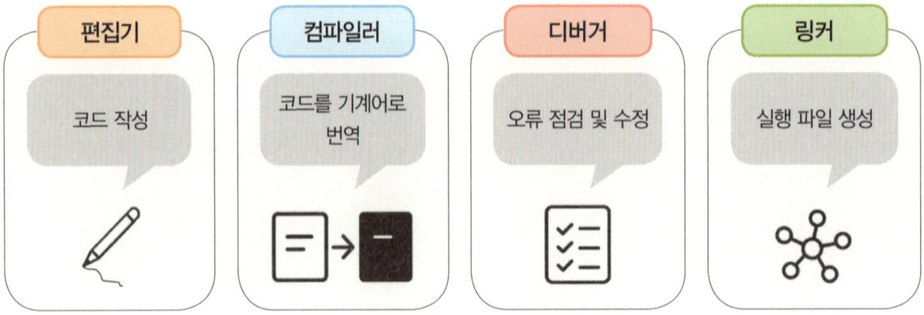

▲ 통합 개발 환경(IDE)

2 C 언어 개발 환경 구축

C 언어 소스 파일을 작성하고 실행하기 위한 통합 개발 환경으로는 CodeBlocks, Dev C++, Visual Studio 등이 널리 사용됩니다. 여기서는 다양한 기능과 언어를 지원하는 Visual Studio를 기준으로 설명하겠습니다.

❶ Visual Studio 사이트(https://visualstudio.microsoft.com/ko/downloads/)에서 Community 버전을 다운로드합니다.

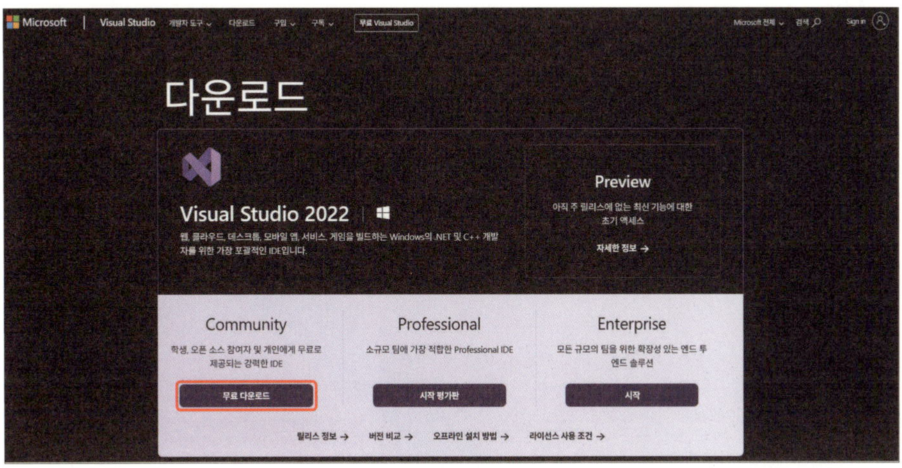

❷ 다운로드한 파일을 실행하고, 설치 창의 워크로드에서 스크롤을 아래로 조금 내려 'C++를 사용한 데스크톱 개발'을 선택한 후 [설치] 버튼을 클릭합니다.

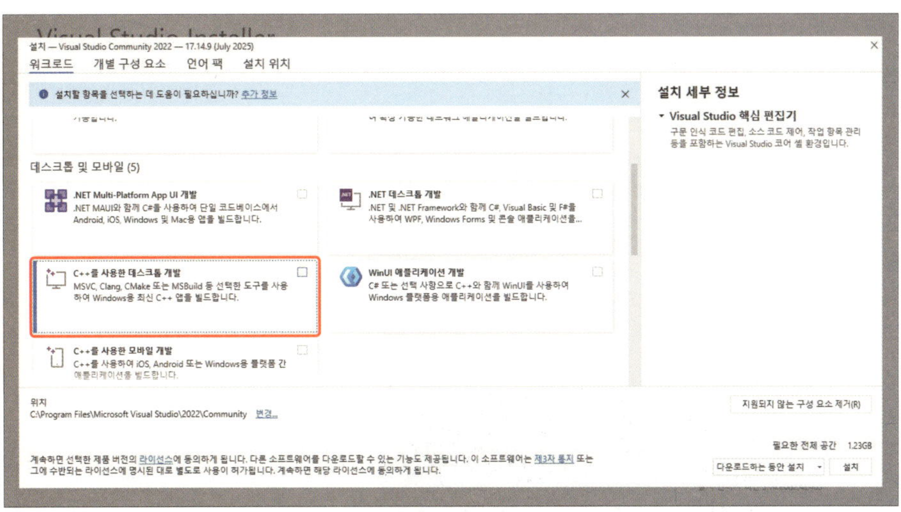

❸ 설치가 진행되며, 시간이 꽤 오래 걸릴 수 있습니다.

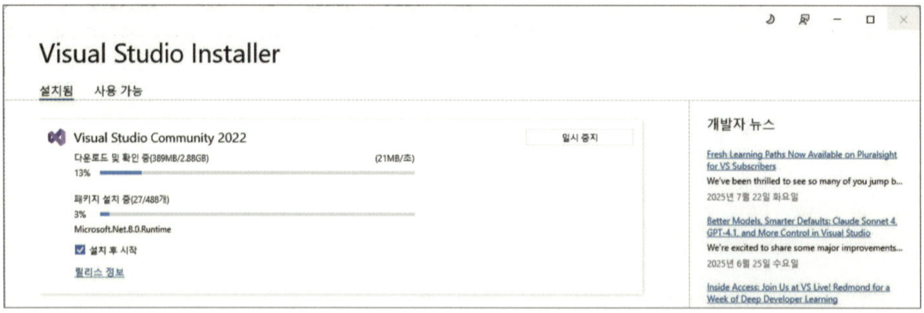

❹ 'Visual Studio에 로그인' 화면이 나오면 마이크로소프트 계정을 만들어 로그인하거나 '지금은 이 항목을 건너뜁니다'를 누르면 됩니다.

❺ '개발 설정'에서 'Visual C++'를 선택한 후, [Visual Studio 시작] 버튼을 클릭합니다.

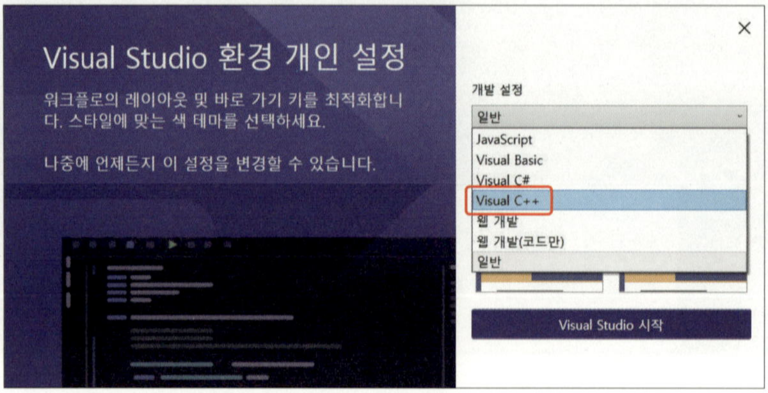

❻ 인공지능 기반 코드를 작성하려면 'AI 기반 쌍 프로그래머 켜기' 창에서 기능을 활성화하면 됩니다. GitHub 계정이 있다면 로그인하면 되고, 없다면 'Copilot 무료 등록'을 눌러 GitHub 계정을 생성하고 연동하면 됩니다. 요즘은 대부분의 코딩 환경에서 AI와 연동하여 코드를 작성하므로, 이 기능을 켜 두는 것이 좋습니다.

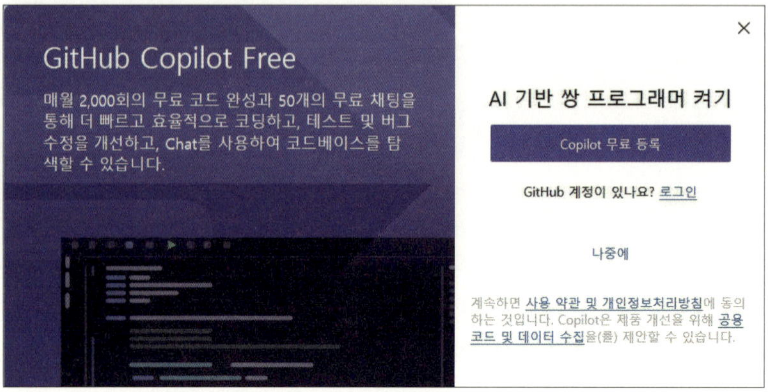

❼ '새 프로젝트 만들기'를 클릭하고, '빈 프로젝트'를 선택합니다.

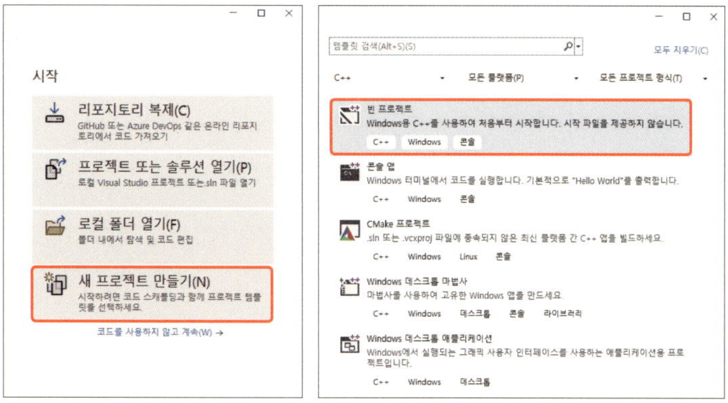

❽ 프로젝트 이름을 입력합니다. 여기서는 'first_coding'으로 설정하겠습니다. 저장 위치는 기본값을 사용하거나 폴더를 생성하여 변경할 수 있습니다.

❾ '솔루션 탐색기'에서 '소스 파일' 위에 마우스 오른쪽 버튼을 클릭한 후 '추가' 메뉴에서 '새 항목'을 선택합니다.

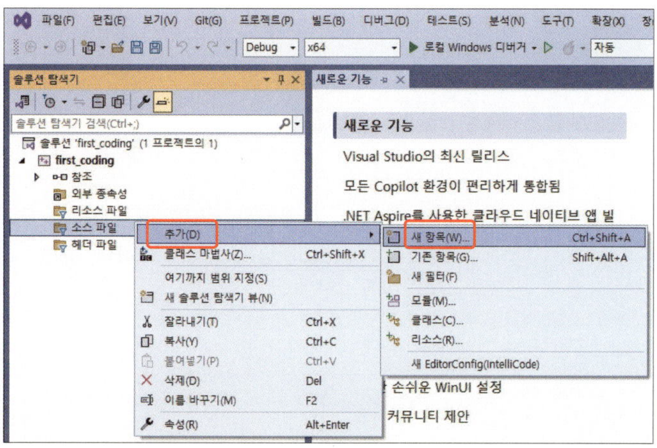

❿ 파일 이름은 'hello_world.c'로 지정합니다. C 언어로 코드를 작성하려면 파일 확장자를 반드시 '.c'로 설정해야 합니다.

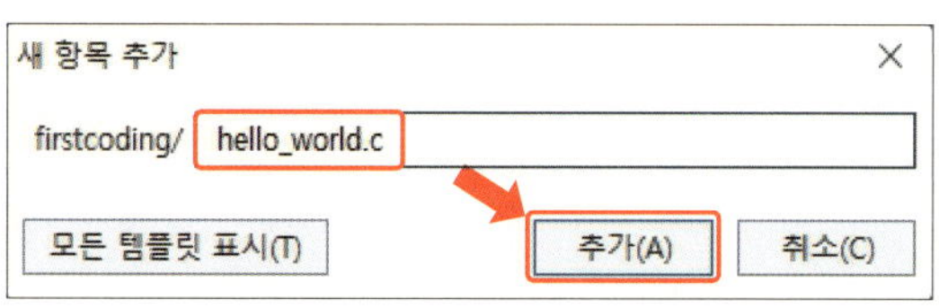

⓫ C 언어 개발을 위한 통합 개발 환경이 완성되었습니다. 이제 소스 코드를 입력할 수 있습니다.

3 파이썬 개발 환경 구축

파이썬의 개발 환경은 파이썬 공식 홈페이지(https://www.python.org)에서 설치 파일을 다운로드하여 구축할 수 있습니다.

1 파이썬 셸(Python Shell)

❶ 파이썬 홈페이지에서 [Downloads]를 클릭하여 자신의 운영 체제(Windows, macOS, Linux)에 맞는 최신 버전의 프로그램을 다운로드합니다.

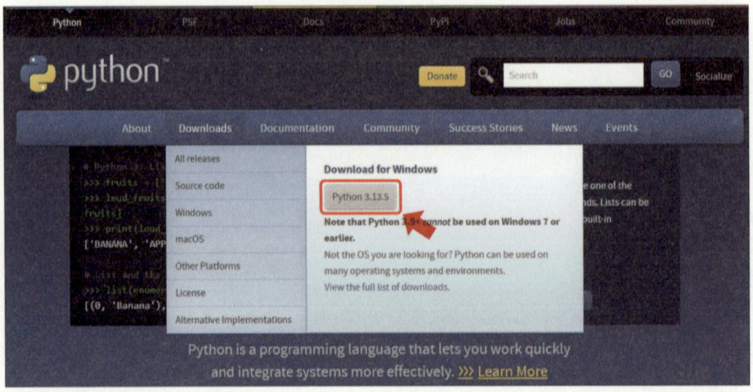

❷ 'Add python.exe to PATH'를 체크한 후 [Install Now]를 클릭합니다. 'Add python.exe to PATH' 옵션은 환경 변수에 python.exe를 추가하여 어느 위치에서든 파이썬을 실행할 수 있도록 설정하는 것입니다.

❸ 설치가 완료되면 [Close] 버튼을 눌러 마무리합니다.

2 Visual Studio Code

파이썬 프로그램을 설치하면 Python Shell로 간단한 파이썬 코드를 실행할 수 있습니다. 하지만 복잡한 코드를 작성하기에는 불편하기 때문에, 보다 효율적인 코딩을 위해 통합 개발 환경을 추가로 설치하는 것이 좋습니다.

대표적인 파이썬 통합 개발 환경으로는 Jupyter NoteBook, PyCharm, Visual Studio Code(VS Code) 등이 있으며, 여기서는 사용이 쉽고 확장성이 뛰어난 VS Code를 설치해 보겠습니다.

❶ VS Code 홈페이지(https://code.visualstudio.com/)에 접속해서 다운로드 버튼을 클릭합니다.

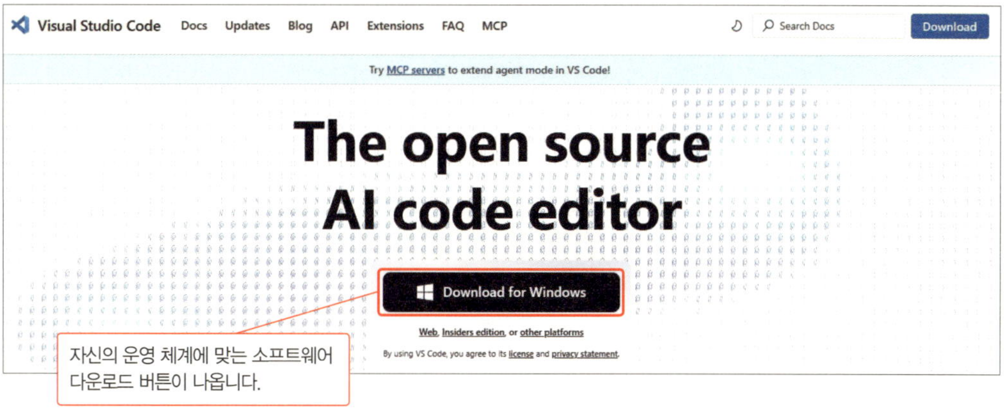

❷ 설치를 위한 준비 과정을 진행하고, 추가 작업 선택 화면에서 모든 선택 상자를 체크한 후, [다음] 버튼을 클릭합니다.

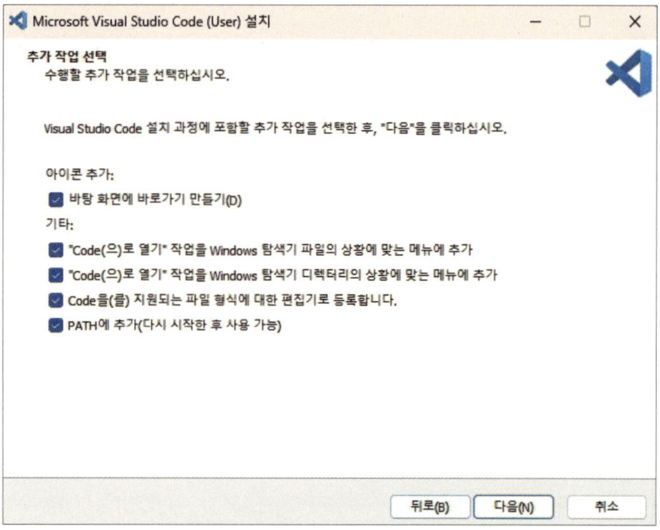

❸ 설치를 진행합니다.

❹ Visual Studio Code가 실행되면 왼쪽 툴바에서 다섯 번째에 있는 확장 기능 아이콘을 클릭하거나 Ctrl + Shift + X를 눌러 확장 패널을 엽니다.

❺ 'Korean'을 검색하여 'Korean Language Pack for Visual Studio Code'의 [install] 버튼을 클릭합니다.

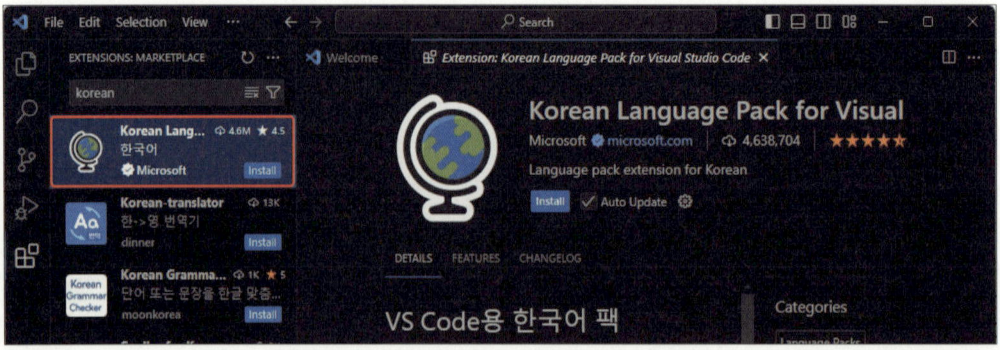

❻ 화면 하단에 'Chage Language and Restart' 버튼이 나타나면 클릭하여 언어를 변경합니다.

언어 변경 버튼이 보이지 않을 경우, Visual Studio Code를 종료한 뒤 다시 실행하면 한국어가 적용됩니다. 만일 그래도 한국어로 바뀌지 않는다면 Ctrl + Shift + P를 눌러 명령 팔레트를 열고, 'Configure Display Language' 명령어를 입력하여 언어를 변경할 수 있습니다.

❼ 'python'을 검색하여 확장 프로그램을 설치합니다.

❽ 파이썬 확장 기능을 모두 체크한 후 [완료로 표시] 버튼을 클릭합니다.

❾ '파일 > 폴더 열기...'를 선택한 뒤, 소스 파일을 저장할 'first_coding' 폴더를 새로 만들어 지정합니다.

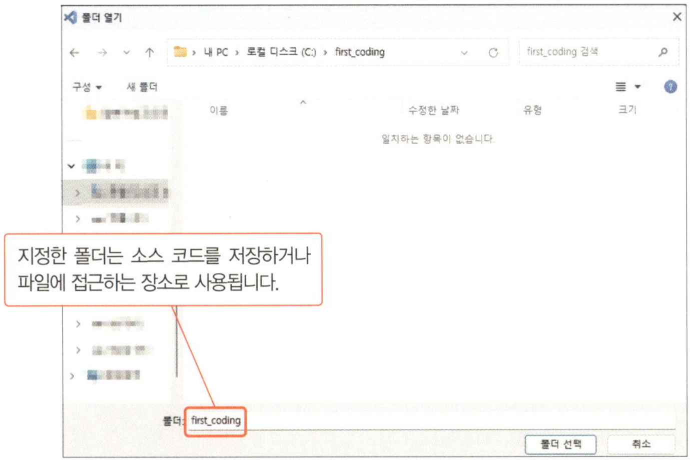

⑩ 작성자 신뢰 페이지가 뜨면 [예, 작성자를 신뢰합니다]를 클릭합니다.

파이썬 코딩을 위한 통합 개발 환경 설치가 완료되었습니다. 이제 파이썬 파일을 생성해서 코드를 입력할 수 있습니다.

4 자바 개발 환경 구축

1 JDK

자바 프로그램을 개발하려면 오라클에서 제공하는 JDK(Java Development Kit)라는 개발 환경이 필요합니다. JDK는 자바 프로그램을 실행하기 위한 라이브러리, 자바 가상 머신, 컴파일러, 디버거 등 다양한 개발 도구를 포함하고 있습니다.

자바는 LTS(Long-Term-Support) 버전과 non-LTS 버전으로 구분됩니다. LTS 버전은 약 10년 동안 보안 패치, 버그 수정, 업데이트 등을 제공하는 소프트웨어 버전으로, 약 2년마다 새로운 버전이 출시됩니다. 반면 non-LTS 버전은 지원 기간이 짧은 대신, 최신 기능과 개선된 성능을 제공합니다. LTS 버전은 안정적인 환경이 필요한 기업이나 개발자들이 주로 사용하며, Java SE 8, 11, 17, 21, 25가 이에 해당합니다.

이 책에서는 안정성을 위해 LTS 버전인 Java 21을 사용합니다. 다른 버전을 사용해도 책의 예제 코드를 실행하는 데는 큰 무리가 없습니다.

Oracle Java SE Support Roadmap*†				
Release	GA Date	Premier Support Until	Extended Support Until	Sustaining Support
8 (LTS)**	March 2014	March 2022	December 2030*****	Indefinite
9 - 10 (non-LTS)	September 2017 - March 2018	March 2018 - September 2018	Not Available	Indefinite
11 (LTS)	September 2018	September 2023	January 2032*****	Indefinite
12 - 16 (non-LTS)	March 2019 - March 2021	September 2019 - September 2021	Not Available	Indefinite
17 (LTS)	September 2021	September 2026****	September 2029****	Indefinite
18 - 20 (non-LTS)	March 2022 - March 2023	September 2022 - September 2023	Not Available	Indefinite
21 (LTS)	September 2023	September 2028****	September 2031****	Indefinite
22 (non-LTS)	March 2024	September 2024	Not Available	Indefinite
23 (non-LTS)	September 2024	March 2025	Not Available	Indefinite
24 (non-LTS)	March 2025	September 2025	Not Available	Indefinite
25 (LTS)***	September 2025	September 2030	September 2033	Indefinite
26 (non-LTS)***	March 2026	September 2026	Not Available	Indefinite

▲ 오라클 홈페이지에서 제시한 버전별 지원 계획

❶ 오라클의 Java SE Development Kit(JDK) 다운로드 페이지에 접속합니다.
(https://www.oracle.com/kr/java/technologies/downloads/)

❷ 자신의 운영 체제에 맞는 JDK를 다운로드하고 실행합니다.

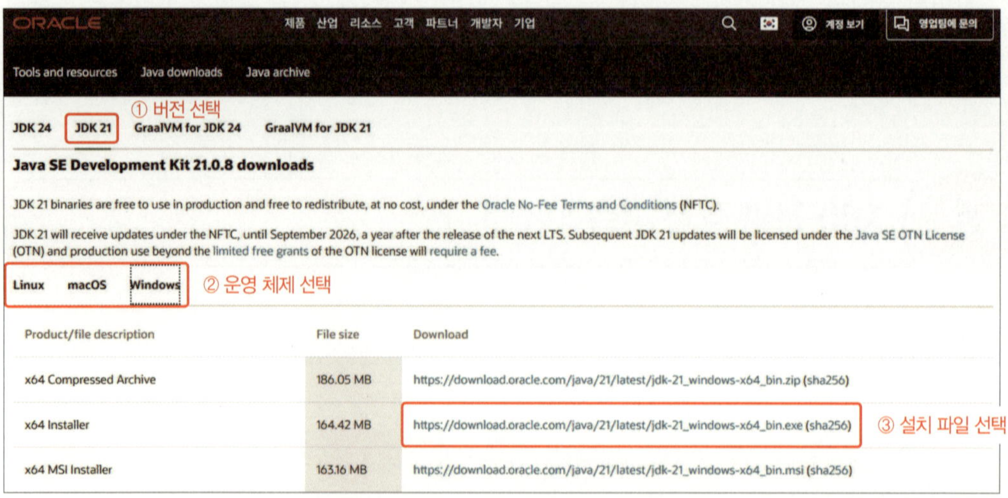

❸ JDK를 어느 위치에서든 실행할 수 있도록 설치 파일 경로를 환경 변수로 설정해야 합니다. 시작 메뉴에서 '환경 변수'를 검색합니다.('환경'과 '변수'를 띄어 써야 합니다.)

❹ '시스템 속성' 창이 열리면 [환경 변수]를 클릭하고, '시스템 변수'에서 [새로 만들기]를 선택합니다.

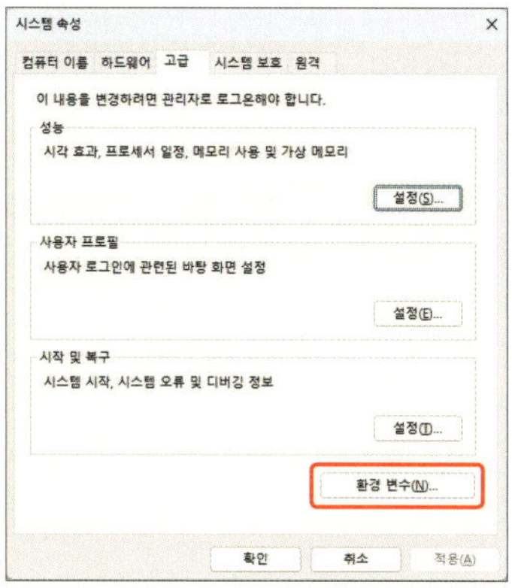

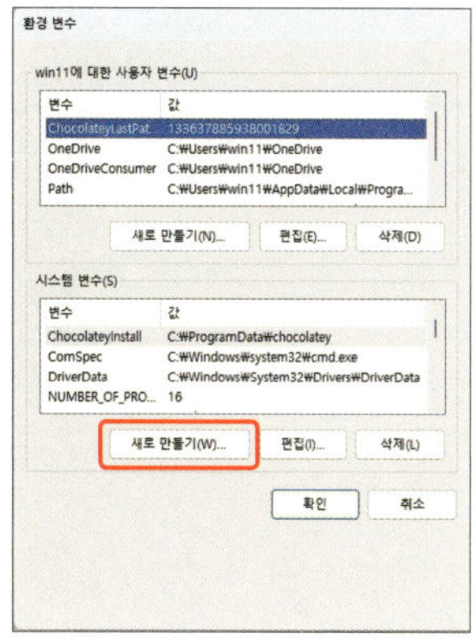

❺ 새 시스템 변수 창에서 '변수 이름'으로 'JAVA_HOME'을 입력합니다.

'변수 값'은 JDK가 설치된 경로를 말합니다. [디렉터리 찾아보기]를 눌러 C 드라이브의 Program Files 안에서 Java 폴더를 찾아 'jdk-'로 시작하는 폴더를 선택한 후 [확인]을 누릅니다.(예 C:\Program Files\Java\jdk-21)

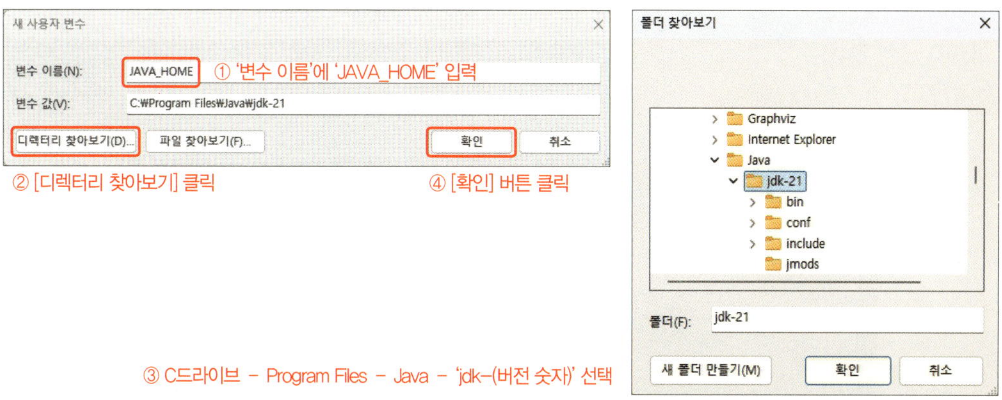

❻ '시스템 변수' 목록에서 'Path'를 찾아 더블 클릭하거나 [편집] 버튼을 클릭합니다.

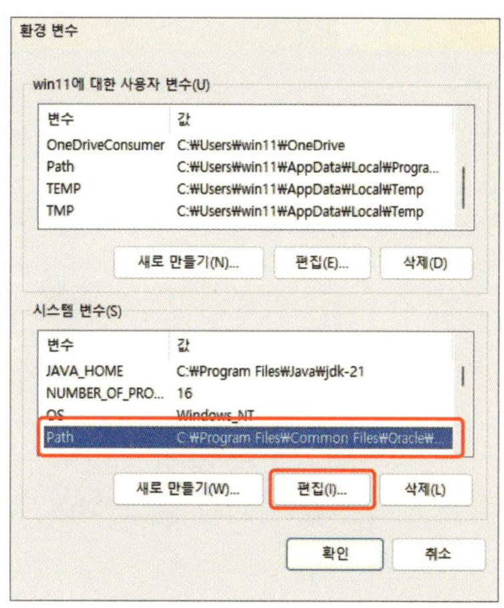

❼ [새로 만들기]를 클릭하고, '%JAVA_HOME%\bin'을 입력한 후 저장합니다.

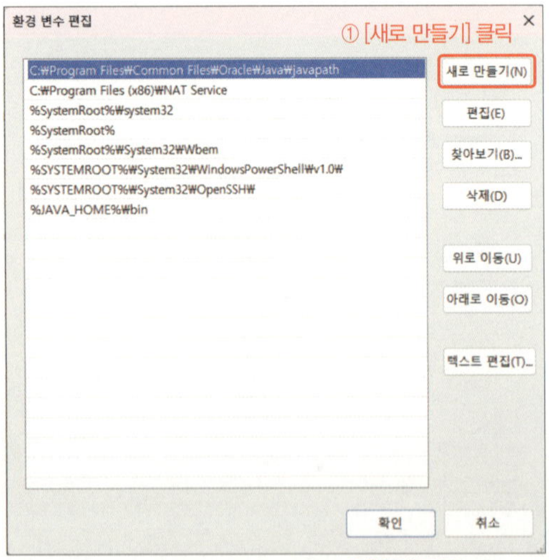

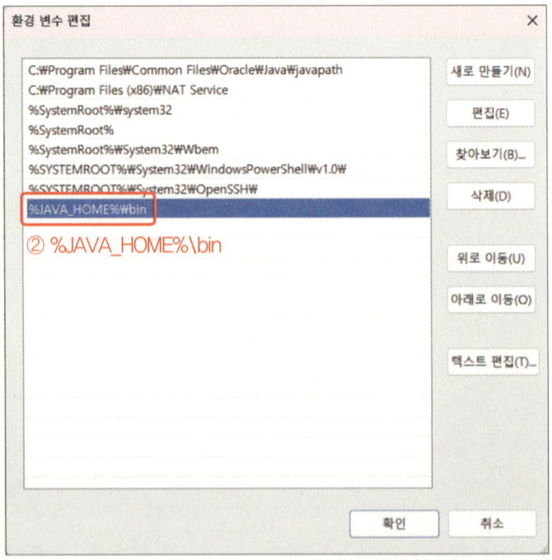

환경 변수가 잘 설정되었는지 확인해 보겠습니다.

❽ 시작 메뉴에서 '명령 프롬프트(CMD, Command Prompt)'를 실행한 후, '`java -version`'을 입력합니다. 설치한 Java 버전이 출력되면 환경 변수가 올바르게 설정된 것입니다. 또한 '`javac -version`' 명령어를 입력하여 자바 컴파일러(Javac)가 정상적으로 설치되었는지도 확인합니다.

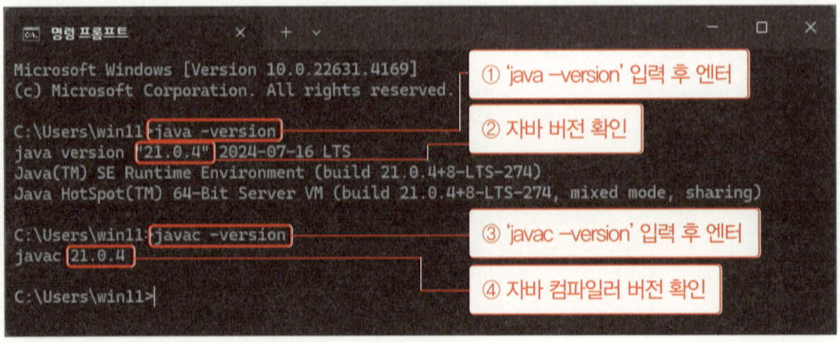

JDK가 설치되었다면 명령 프롬프트에서 바로 소스 코드를 작성할 수 있지만, 보다 쉽게 개발하기 위해서 통합 개발 환경을 사용하는 것이 좋습니다. 대표적인 통합 개발 환경으로는 오랜 기간 많은 개발자들이 사용해 온 이클립스(Eclipse)가 있으며, 최근에는 직관적인 UI와 빠른 처리 속도를 제공하는 인텔리제이(IntelliJ IDEA)도 널리 사용되고 있습니다.

여기에서는 이클립스를 예시로 사용하겠습니다. 이클립스는 이클립스 재단에서 배포하는 무료 소프트웨어로, 프로그래밍 생산성을 높이는 데 도움을 주며, 설치 과정도 비교적 복잡하지 않습니다.

2 이클립스(Eclipse)

이클립스 설치 및 설정 방법은 다음과 같습니다.

❶ 이클립스 사이트(https://www.eclipse.org/)에 접속하여 [Download]를 클릭합니다.

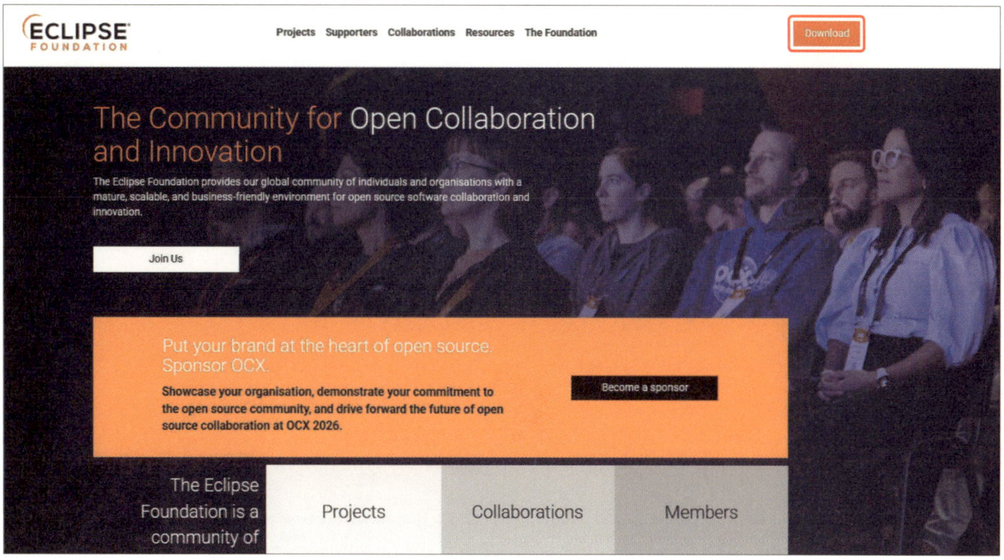

❷ 운영 체제에 맞는 설치 파일(예 [Download x86_64] for Windows) 버튼을 클릭합니다.

❸ [Download]를 눌러 파일을 다운로드합니다. 만약 다운로드 서버가 'Korea'가 아니라면 [Select Another Mirror]를 클릭하여 'Korea Republic Of – Kakao Corp'를 선택할 수 있습니다.

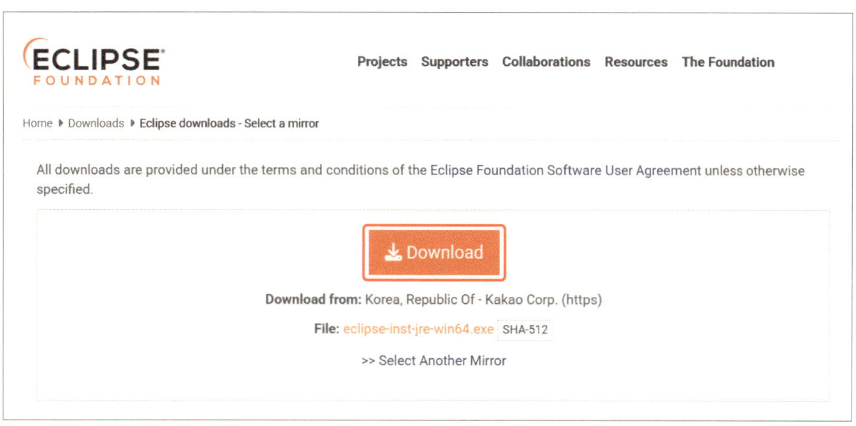

❹ 개발자용 이클립스를 설치합니다.

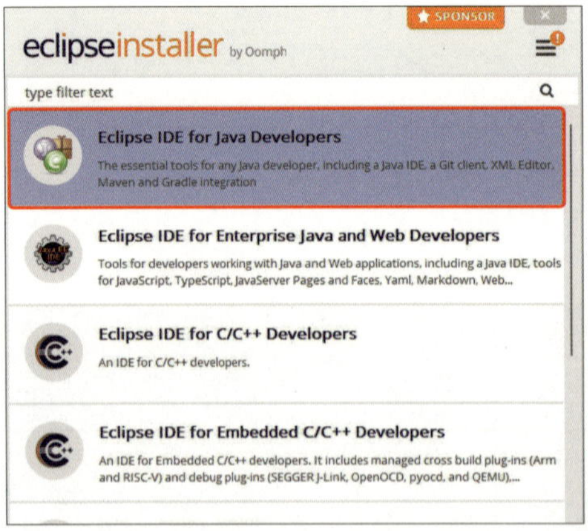

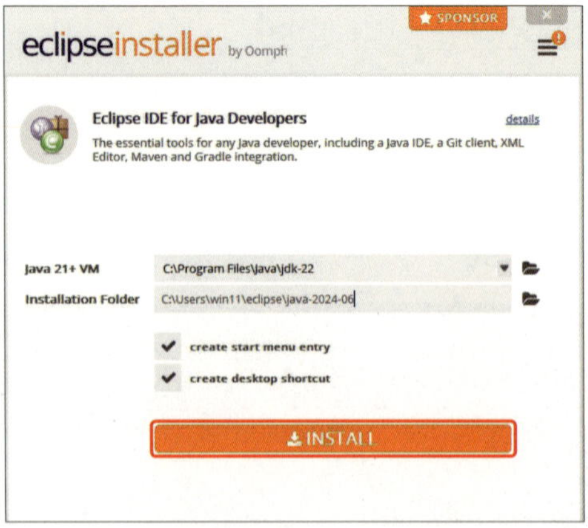

❺ 사용자 동의서가 나타나면 [Accept Now]를 클릭합니다.

❻ 설치가 완료되면 [LAUNCH]를 클릭하여 이클립스를 실행합니다.

❼ 이클립스 로고가 표시된 후, 파일 저장 경로를 선택합니다. 기본 경로를 그대로 사용하거나 원하는 위치를 지정한 후 [Launch]를 클릭합니다.

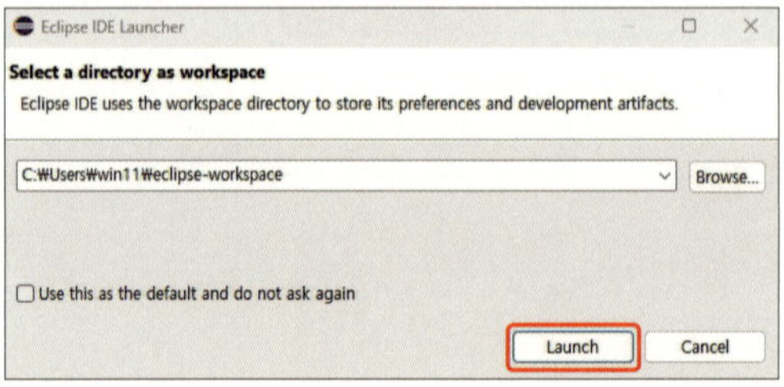

❽ 'Welcome' 탭을 닫으면 이클립스 통합 개발 환경 설치가 완료됩니다. 이제 자바 파일을 생성하여 코드를 입력할 수 있습니다.

5 자바스크립트 개발 환경 구축

자바스크립트의 대표적인 개발 환경은 Node.js입니다. Node.js는 자바스크립트를 브라우저 외부에서도 실행할 수 있게 만든 오픈 소스 개발 환경으로, 패키지 관리 도구인 npm(Node Package Manager)을 포함하고 있어 많은 오픈 소스 라이브러리를 쉽게 설치하고 관리할 수 있게 합니다. 최근에는 Node.js의 단점을 보완한 Deno나 Bun 같은 환경도 널리 사용되고 있습니다. 여기서는 Node.js를 설치하고, VS Code에서 코드를 작성하는 방식을 소개하겠습니다.

❶ Node.js 홈페이지(https://nodejs.org/ko)에서 [Get Node.js] 버튼을 클릭한 후 자신의 운영체제에 맞는 설치 프로그램을 다운받습니다.

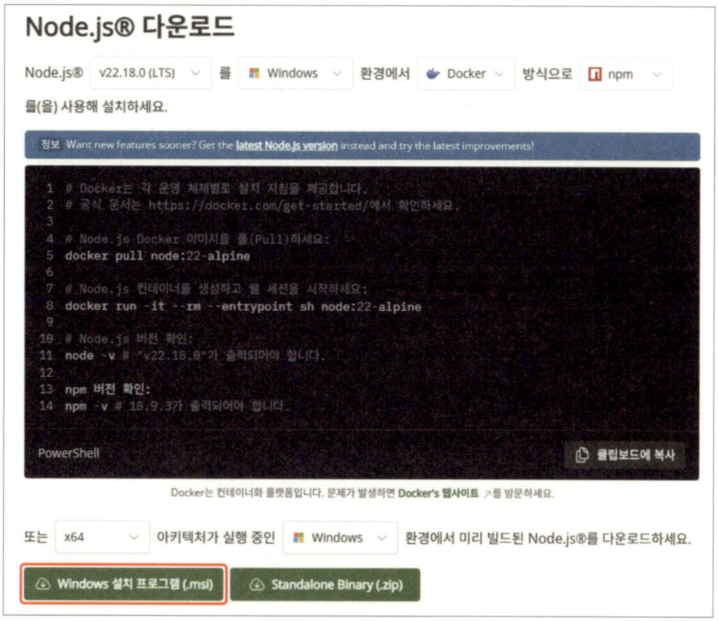

❷ 다운로드한 파일을 실행하여 Node.js를 설치합니다. Tools for Native Modules 설치 창에서 'Automatically install...' 항목을 체크합니다.

❸ [Finish] 버튼을 누르면 추가 도구 설치가 시작됩니다. 설치가 끝나면 'Type Enter to exit:' 라는 메시지가 표시되는데, 이때 Enter 키를 눌러 종료합니다.

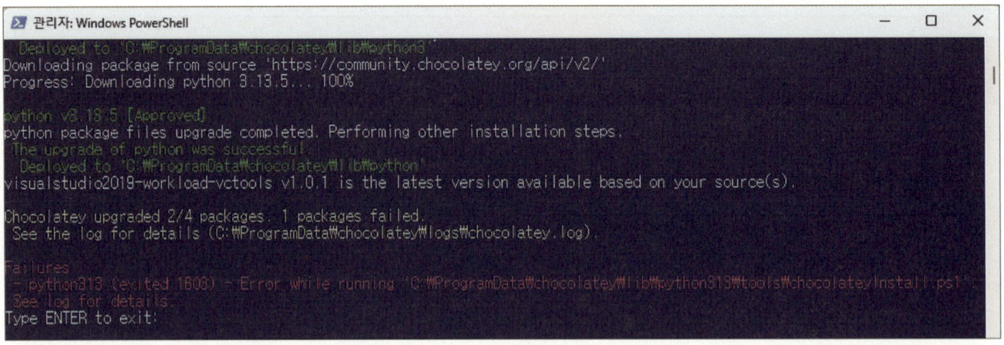

④ VS Code 터미널 창에서 '**node -v**'를 입력해 Node.js 버전을 확인합니다. VS Code가 실행 중이라면 종료한 후 다시 실행해야 합니다. 버전이 정상적으로 표시되면 Node.js 환경에서 자바스크립트 코드를 작성할 준비가 완료된 것입니다.

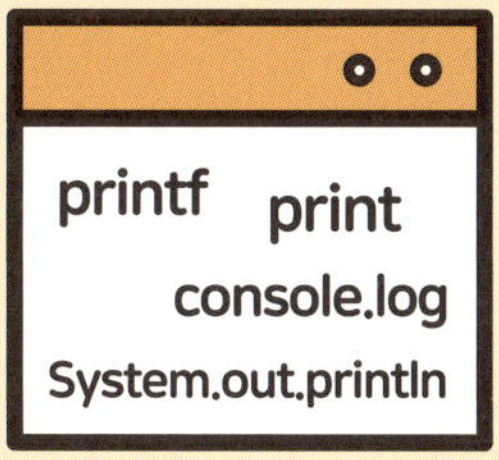

Lesson 2

기본 명령어

POINT 프로그래밍 언어마다 사용하는 명령문에 차이가 있습니다. 각 언어의 기본적인 명령어 구조를 이해하며, 화면에 "Hello World!"를 출력하는 코드를 작성해 봅시다.

1 C 언어 시작하기

❶ Visual Studio를 실행해서 앞에서 저장했던 'first_coding' 프로젝트의 'hello_world.c' 파일을 엽니다.

첫 줄에 전처리 지시어(Preprocessor Directive)를 입력합니다. 전처리 지시어는 컴파일 전에 미리 특정 작업을 수행하라고 지시하는 명령어입니다. 우리가 사용할 전처리 지시어는 '#include'이며, 이는 필요한 헤더 파일을 포함하라는 의미입니다.

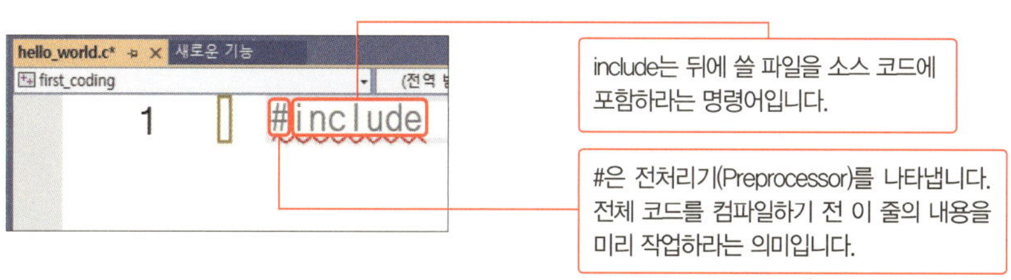

헤더 파일은 프로그램에서 사용할 함수들을 미리 선언해 둔 파일로, 이를 포함해야 소스 코드에서 사용하는 외부 함수들이 올바르게 작동합니다.

▲ 헤더 파일의 역할

❷ 우리는 "Hello World"라는 글자를 출력할 것이므로, 입출력 함수를 미리 선언한 헤더 파일, 'stdio.h'을 입력합니다.

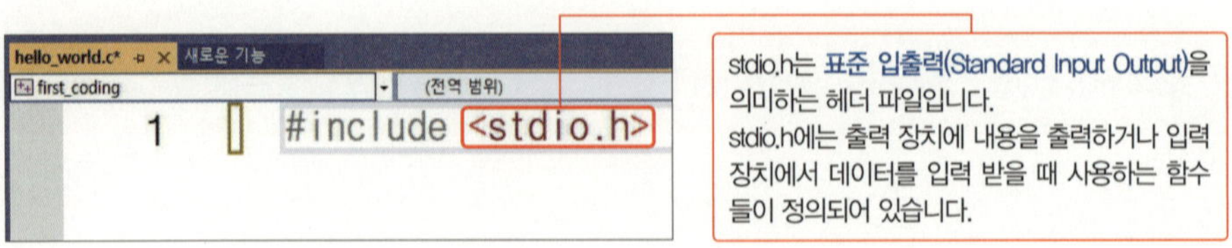

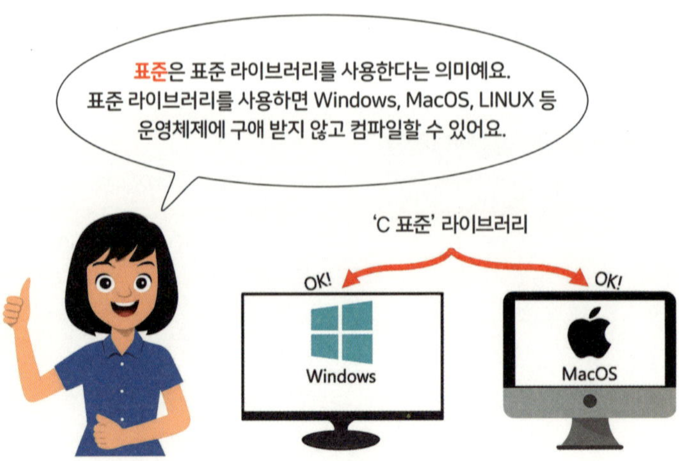

▲ 표준 라이브러리

❸ 헤더 파일 양쪽에는 홑화살괄호(〈 〉) 또는 큰따옴표(" ")를 표시합니다.

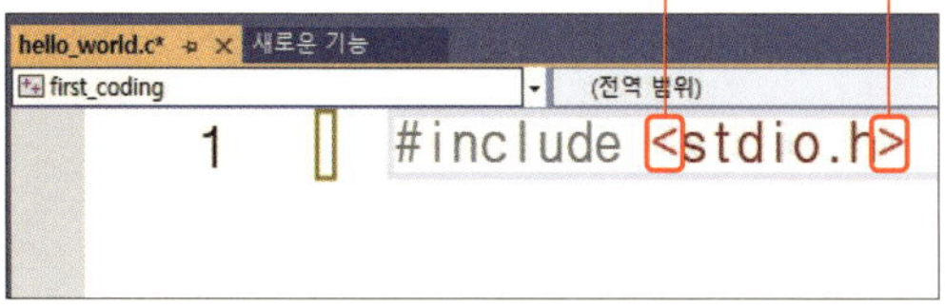

- **홑화살괄호 사용**
  시스템이나 표준 라이브러리에서 제공하는 헤더 파일
  `#include <stdio.h>`
- **큰 따옴표 사용**
  개발자가 직접 작성한 헤더 파일
  `#include "my_code.h"`
  헤더 파일이 작업 폴더에 없을 때에는 절대 경로를 씀
  `#include "c:\User\user\Desktop\my_code.h"`

❹ main 함수를 시작합니다. 함수란 특정 작업을 수행하기 위해 미리 정의해 놓은 코드의 집합으로, 프로그램은 보통 main 함수부터 실행합니다.

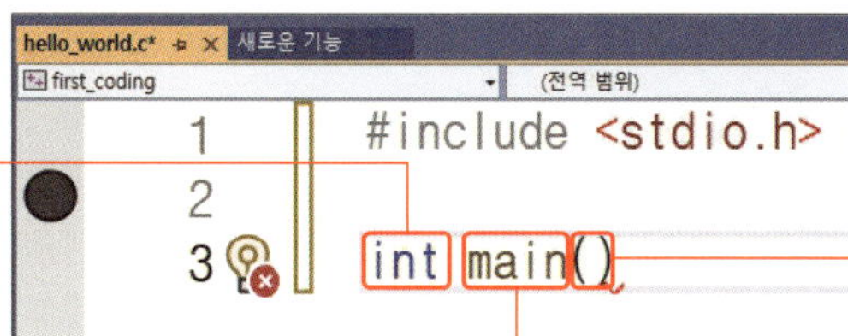

❺ "Hello World!"를 화면에 출력하는 코드를 작성합니다.

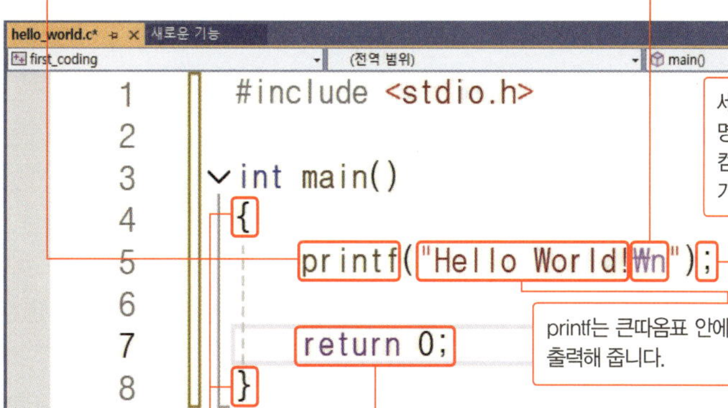

❻ 소스 코드가 완성되면 컴파일한 후 링크 과정을 거쳐 실행 파일을 생성합니다. 이 과정을 빌드(Build)라고 합니다. VS Code에서는 [빌드] 메뉴의 [솔루션 빌드]를 선택하여 빌드를 수행할 수 있습니다. 단축키는 Ctrl + Shift + B 입니다.

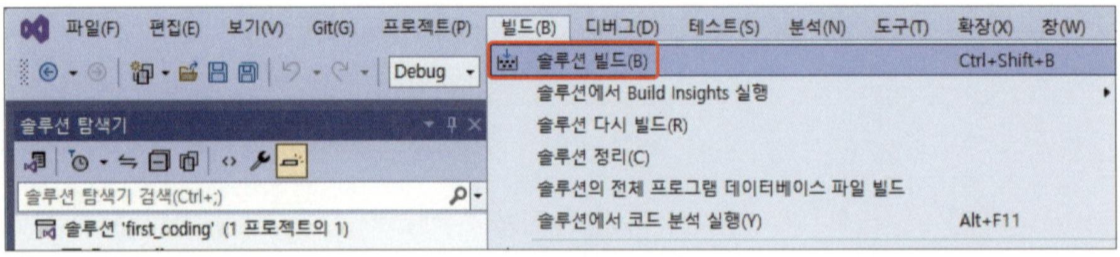

빌드가 완료되면 화면 아래에 빌드 성공 여부, 빌드 시작 시간, 완료 시간, 소요 시간 등이 표시되고 hello_world.exe 실행 파일이 생성됩니다.

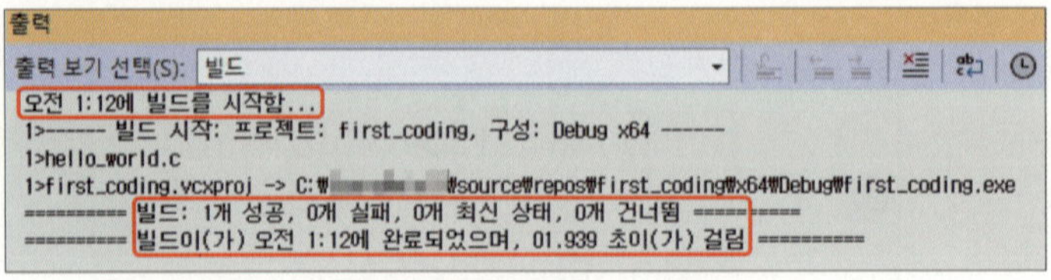

만약 실수했다면, 빌드할 때 오류 메시지로 이를 확인할 수 있습니다.

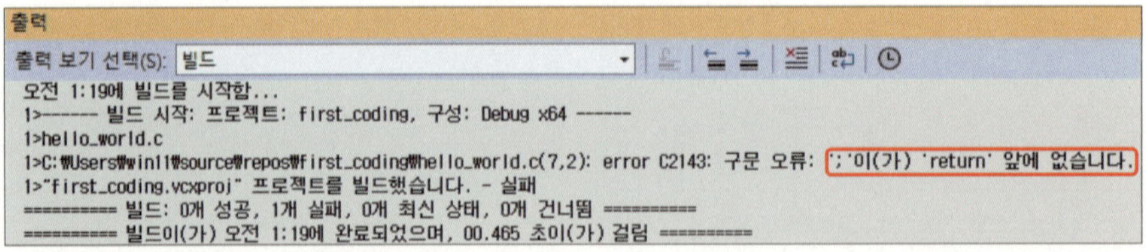

❼ 프로그램을 실행하기 위해 [디버그] 메뉴의 [디버그하지 않고 시작] 메뉴를 클릭합니다. 여기서 디버그(Debug)란 프로그램의 오류를 찾는 작업을 의미하며, 보통 이 과정을 건너뛰고 프로그램을 바로 실행하므로 [디버그하지 않고 시작]을 선택합니다. 실행 단축키는 Ctrl + F5 입니다.

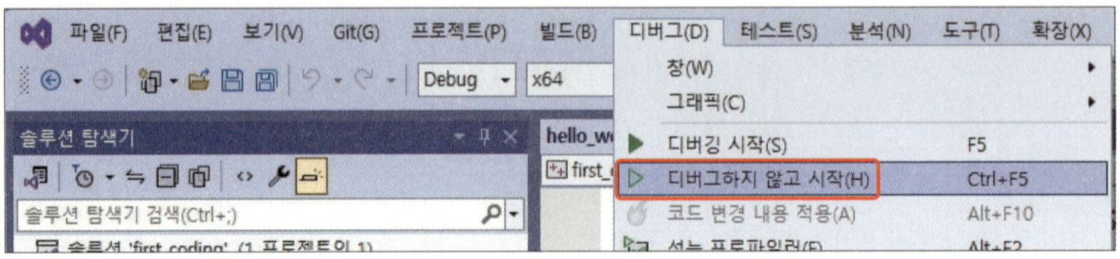

콘솔 창이 뜨면서 실행 결과가 나타납니다. 아무 키나 누르면 콘솔 창이 닫힙니다.

2 파이썬 시작하기

파이썬에서는 `print()` 함수를 사용해 출력 명령을 실행할 수 있습니다. 예를 들어 '`print("Hello World!")`'라고 입력하면 'Hello World!'가 출력됩니다. 이때 문자열을 감싸는 기호로는 큰따옴표나 작은따옴표를 상관없이 사용할 수 있습니다.

▲ 파이썬 출력 함수

VS Code를 실행하고 앞에서 생성했던 first_coding 폴더를 엽니다.

❶ '새 파일'을 클릭하고, 'hello_world.py' 파일을 생성합니다.

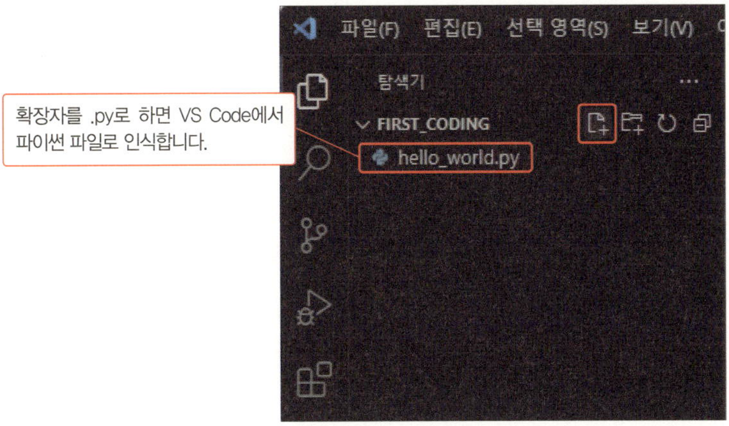

❷ 명령어 입력 후 실행 버튼을 클릭합니다.

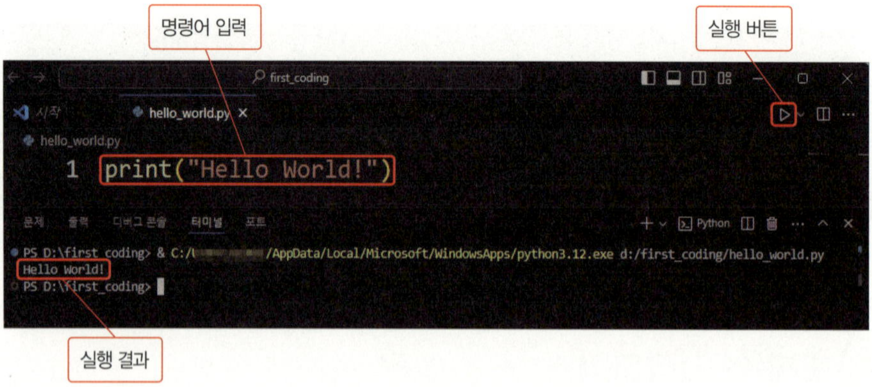

3 자바 시작하기

❶ 이클립스에서 'File–New–Java Project'를 선택합니다.

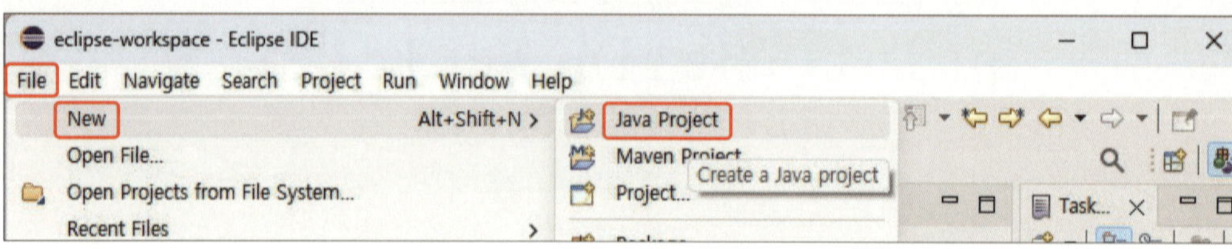

❷ 자바 프로젝트 설정 창에서 Project name을 'Chapter04'로 입력하고, 'Create module–info.java file' 옵션을 체크 해제한 후 [Finish] 버튼을 누릅니다.

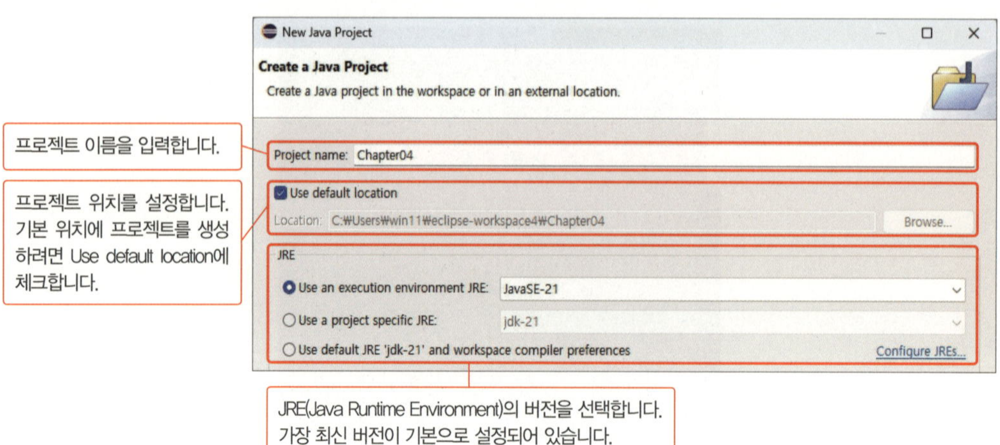

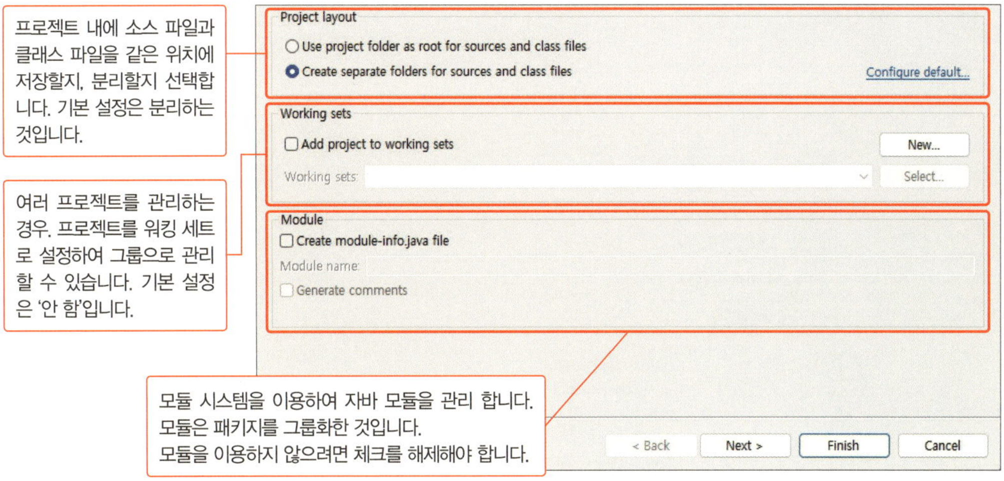

❸ Package Explorer에 'Chapter04' 프로젝트가 생성된 것을 확인할 수 있습니다. src 폴더에서 마우스 오른쪽 버튼을 클릭한 후에 'New 〉 Package'를 선택합니다.

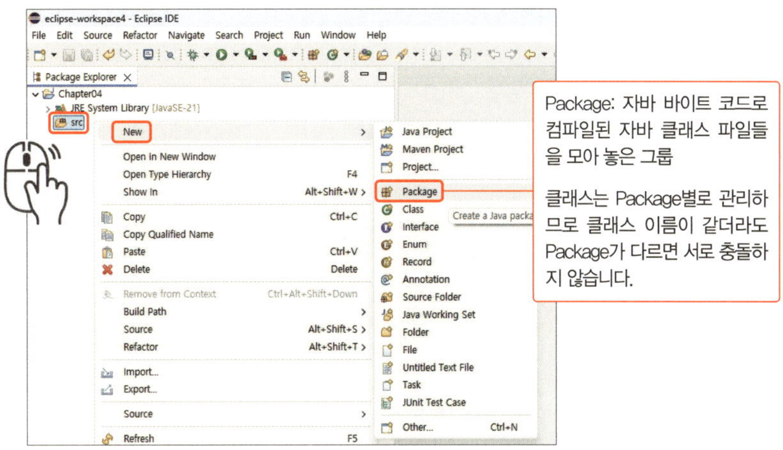

❹ 'New Java Package' 창에서 Package 이름으로 'lesson02'를 입력하고 [Finish] 버튼을 클릭합니다.

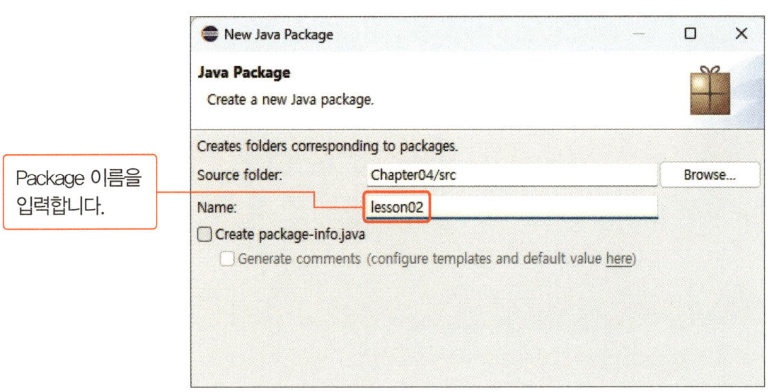

❺ 새로 생성된 lesson02 Package 위에서 마우스 오른쪽 버튼을 클릭하고 'New–Class'를 선택합니다.

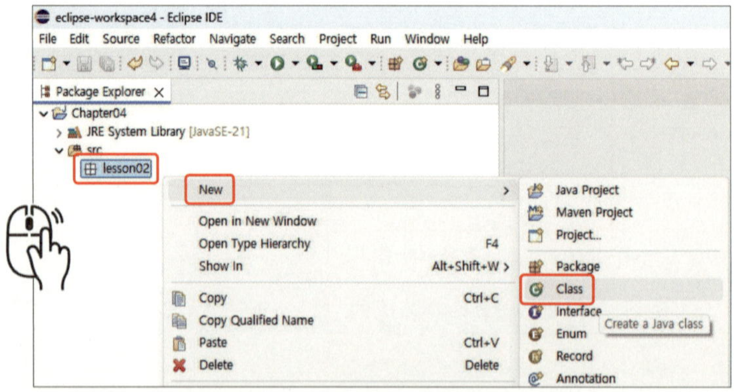

❻ 'New Java Class' 창에서 클래스 이름으로 'HelloWorld'를 입력하고, 'public stactic void main(String[] args)' 옵션에 체크한 후 [Finish] 버튼을 클릭합니다.

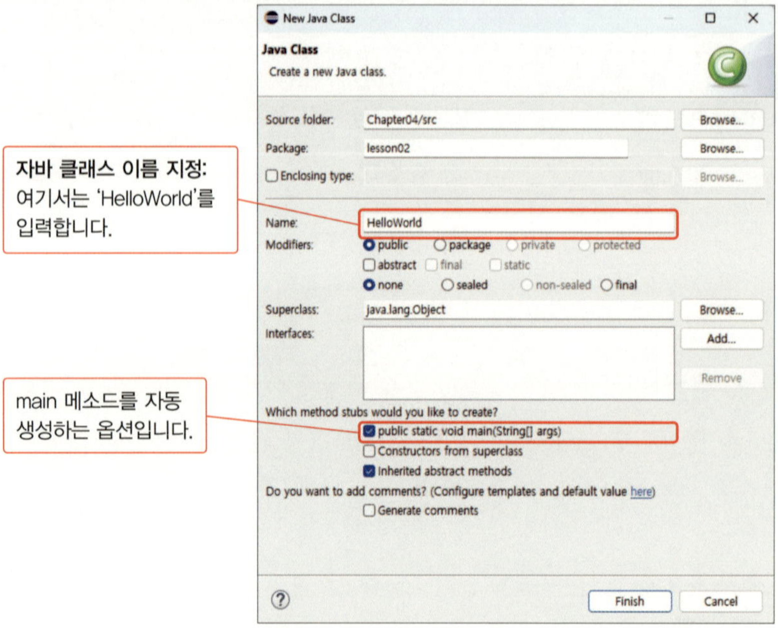

이제 소스 파일을 입력할 수 있게 되었습니다. 글자가 작다면 Ctrl + Shift + +를 눌러 글자를 크게 할 수 있습니다. 글자를 작게 하려면 Ctrl + Shift + −를 누르면 됩니다.

HelloWorld.java 소스 파일이 패키지 lesson02에 생성됨을 선언합니다.

클래스 선언부
클래스를 선언합니다. 클래스는 객체를 생성하기 위한 틀로서 자바 프로그램에는 한 개 이상의 클래스가 반드시 필요합니다.

```java
package lesson02;

public class HelloWorld {

    public static void main(String[] args) {
        // TODO Auto-generated method stub

    }

}
```

클래스 블록
클래스에 필요한 메소드나 필드를 입력하는 곳입니다.

클래스 선언부에서는 클래스의 이름과 접근 범위, 구조를 정의합니다. 하나의 소스 파일에는 하나의 public 클래스만 정의할 수 있습니다. 다음은 '공개된 클래스 HelloWorld를 정의한다'는 의미입니다.

클래스 선언 키워드
새로운 클래스를 정의할 때 사용하는 예약어입니다.

```java
public class HelloWorld {
```

접근 제한자
public은 누구나 사용할 수 있는 공개됨을 의미합니다.

클래스 이름
public class의 이름은 반드시 파일명과 일치해야 합니다. 소스 코드를 컴파일하면 클래스 이름과 동일한 이름으로 바이트 코드 파일(.class 파일)이 생성됩니다.

클래스 블록 안에는 메소드(Method)가 있습니다. 메소드는 데이터를 입력받아 정해진 작업을 수행하고, 필요한 경우 결과를 반환하는 역할을 하는 곳입니다.

```java
package lesson02;

public class HelloWorld {

    public static void main(String[] args) {
        // TODO Auto-generated method stub

    }

}
```

메소드

메소드는 메소드 선언부와 메소드 블록으로 구성되어 있습니다.

메소드 선언부는 접근 제한자, 반환형, 메소드 이름, 매개변수 등으로 구성되어 있습니다.

정적 메소드
객체를 생성하지 않아도 실행할 수 있도록 하는 메소드를 의미

```
public static void main(String[] args)
```

접근 제한자
public은 어떤 클래스에서든 이 메소드를 호출할 수 있음을 나타냅니다.

반환형
결괏값의 형태에 따라서 String, int 등의 반환형을 쓰며, 메소드에서 결괏값을 반환하지 않을 때는 void를 씁니다.

HelloWorld.java

```
package lesson02;

public class HelloWorld {

    public static void main(String[] args) {
        // TODO Auto-generated method stub

    }

}
```

메소드 선언부
메소드의 이름, 반환형, 매개변수 (메소드에 전달할 데이터)를 정의

메소드 블록
메소드가 수행할 코드를 입력하는 곳

메소드 블록 내부에는 자동 생성된 주석을 볼 수 있습니다.

```
public static void main(String[] args) {
    // TODO Auto-generated method stub

}
```

주석
코드에 대한 설명으로 실제 프로그램 실행과는 관련이 없는 부분입니다.
다른 사람도 쉽게 코드를 알아볼 수 있도록 주석을 써 주면 좋습니다.
주석이 한 줄이면 // 표시 다음에 내용을 씁니다.
주석이 두 줄 이상이면 '/*'와 '*/' 사이에 씁니다.

❼ 메소드 블록 안에 있는 주석을 지우고, "Hello World!"를 출력하는 실행문을 입력합니다.

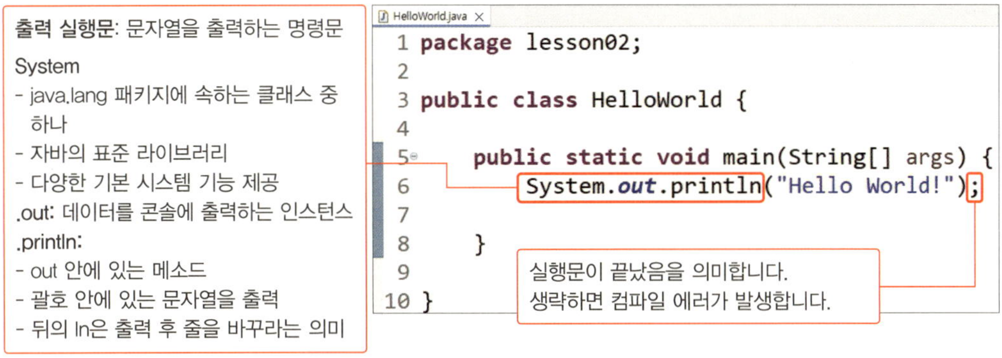

❽ 실행 버튼을 누르거나 마우스 오른쪽 버튼 클릭 후에 'Run As–Java Application'을 클릭하면, 소스 코드를 컴파일하고 바이트 코드 파일을 실행해서 결과를 보여 줍니다.

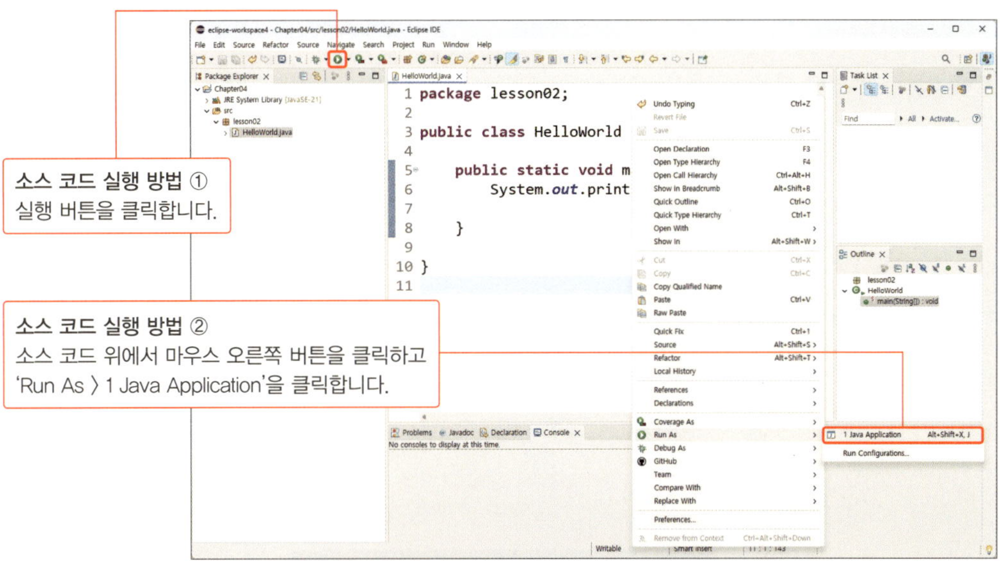

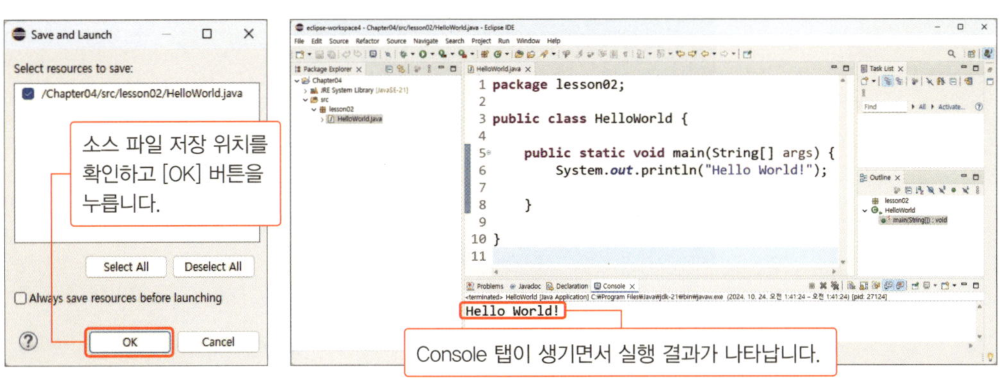

4 자바스크립트 시작하기

자바스크립트 소스 코드는 파이썬처럼 Visual Studio Code에서 작성할 수 있습니다.

❶ '폴더 열기' 버튼을 누르거나 '파일 〉 폴더 열기'를 선택합니다.

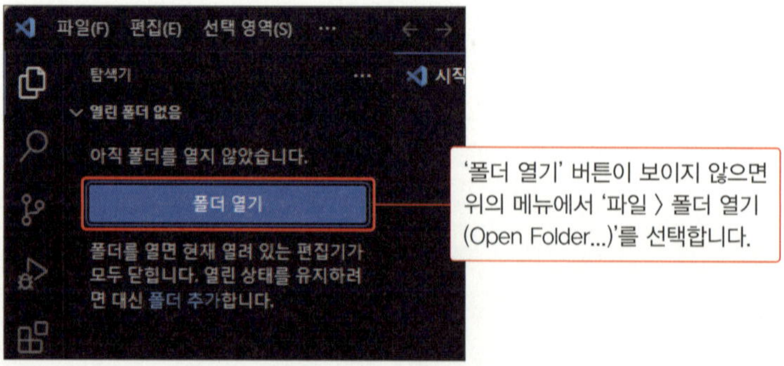

❷ 'first_coding_js' 폴더를 생성하고, [폴더 선택] 버튼을 클릭합니다.

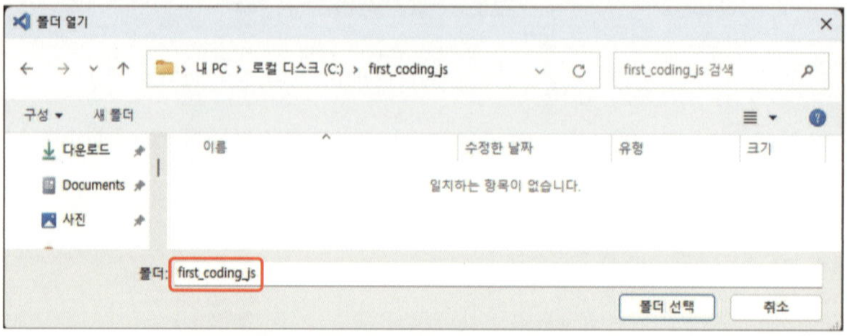

❸ hello_world.js 파일을 생성합니다.

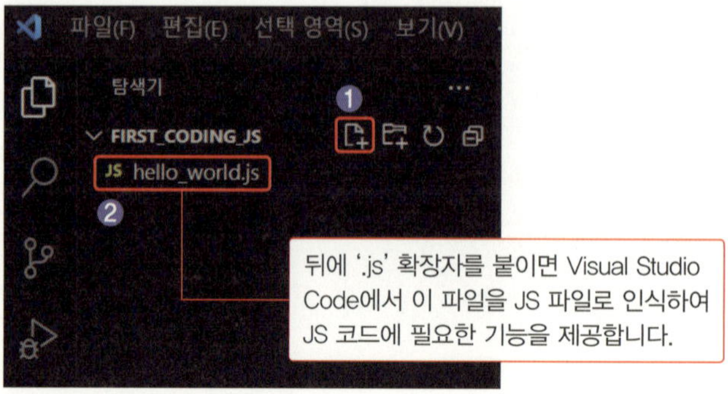

❹ hello_world.js 파일에 'console.log("Hello World!")'를 입력합니다. console.log 코드는 VS Code 터미널에 결과를 출력하는 함수입니다.

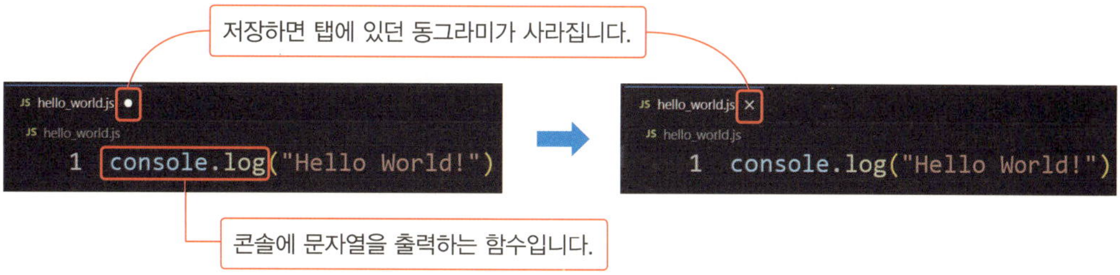

❺ 실행 결과를 보기 위해 VS Code에서 터미널을 엽니다. 상단 '보기' 메뉴에서 '터미널'을 선택하거나 단축키를 이용합니다.

(단축키: Windows/Linux는 Ctrl + `, macOS는 Cmd + `)

❻ 'node (파일 이름).js'를 입력하고 엔터 키를 누르면 실행 결과를 볼 수 있습니다.

실행 버튼을 클릭해서 결과를 보고 싶다면 'Code Runner' 플러그인을 설치해 주면 됩니다.

❶ VS Code의 왼쪽 사이드바에서 '확장: 마켓플레이스' 아이콘을 클릭하고, 'Code Runner'를 검색한 후, 설치 버튼을 눌러 설치합니다.

❷ 오른쪽 상단에 생긴 '실행 버튼'을 클릭하면 하단의 '출력' 창에 결과가 표시됩니다.

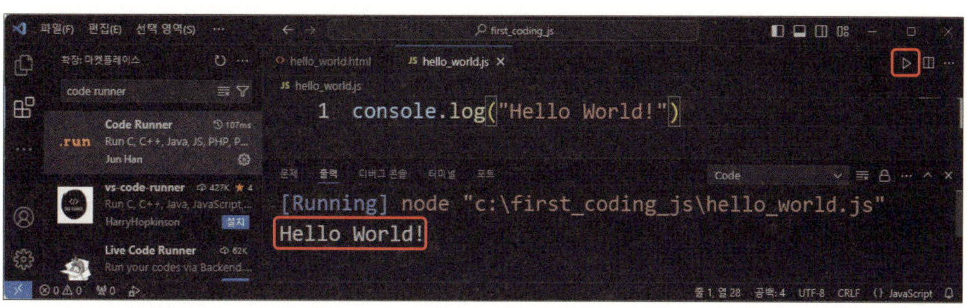

Node.js가 설치되지 않은 경우, 인코딩 설정 문제로 글자가 깨져서 출력될 수 있습니다. 또한 터미널이 아니라 출력 창에서 실행이 되므로 Node.js의 기능이 구현이 안 될 때가 있습니다.

이러한 문제를 해결하기 위해서 setting.json 파일에 설정을 추가하여 코드가 터미널에서 실행되도록 하겠습니다.

❶ 명령 팔레트를 엽니다.

(Windows/Linux: Ctrl + Shift + P, macOS: Cmd + Shift + P)

❷ 명령 팔레트에 'Preferences: Open User Settion (Json)'을 입력합니다.

❸ setting.json 마지막 줄 맨 뒤에 쉼표를 찍고, 다음 줄에 '"code-runner.runInTerminal" : true'라고 입력합니다.

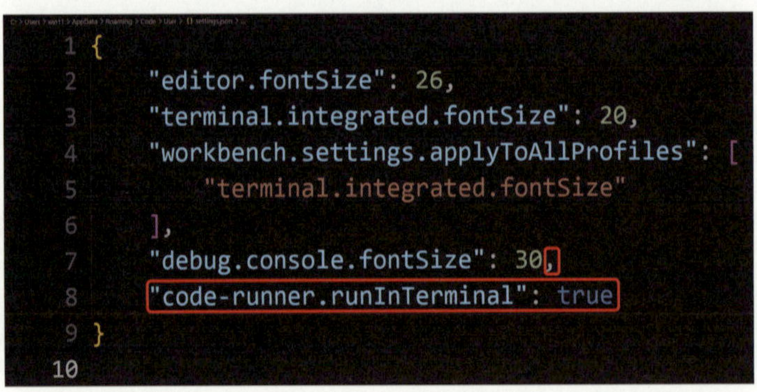

setting.json을 저장한 후에 hello_world.js에서 실행 버튼을 누르면 출력 창이 아닌 터미널에 결과가 표시되는 것을 확인할 수 있습니다.

Lesson 3

자료 출력

POINT 자료 출력은 데이터를 화면이나 파일 등에 표시하는 과정입니다. 프로그래밍 언어별로 자료를 출력하는 방법에 대해서 알아봅시다.

1 출력 스트림과 서식 지정자

코딩 결과를 확인하거나 디버깅하는 과정에서 변수에 저장된 값을 확인하는 일이 필요할 수 있습니다. 이때 확인하고자 하는 데이터를 출력 스트림을 통해 화면에 표시하는 과정을 출력이라고 합니다. **출력 스트림**(Output Stream)이란 프로그램 내부의 데이터를 외부로 보내는 흐름을 말합니다.

형식화된 값을 출력할 때 **서식 지정자**(Format Specifier)를 사용하는 프로그래밍 언어들이 있습니다. 서식 지정자는 출력값을 특정한 형식으로 변환해 주는 기능을 합니다. 대표적인 서식 지정자는 다음과 같습니다.

구분	서식 지정자	의미	예시	
			서식 지정자	결과
정수	%d	정수 출력	%d	"42"
	%nd	• 정수를 n자리로 출력	%5d	" 42"
		• 빈자리는 공백 처리 n이 양수면 왼쪽 공백 생성 n이 음수면 오른쪽 공백 생성	%-5d	"42 "
	%0nd	왼쪽 공백을 0으로 채움	%05d	"00042"

실수	%f	실수 출력	%f	"3.141590"
	%n.mf	• 전체 n자리, 소수점 아래 m자리까지 출력	%8.2f	" 3.14"
		• 빈자리는 공백 처리 n이 양수면 왼쪽 공백 생성 n이 음수면 오른쪽 공백 생성	%-8.2f	"3.14 "
	%0nf	왼쪽 공백을 0으로 채움	%08.2f	"00003.14"
문자열	%s	문자열 출력	%s	"Hello"
	%ns	• 문자열을 n자리로 출력	%10s	" Hello"
		• 빈자리는 공백 처리 n이 양수면 왼쪽 공백 생성 n이 음수면 오른쪽 공백 생성	%-10s	"Hello "
문자	%c	문자 출력	%c	"A"
	%nc	• 단일 문자를 n자리로 출력	%5c	" A"
		• 빈자리는 공백 처리 n이 양수면 왼쪽 공백 생성 n이 음수면 오른쪽 공백 생성	%-5c	"A "

2 C 언어의 출력

C 언어에서 출력하려면 라이브러리 함수인 'printf()'를 씁니다. printf() 뒤의 괄호 안에는 출력할 문자열을 큰따옴표로 묶어 작성합니다. 문자열 중간에 변수나 숫자를 포함해 출력하려면 변수나 숫자가 들어갈 위치에 서식 지정자를 사용해야 합니다. 이때 출력할 변수나 숫자의 개수와 서식 지정자가 일치해야 합니다.

• **서식 지정자를 이용해 변수 없이 값을 바로 출력할 수 있습니다.**

```
출력 형식: printf(" 문자열 서식 지정자1 문자열 서식 지정자2... \n" , 값1, 값2...)
```

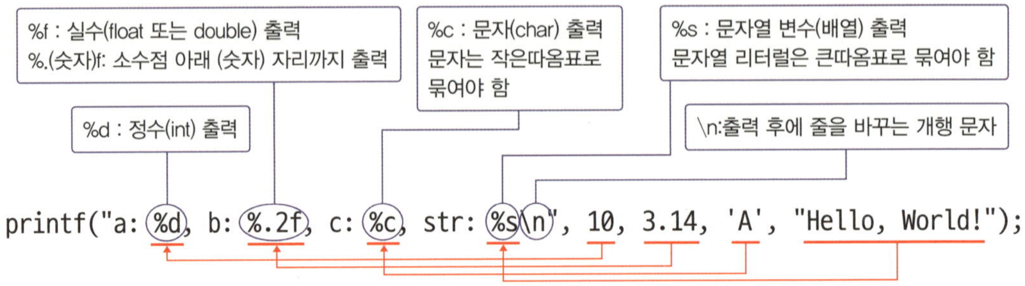

실행 결과	a: 10, b: 3.14, c: A, str: Hello, World!

- **서식 지정자를 이용해 변수의 값을 출력할 수 있습니다.**

출력 형식: printf("*문자열* 서식 지정자1 *문자열* 서식 지정자2... \n", 변수1, 변수2...)

```
int main() {
    int i = 10;      // 정수형 변수 할당
    float f = 3.14;  // 실수형 변수 할당
    char c = 'A';    // 문자형 변수 할당
    char str[] = "Hello, World!"; // 문자 배열에 문자열 할당


    printf("a: %d, b: %.2f, c: %c, str: %s\n", i, f, c, str);
```

변수는 따옴표 없이 쉼표로만 구분합니다.

실행 결과	a: 10, b: 3.14, c: A, str: Hello, World!

예를 들어 2와 3을 곱하는 코드는 다음과 같습니다.

```
#include <stdio.h>

int main() {
    int a = 2;
    int b = 3;
    int c = 2 * 3;

    printf("%d * %d = %d\n", a, b, c);

    return 0;
}
```

실행 결과	2 * 3 = 6

참고로 Visual Studio에서 '소스 파일' 폴더에는 main() 함수를 포함한 코드 파일이 하나만 존재해야 합니다. 따라서 새로운 코드를 작성할 때 '소스 파일' 폴더에 새로운 파일을 추가한다면 main() 함수를 포함하고 있는 함수가 둘 이상이 되므로 충돌이 발생합니다. 이럴 경우, 솔루션 탐색기에서 사용하지 않는 코드 파일을 마우스 오른쪽 버튼으로 클릭한 뒤, '프로젝트

에서 제외'를 선택하여 해당 파일을 비활성화해야 합니다. 나중에 해당 소스 파일이 다시 필요할 때는 솔루션 탐색기의 '소스 파일' 폴더에서 마우스 오른쪽 버튼을 클릭하여 '추가 > 기존 항목'을 선택해서 다시 불러올 수 있습니다.

3 파이썬의 출력

파이썬에서 변수를 출력하는 방법은 여러 가지가 있으며, 상황에 맞게 선택할 수 있습니다.

- **기본 출력 방법: 서식 지정자 없이 변수의 값을 출력할 수 있습니다.**

출력 형식: print("문자열"변수1, "문자열" 변수2...)

```
a = 2
b = 3
c = a * b
print(a, "*", b, "=", c)
```

- 변수는 따옴표 없이 사용합니다.
- 문자열은 큰따옴표나 작은따옴표로 묶어 사용합니다. 파이썬에서는 단일 문자도 문자열로 취급합니다.

쉼표는 출력 결과에서 공백으로 표시됩니다.

- 파이썬은 print() 함수가 자동으로 줄바꿈을 처리하므로 ' /n' 이나 ' println' 명령을 사용하지 않아도 됩니다.
- 문자열 내에서 수동으로 줄을 바꾸려면 '/n'을 사용할 수 있습니다.
- 줄 바꿈 없이 다음 print() 결과를 출력하려면, ' end="" 를 사용합니다.

  예 print("첫 번째 줄", end="")
  print("두 번째 줄")

실행 결과	2 * 3 = 6

- **% 포맷팅(percent formatting): 서식 지정자로 원하는 형식의 문자열을 출력합니다.**

출력 형식: print(" 문자열 서식 지정자1 문자열 서식 지정자2..." % (변수1, 변수2...))

```
a = 2
b = 3
c = a * b
print("%d * %d = %d" % (a, b, c))
```

변수 앞에도 %를 넣습니다.

변수는 괄호로 묶습니다(튜플 형식).

실행 결과	2 * 3 = 6

- **f-string: 문자열 내에서 {}(필드) 안에 변수를 직접 넣어 출력합니다.**

출력 형식: print(f"문자열 {변수1} 문자열 {변수2}... ")

문자열 앞에 f 또는 F를 붙입니다.

```
a = 2
b = 3
print(f"{a} * {b} = {a * b}")
```

중괄호(필드) 안에 변수나 수식을 직접 넣어서 값을 삽입합니다.

- 파이썬 3.6 이상에서만 사용할 수 있습니다.
- f-string은 코드가 간결하고 가독성이 좋아서 다른 포매팅 방식에 비해 많이 사용되고 있습니다.

실행 결과	2 * 3 = 6

- **str.format(): format() 메소드의 인수와 대응되는 필드 값을 출력합니다.**

출력 형식: print("문자열 {필드1} 문자열 {필드2} ... ".format(변수1, 변수2...))

```
a = 2
b = 3
c = a * b
print("{} * {} = {}".format(a, b, c))
```

format() 메소드의 인수는 {}(필드)에 대응되는 값으로, 해당 값이 필드 안에 삽입됩니다.

필드 안에 아무것도 없으면 format() 메서드의 매개변수가 순서대로 들어가고 필드 안에 0부터 인덱스를 넣어주면 인덱스 순서로 대입됩니다.
예 print("{1} * {0} = {2}".format(a, b, c))
결과: 3 * 2 = 6

실행 결과	2 * 3 = 6

4 자바의 출력

System.out은 자바 프로그램에서 콘솔로 데이터를 출력하는 표준 출력 스트림(Standard Output Stream)으로, 데이터를 출력하는 메소드를 포함하고 있습니다.

'System.out'의 주요 메소드에는 'print()', 'println()', 'printf()' 등이 있습니다. 'println'의 'ln'은 출력 후 줄을 바꾼다는 의미이고, 'print()'나 'printf()'를 사용할 때는 문자열에 '/n'을 포함해서 줄을 바꿀 수 있습니다.

❶ lesson03 패키지를 생성하고 'Output1'이라는 클래스를 생성합니다.

❷ 메소드 블록에 코드를 입력합니다.

- **System.out.println 메소드: 리터럴이나 변수를 출력한 후에 줄을 바꿉니다.**

출력 형식: System.out.println("*문자열*" 변수1, "*문자열*" 변수2...)

```
package lesson03;

public class Output1 {
    public static void main(String[] args) { int a = 2;
      int b = 3;
      int c = a * b;
      System.out.println(a + " * " + b + " = " + c);
    }
}
```

변수는 따옴표 없이 쓰고,
문자(char)는 작은 따옴표,
문자열(String)은 큰따옴표로 묶어 씁니다.

'+' 기호는 앞뒤가 모두 숫자인 경우, 두 숫자를 더하는 역할을 하고, 앞뒤 중 하나라도 문자열이 포함되면 두 값을 이어 쓰는 역할을 합니다.

ln은 출력한 후 줄을 바꾸라는 의미입니다.

실행 결과	2 * 3 = 6

- **System.out.printf 메소드: 서식 지정자로 원하는 형식의 문자열을 출력할 수 있습니다.**

출력 형식: System.out.printf(" *문자열* 서식 지정자1 *문자열* 서식 지정자2 ...", 변수1, 변수2...)

```
package lesson03;

public class Output2 {
    public static void main(String[] args) {
      int b = 2;
      int b = 3;
      int c = a * b;
      System.out.printf("%d * %d = %d\n", a, b, c);
    }
}
```

\n은 출력한 후 줄을 바꾸라는 의미입니다.

실행 결과	2 * 3 = 6

• System.out.println(String.format()) 메소드: 출력한 내용을 변수에 저장할 수 있습니다.

출력 형식: System.out.println(String.format(" *문자열* 서식 지정자1 *문자열* 서식 지정자2 … ", 변수1, 변수2…)

```
package lesson03;

public class Output3 {
   public static void main(String[] args) {
int a = 2;
int b = 3;
int c = a * b;
String fs = String.format("%d * %d = %d", a, b, c);
System.out.println(fs);
   }
}
```

실행 결과	2 * 3 = 6

5 자바스크립트의 출력

자바스크립트에서는 console.log() 함수를 이용해 콘솔에 정보를 출력합니다.

- **console.log(): 자바스크립트에서 콘솔에 정보를 출력하는 기본적인 방법입니다.**

출력 형식: console.log('*문자열* ' 변수1, '*문자열* ' 변수2...)

```
let a = 2;
let b = 3;
let c = a * b;
console.log(a, '*', b, '=', c);
```

- 변수는 따옴표 없이, 문자열은 따옴표와 함께 씁니다.
- 자바스크립트는 작은따옴표와 큰따옴표를 구분하지 않고 씁니다.
- 인수들을 쉼표로 구분하면, 각 값들이 자동으로 공백으로 구분되어 차례대로 출력됩니다.

실행 결과	2 * 3 = 6

인터폴레이션(Interpolation)은 문자열 안에 변수의 값을 동적으로 삽입하는 방법입니다. 자바스크립트에서는 **템플릿 리터럴**(Template Literal)을 사용하여 인터폴레이션을 수행할 수 있습니다. 템플릿 리터럴은 문자열을 백틱(Backtick) 기호(`)로 묶어 작성하는 방식을 말합니다. 백틱 기호(`)는 작은따옴표(' ')와 비슷하게 생겼지만 다른 기호이며, 보통 키보드 왼쪽 상단, 숫자 [1] 키의 왼쪽에 입력 키가 있습니다.

템플릿 리터럴을 사용하면 '${변수 이름}'의 형식으로 간단하게 변수의 값을 문자열에 삽입할 수 있습니다.

- **인터폴레이션(Interpolation): 템플릿 리터럴에서 간단하게 변수를 삽입할 수 있습니다.**

출력 형식: console.log(`${변수1}, ${변수2}...`)

```
let a = 2;
let b = 3;
let c = a * b;
console.log(`${a} * ${b} = ${c}`);
```

문자열을 백틱 기호로 감쌉니다.

'${변수}'의 형식으로 변수를 삽입합니다.

실행 결과	2 * 3 = 6

자바스크립트에서도 서식 지정자를 사용해 다양한 방식으로 출력을 제어할 수 있습니다.

- **서식 지정자 사용: 서식 지정자로 원하는 형식의 문자열을 출력할 수 있습니다.**

출력 형식: console.log (" *문자열* 서식 지정자1 *문자열* 서식 지정자2 ... ", 변수1, 변수2 ...)

```
let a = 2;
let b = 3;
let c = a * b;
console.log ("%d * %d = %d", a, b, c);
```

따옴표로 문자열을 감쌉니다.

실행 결과	2 * 3 = 6

Lesson 4

자료 입력

POINT 파일에서 데이터를 읽거나 사용자에게 정보를 입력받는 것은 프로그램의 중요한 기능 중 하나입니다. 프로그램 언어별로 자료를 입력하는 방법에 대해서 알아봅시다.

1 입력 스트림

입력 스트림이란 키보드로 입력한 데이터나 파일, 네트워크 등으로 전달받은 외부의 데이터를 프로그램 내부로 전달하는 흐름을 의미합니다. 예를 들어 사용자가 키보드로 입력한 데이터는 문자 코드로 변환되어 주기억 장치의 입력 버퍼에 임시로 저장됩니다.

예 a를 입력할 때

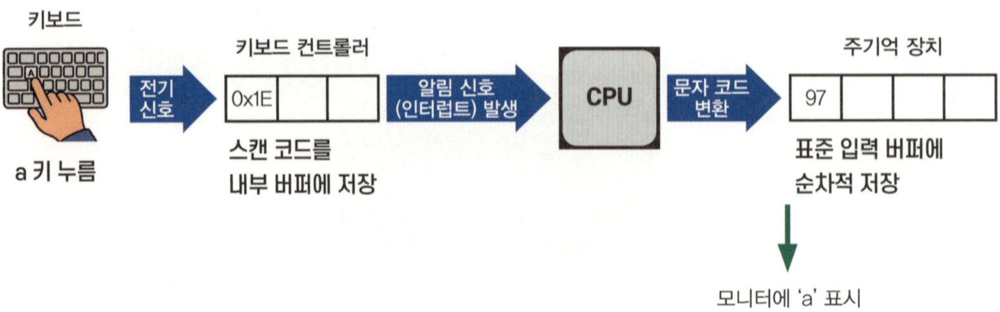

▲ 입력 스트림

입력 버퍼에 저장된 데이터는 입력 함수를 사용하여 가져와서 메모리의 변수에 저장할 수 있습니다. 이때 표준 입출력 라이브러리에 있는 표준 입력 함수(Standard Input Function)를 이용하면 입력 과정을 보다 쉽게 처리할 수 있습니다. 표준 입력 함수는 여러 입력 장치의 동작을 표준화하기 위해 운영 체제나 라이브러리에서 제공하는 함수들로 입력 버퍼에 저장된 데이터를 읽어와 변수에 저장하는 역할을 합니다.

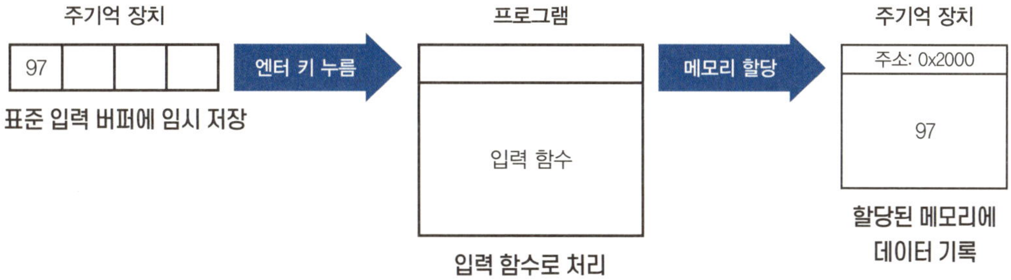

▲ 표준 입력 함수

2 C 언어의 입력

C 언어에서 입력 함수는 stdio.h 파일에 정의되어 있습니다. 한 글자를 입력받을 때는 getchar(), getc() 함수를 사용하고, 문자열을 입력받을 때는 fgets()를 사용합니다. scanf()는 문자, 문자열, 정수, 실수 등 다양한 데이터를 입력받을 수 있어서 가장 많이 사용되는 입력 함수입니다. 'scanf'는 'scan format', 즉 형식을 지정해 입력받는다는 의미에서 나온 이름입니다.

- **scanf() 기본 형식: 변수의 값을 서식 지정자의 형식으로 입력받음**

입력 형식: scanf("서식 지정자1 서식 지정자2 ... ", &변수1, &변수2 ...);

```
int number;    ← 정수형 변수 선언

    scanf("%d", &number);    ← number 변수에 정수 값을 입력받습니다.
```

Visual Studio에서는 scanf() 대신 보안 기능이 강화된 scanf_s()를 지원합니다. scanf_s()는 입력 버퍼의 크기보다 더 많은 데이터를 읽어 들이지 않도록 안전성을 보완한 함수입니다.

예시 코드	실행 결과

`#include <stdio.h>`
 	
`int main() {`
`    int number;`
 	
`    printf("숫자를 입력해 주세요: ");`
 	
`    scanf_s("%d", &number);` ← 정수 형식으로 값을 입력받아 정수형 변수 number에 저장
 	
`    printf("입력하신 숫자는 %d입니다.\n", number);`
 	
`    return 0;`
`}`
	숫자를 입력해 주세요: 25 Enter
	입력하신 숫자는 25입니다.

3 파이썬의 입력

파이썬에서는 'input()'이라는 내장 함수를 이용해 데이터를 입력받을 수 있어서 별도의 라이브러리를 불러올 필요가 없습니다. 또한 파이썬은 변수의 자료형을 자동으로 판단하는 동적 타입 언어이므로, C 언어처럼 서식 지정자를 사용할 필요가 없습니다.

- **input() 기본 형식: 사용자가 입력하는 값을 받아 변수에 저장함**

값을 입력받을 때 문자열의 내용을 표시합니다.

```
입력 형식: input("문자열");
```

아무 표시 없이 사용자의 입력을 기다립니다.

```
number = input()

number = input("숫자 입력: ")
```

입력을 받을 때 '숫자 입력: '이라는 글자가 출력됩니다.

예시 코드	실행 결과

`num = input("숫자를 입력해 주세요: ")`
 	
`print(f"입력하신 숫자는 {num}입니다.")`
	숫자를 입력해 주세요: 25 Enter
	입력하신 숫자는 25입니다.

4 자바의 입력

자바에서 키보드 입력을 처리하려면 **표준 입력 스트림**(Standard input stream) 객체인 System.in을 사용해야 합니다. 그런데 System.in은 바이트 단위로 데이터를 처리하므로, 유니코드 문자나 한글과 같이 여러 바이트로 이루어진 문자를 처리하는 데 한계가 있습니다. 이를 해결하기 위해 **자바 클래스 라이브러리**(Java Class Library)를 import하여 입력을 쉽게 처리할 수 있는 클래스들을 사용합니다.

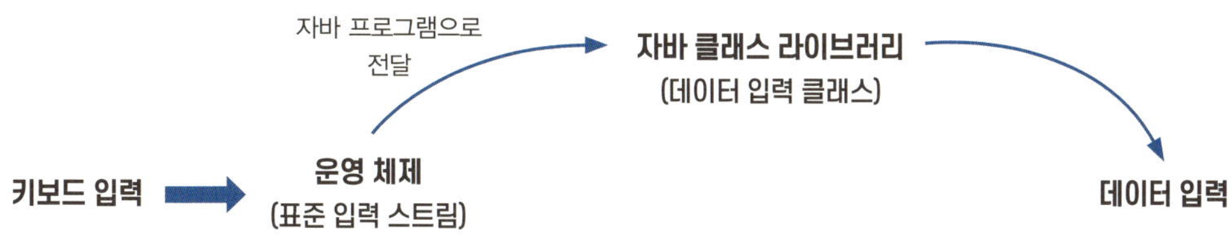

▲ 자바 클래스 라이브러리의 역할

자바 클래스 라이브러리를 import할 때 성능 최적화나 보안이 중요한 경우에는 'java.io'에 있는 'BufferedReader'나 'Console' 클래스를 사용하는 것이 적합합니다. 그러나 대부분의 경우에는 사용이 간단하고 다양한 데이터 타입의 입력을 쉽게 처리할 수 있는 'java.util'의 'Scanner' 클래스를 사용합니다.

- **Scanner 클래스() 기본 형식: Scanner 객체를 생성하여 줄, 단어, 숫자 단위로 입력받음**

표준 입력 스트림에 연결된 Scanner 객체를 생성합니다.

```
입력 형식: Scanner(변수명) = new Scanner(System.in)
```

```
String 변수명 = (Scanner 변수명).nextLine();
String 변수명 = (Scanner 변수명).next();
int 변수명 = (Scanner 변수명).nextInt();
```

- nextLine(): 한 줄(Enter 키 누르기 전까지의 데이터)을 입력받아 String 변수에 저장합니다.
- next(): 한 단어를 입력받아 String 변수에 저장합니다.
- nextInt(): 정수 데이터를 입력받아 int 변수에 저장합니다.

예
```
Scanner inputData = new Scanner(System.in)
String line = inputData.nextLine();
String word = inputData.next();
int number = inputData.nextInt();
```

예시 코드	실행 결과

import java.util.Scanner;
 	
public class Input {
 	
    public static void main(String[] args) {
        Scanner scanner = new Scanner(System.in);
 	
        System.out.print("이름을 입력하세요: ");
        String name = scanner.nextLine();
 	
        System.out.print("나이를 입력하세요: ");
        int age = scanner.nextInt();
 	
        System.out.println("안녕하세요, " + name + "님. 당신의 나이는 " + age + "살입니다.");
 	
        scanner.close(); // 입력 기능 중지
    }
}
	이름을 입력하세요: 홍길동 Enter
	나이를 입력하세요: 28 Enter
	안녕하세요, 홍길동님. 당신의 나이는 28살입니다.

5 자바스크립트의 입력

Node.js 환경에서 입력하는 방법은 다양합니다. 여기서는 처리 방식이 다른 readline 모듈과 readlin-sync 모듈에 대해서 소개합니다. 모듈이란, 필요할 때 불러 올 수 있는 코드의 집합을 말합니다.

1 readline 모듈

readline 모듈은 표준 입력 스트림에서 한 번에 한 줄씩 데이터를 읽을 수 있는 기능을 제공합니다.

• readline 기본 형식

```
const readline = require('readline');

const rl = readline.createInterface({
  input: process.stdin,
  output: process.stdout
});

rl.question('What is your name? ', (answer) => {

  console.log(`Hello, ${answer}!`);

  rl.close();
});
```

- `const readline = require('readline');` → readline 모듈을 가져와 readline 변수에 저장
- `readline.createInterface` → readline 인터페이스를 생성하여 rl 변수에 저장
- `question` → 질문하고 응답을 기다리는 메소드
- `'What is your name? '` → 콘솔에 출력되는 텍스트
- `answer` → 사용자에게 입력받는 매개변수
- `console.log(`Hello, ${answer}!`);` → 입력을 받으면 호출되는 함수(콜백 함수)
- `rl.close();` → 인터페이스를 닫아서 입출력 스트림 해제

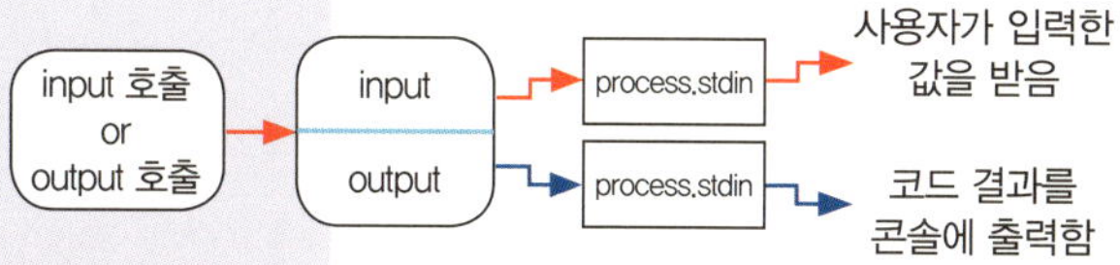

실행 결과	What is your name? 홍길동 Enter Hello, 홍길동!.

readline 모듈은 비동기적으로 입력을 처리하므로, 사용자의 입력을 기다리는 동안 프로그램의 다른 작업이 계속 진행됩니다. 따라서 입력이 완료된 후 수행할 작업은 데이터 입력을 받아야 호출이 되는 콜백 함수로 정의해야 하는 번거로움이 있습니다. 사용자가 입력한 후에 다른 작업을 처리하는 동기식 입력이 필요하다면 npm에서 제공하는 readline-sync나 prompt-sync와 같은 모듈을 사용할 수 있습니다.

2 readline-sync 모듈

readline-sync는 숫자나 다중 선택 등의 다양한 입력 형식을 처리할 수 있는 모듈로 여러 가지 질문을 하거나 특정 옵션을 선택해야 할 때 유용합니다. 이 모듈은 동기식으로 작동하므로 사용자가 입력할 때까지 프로그램이 멈추고 대기합니다.

readline-sync를 사용하기 위해서는 먼저 npm으로 설치해야 합니다. 터미널을 열고 다음과 같이 입력합니다.

```
npm install readline-sync
```

설치가 완료되면 'added 1 package in 1s' 메시지가 출력됩니다.

- **readline-sync 모듈 기본 형식**

```
const readlineSync = require('readline-sync');   // readline-sync 모듈을 가져와 readlineSync 변수에 저장

const name = readlineSync.question('What is your name? ');   // 문자열을 입력받는 메소드
console.log(`Hello, ${name}!`);

const age = readlineSync.questionInt('How old are you? ');   // 숫자를 입력받는 메소드
console.log(`You are ${age} years old.`);

const colors = ['Red', 'Green', 'Blue', 'Yellow'];
const index = readlineSync.keyInSelect(colors, 'Which color do you like?');   // 항목을 보여주고 인덱스를 입력받는 메소드

if (index !== -1) {   // !은 not, -1은 선택 취소의 의미
  console.log(`You selected: ${colors[index]}`);
} else {
  console.log('You canceled the selection.');
}
```

실행 결과	What is your name? Lee Enter Hello, Lee! How old are you? 20 Enter You are 20 years old. [1] Red [2] Green [3] Blue [4] Yellow [0] CANCEL Which color do you like? [1...4 / 0]: 4 Enter You selected: Yellow

모듈을 찾을 수 없다는 에러 메시지가 나온다면, 현재 작업 중인 폴더가 Node.js 프로젝트로 등록되지 않았기 때문일 수 있습니다. Node.js가 현재 폴더를 인식하려면, 폴더 안에 package.json 파일을 생성해야 합니다.

❶ 터미널을 열고 다음과 같이 입력합니다.

```
npm init -y
```

위 명령을 실행하면 탐색기에 package.json 파일이 생성됩니다. 'init' 뒤에 '-y'를 붙인 이유는 'npm init'만 입력할 경우 프로젝트 이름, 버전, 설명 등을 일일이 물어보기 때문입니다. 하지만 -y(yes의 약자) 옵션을 붙이면 모든 설정을 기본값(default)으로 완료하여 package.json 파일을 생성해 줍니다.

❷ 다시 한번 readline-sync를 설치합니다.

```
npm install readline-sync
```

설치가 완료되면 node_modules 폴더가 생성되고, 그 안에 readline-sync 폴더가 만들어집니다. 이제 다시 코드를 실행하면, Node.js가 node_modules 폴더에서 모듈을 찾을 수 있으므로 프로그램이 정상적으로 실행됩니다.

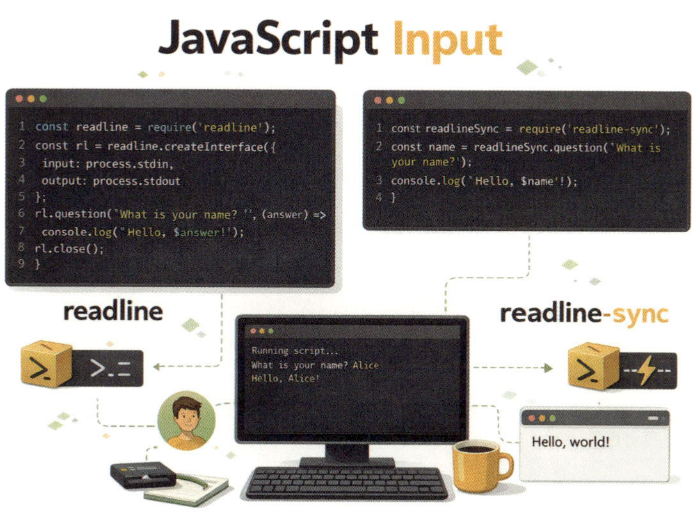

Lesson 5

제어 구조

POINT

제어 구조(Control Structure)는 코드의 실행 흐름을 제어하는 구조로, 프로그램이 어떤 순서로 명령을 수행할지 결정할 수 있게 합니다. 제어 구조의 종류와 특징에 대해서 살펴봅시다.

1 순차 구조

순차 구조(Sequential Structure)는 특별한 분기나 반복 없이 프로그램의 명령이 작성된 순서대로 차례차례 실행되는 구조입니다. 이러한 구조는 라면 조리법이나 제품 작동 설명서처럼 일상생활에서 쉽게 접할 수 있는 단계적인 절차와 유사합니다.

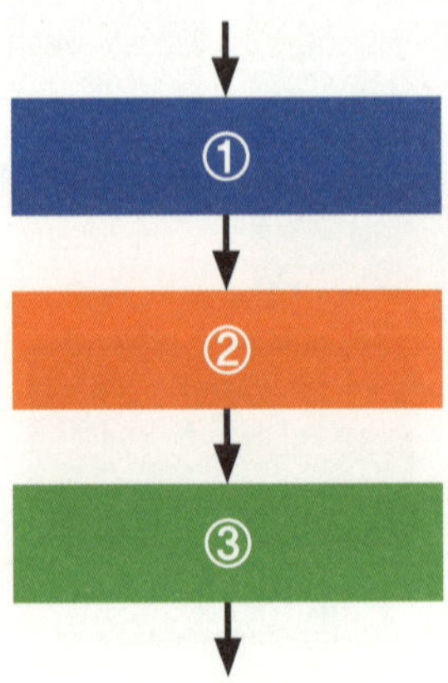

▲ 순차 구조

변수 a에 10, 변수 b에 20, 변수 c에 30을 할당한 후에, 세 변수의 합을 변수 sum에 저장하여 출력하는 코드를 순차 구조로 나타내면 다음과 같습니다. 아래의 코드는 모두 "**세 수의 합: 60**"을 출력합니다.

1 언어별 순차 구조 코드 예시

❶ C 언어

```
#include <stdio.h>
int main() {
    int a = 10;                    차례대로 실행
    int b = 20;
    int c = 30;
    int sum = a + b + c;

    printf("세 수의 합: %d\n", sum);
    return 0;
}
```

❷ 파이썬

```
a = 10                차례대로 실행
b = 20
c = 30
sum = a + b + c

print(f"세 수의 합: {sum}")
```

❸ 자바

lesson05 패키지를 생성한 후에, SeqStructure.java 클래스를 만들고 코드를 작성합니다.

```
package lesson05;

public class SeqStructure {

    public static void main(String[] args) {
        int a =10;                 차례대로 실행
        int b =20;
        int c =30;
        int sum = a + b + c;

        System.out.println("세 수의 합: " + sum);
    }
}
```

④ 자바스크립트

```
let a = 10;
let b = 20;
let c = 30;
let sum = a + b + c;

console.log("세 수의 합: " + sum);
```

차례대로 실행

2 선택 구조

선택 구조(Conditional Structure)는 주어진 조건에 따라 실행되는 내용이나 순서가 달라지는 구조를 말합니다. 이 구조에서는 특정 조건을 만족하는지에 따라 서로 다른 명령을 실행합니다. 선택 구조를 구현하는 구문을 조건문(Conditional Statement)이라고 하는데, `if`, `else if`, `else`, `switch` 등의 키워드를 사용해 구현할 수 있습니다.

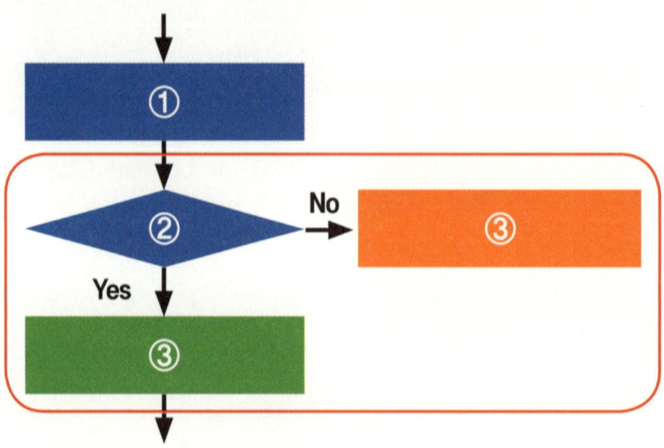

▲ 선택 구조

1 if

`if` 구문은 조건식이 참일 경우 특정 코드를 실행하고, 거짓일 경우 해당 코드를 건너뛰고 다음 명령으로 넘어가는 조건문입니다.

● 기본 형식

만약에 / 이 조건을 만족한다면

```
if (조건식) {
    문장1
}
```

이 문장을 실행하세요.

조건을 만족하지 못하면 문장을 실행하지 않고 if문 다음 명령으로 넘어감

변수 a값을 사용자로부터 입력받고, 그 값이 5보다 크면 "**a는 5보다 큽니다.**"라는 메시지를 출력하는 코드를 프로그래밍 언어로 표현하면 다음과 같습니다.

❶ C 언어

```
#include <stdio.h>

int main() {
    int a;
    printf("a 값을 입력하세요: ");
    scanf_s("%d", &a);

    if (a > 5) {
        printf("a는 5보다 큽니다.\n");
    }

    return 0;
}
```

❷ 파이썬

```
a = int(input("a 값을 입력하세요: "))
if a > 5:
    print("a는 5보다 큽니다.")
```

❸ 자바

lesson05 패키지에 `CondStructure.java` 클래스를 생성한 후 코드를 작성합니다.

```
package lesson05;

import java.util.Scanner;

public class CondStructure {
        public static void main(String[] args) {
            Scanner scanner = new Scanner(System.in);
            System.out.print("a 값을 입력하세요: ");
            int a = scanner.nextInt();
            if (a > 5) {
            System.out.println("a는 5보다 큽니다.");
            }
            scanner.close();
        }
}
```

❹ 자바스크립트

readline 모듈을 사용하여 작성합니다.

```
const readline = require('readline');

// readline 인터페이스 생성
const rl = readline.createInterface({
  input: process.stdin,
  output: process.stdout
});

rl.question('a 값을 입력하세요: ', (input) => {
   let a = Number(input); // 입력된 값을 정수로 변환하여 변수 a에 저장
  if (a > 5) {
    console.log('a는 5보다 큽니다.');
  }

  rl.close();
});
```

2 if-else if

if-else if 구문은 첫 번째 조건식이 참이면 해당 문장을 실행하고, 그렇지 않으면 다음 조건식을 차례로 확인합니다. 다음 조건식이 참이면 그에 해당하는 문장을 실행하며, 모든 조건을 만족하지 않으면 아무 코드도 실행하지 않고 다음 단계로 넘어갑니다. 파이썬에서는 '**else if**' 대신에 '**elif**'라는 키워드를 사용합니다.

○ 기본 형식

```
if (조건식1) {
    문장1
} else if (조건식2) {
     문장2
}
```

- if: 만약에
- (조건식1): 조건식1을 만족한다면
- 문장1: 문장1을 실행하세요. 조건식1을 만족하지 못하고
- else if (조건식2): 조건식 1을 만족하지 못하고 조건식2를 만족한다면
- 문장2: 문장2를 실행하세요. 조건식2도 만족하지 못하면 문장2를 실행하지 말고 다음으로 넘어가세요.

사용자에게 변수 a에 값을 입력받은 후, a의 값이 5보다 크면 "**a는 5보다 큽니다.**"라는 메시지가 출력되고, a의 값이 5이면 "**a는 5와 같습니다.**"라는 메시지가 출력되는 코드는 다음과 같습니다. 여기서 주의할 점은, 조건식에서 값을 비교할 때 대입 연산자(=)가 아니라 비교 연산자(==)를 사용해야 한다는 것입니다.

❶ C 언어

```
#include <stdio.h>

int main() {
    int a;
    printf("a 값을 입력하세요: ");
    scanf_s("%d", &a);

    if (a > 5) {
        printf("a는 5보다 큽니다.\n");
    } else if (a == 5) {
        printf("a는 5와 같습니다.\n");
    }

    return 0;
}
```

❷ 파이썬

```
a = int(input("a 값을 입력하세요: "))
if a > 5:
    print("a는 5보다 큽니다.")
elif a == 5:   // 파이썬에서는 else if() 대신에 elif를 사용합니다.
    print("a는 5와 같습니다.")
```

❸ 자바

lesson05 패키지에 CondStructure2.java 클래스를 생성한 후 코드를 작성합니다.

```
package lesson05;

import java.util.Scanner;

public class CondStructure2 {

    public static void main(String[] args) {
        Scanner scanner = new Scanner(System.in);
        System.out.print("a 값을 입력하세요: ");
        int a = scanner.nextInt();
        if (a > 5) {
            System.out.println("a는 5보다 큽니다.");
        } else if (a == 5) {
            System.out.println("a는 5와 같습니다.");
        }
        scanner.close();
    }
}
```

❹ 자바스크립트

```
const readline = require('readline');
const rl = readline.createInterface({
  input: process.stdin,
  output: process.stdout
});

rl.question('a 값을 입력하세요: ', (input) => {
  let a = Number(input);

  if (a > 5) {
    console.log("a는 5보다 큽니다.");
  } else if (a == 5) {
    console.log("a는 5와 같습니다.");
  }

  rl.close();
});
```

3 if-else

if-else 구문은 조건이 참이면 **if**의 문장을 실행하고, 거짓이면 **else**의 문장을 실행하는 구조입니다. 필요에 따라 **if**와 **else** 사이에 **else if** 구문을 여러 개 추가하여 다양한 조건을 나누어 처리할 수도 있습니다.

○ 기본 형식

```
if (조건식) {        ← 조건식을 만족한다면 문장1을 실행하세요.
    문장1
} else {            ← 앞의 조건식을 만족하지 못하면 문장2를 실행하세요.
    문장2
}
```

사용자에게 변수 a의 값을 입력받은 후, a가 5보다 크면 '**a는 5보다 큽니다.**', a가 5와 같으면, '**a는 5와 같습니다**', 위의 두 조건 모두 만족하지 않으면 '**a는 5보다 작습니다.**'가 출력되는 코드는 다음과 같이 작성할 수 있습니다.

❶ C 언어

```c
#include <stdio.h>

int main() {    int a;
    printf("a 값을 입력하세요: ");
    scanf("%d", &a);
    if (a > 5) {
        printf("a는 5보다 큽니다.\n");
    } else if (a == 5) {
        printf("a는 5와 같습니다.\n");
    } else {
        printf("a는 5보다 작습니다.\n");
    }
    return 0;
}
```

❷ 파이썬

```python
a = int(input("a 값을 입력하세요: "))
if a > 5:
    print("a는 5보다 큽니다.")
elif a == 5:
    print("a는 5와 같습니다.")
else:
    print("a는 5보다 작습니다.")
```

❸ 자바

lesson05 패키지에 `CondStructure3.java` 클래스를 생성한 후 코드를 작성합니다.

```java
package lesson05;

import java.util.Scanner;

public class CondStructure3 {

        public static void main(String[] args) {
            Scanner scanner = new Scanner(System.in);
            System.out.print("a 값을 입력하세요: ");
            int a = scanner.nextInt();

            if (a > 5) {
                System.out.println("a는 5보다 큽니다.");
            } else if (a == 5) {
                System.out.println("a는 5와 같습니다.");
            } else {
```

```
            System.out.println("a는 5보다 작습니다.");
        }
        scanner.close();
    }
}
```

❹ 자바스크립트

```
const readline = require('readline');

const rl = readline.createInterface({
      input: process.stdin,
      output: process.stdout
});

rl.question('a 값을 입력하세요: ', (input) => {
      let a = Number(input);
      if (a > 5) {
          console.log("a는 5보다 큽니다.");
      } else if (a == 5) {
          console.log("a는 5와 같습니다.");
      } else {
          console.log("a는 5보다 작습니다.");
      }
      rl.close();
});
```

4 switch

switch 구문은 변수가 특정 값과 일치할 때 해당 문장을 실행하는 조건문입니다. 주로 하나의 변수를 여러 경우와 비교할 때 사용됩니다. 이 구문은 파이썬에서는 지원되지 않습니다.

● 기본 형식

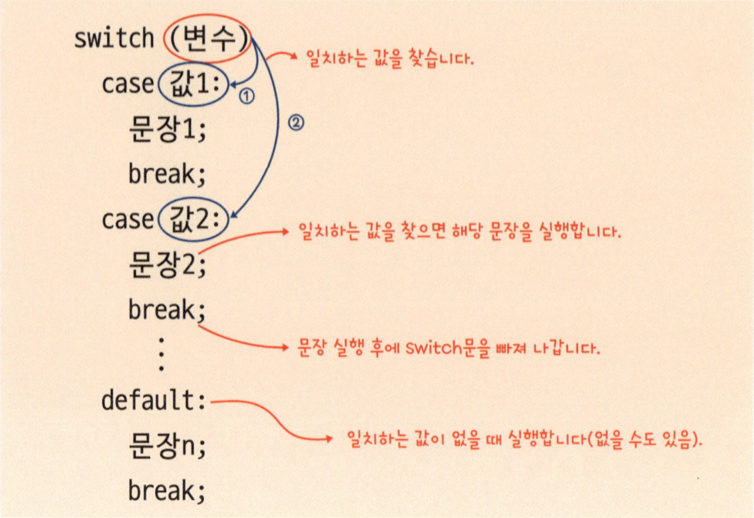

❶ C 언어

```c
#include <stdio.h>

int main() {
    int menu;
    printf("점심 메뉴는 어떤 종류로 할까요? (1: 한식, 2: 중식): ");
    scanf("%d", &menu);  // 사용자로부터 정수형 메뉴 번호 입력받기

    switch (menu) {
        case 1:  // menu가 1일 경우
            printf("한식을 선택하셨습니다. 맛있는 된장찌개를 추천합니다!\n");
            break;
        case 2:  // menu가 2일 경우
            printf("중식을 선택하셨습니다. 짜장면은 언제나 좋죠!\n");
            break;
        default:  // 그 외의 경우, 잘못된 입력 처리
            printf("잘못된 입력입니다. 1 또는 2 중 하나를 입력해주세요.\n");
            break;
    }
    return 0;
}
```

❷ 자바

```java
package lesson05;

import java.util.Scanner;

public class CondStructure4 {
    public static void main(String[] args) {
        Scanner scanner = new Scanner(System.in);  // Scanner 객체 생성
        System.out.print("점심 메뉴는 어떤 종류로 할까요? (1: 한식, 2: 중식): ");
        int menu = scanner.nextInt();  // 정수형 메뉴 번호 입력 받기
        switch (menu) {
            case 1:  // menu가 1일 경우
                System.out.println("한식을 선택하셨습니다. 된장찌개를 추천합니다!");
                break;
            case 2:  // menu가 2일 경우
                System.out.println("중식을 선택하셨습니다. 짜장면은 언제나 좋죠!");
                break;
            default:  // 그 외의 경우, 잘못된 입력 처리
                System.out.println("잘못된 입력입니다.");
                break;
        }
        scanner.close();  // Scanner 객체 닫기
    }
}
```

❸ 자바스크립트

```
let menu = parseInt(prompt("점심 메뉴 선택 (1: 한식, 2: 중식, 3: 일식): "));
switch (menu) {
    case 1:
        console.log("한식을 선택하셨습니다. 맛있는 된장찌개를 추천합니다!");
        break;
    case 2:
        console.log("중식을 선택하셨습니다. 짜장면은 언제나 좋죠!");
        break;
    case 3:
        console.log("일식을 선택하셨습니다. 신선한 초밥은 어떠신가요?");
        break;
    default:
        console.log("잘못된 입력입니다. 1, 2, 3 중 하나를 입력해주세요.");
        break;
}
```

3 반복 구조

반복 구조(Loop Structure)는 특정한 작업을 반복해서 수행하는 구조입니다. 1에서 100까지 더하거나 10의 팩토리얼을 구하는 등 반복적인 작업을 처리할 때 사용됩니다. 반복 구조를 표현하는 구문을 반복문(Repetitive Statement)이라고 합니다. 일반적으로 반복문에는 반복을 시작하는 조건, 종료 조건, 반복하는 동안 수행할 증감 연산식이 필요합니다.

1 for

for 구문은 주어진 조건이 만족되는 동안 반복해서 코드를 실행하는 제어문입니다. 반복 횟수를 지정하기에 편리한 구조이므로, 일반적으로 몇 번 반복할지 미리 알고 있을 때 자주 사용합니다.

● 기본 형식

```
for(n = 1; n <= 5; n++) {
    문장
}
```

- n = 1 → 시작 조건
- n <= 5 → 종료 조건
- n++ → 증감식
- 문장 → 종료 조건에 만족할 때까지 이 문장을 반복해서 실행합니다.

1부터 100까지 더하는 코드를 작성하면 다음과 같습니다. 이 코드는 모두 100번의 반복 연산으로 "1부터 100까지 합: 5050"이라는 결과를 출력합니다.

❶ C 언어

○ 기본 형식

```
#include <stdio.h>

int main() {
    int sum = 0;
    for (int i = 1; i <= 100; i++) {
        sum += i;
    }
    printf("1부터 100까지 합: %d\n", sum);
    return 0;
}
```

- 반복: for (int i = 1; i <= 100; i++) { … sum += i;
- int i = 1 → i 값을 1로 초기화
- i++ → i 값을 1씩 증가하기
- i <= 100 → i값이 100 이하가 될 때까지 반복
- sum += i; → i 값이 1증가할 때마다 sum 변수에 i 값을 더하기

❷ 파이썬

○ 기본 형식

```
sum = 0

for i in range(1, 101):

    sum += i


print(f"1부터 100까지 합: {sum}")
```

- 반복: for i in range(1, 101): … sum += i
- range(1, 101) → i 값은 1부터 101 미만까지 1씩 증가
- sum += i → i 값이 1씩 증가할 때마다 sum에 i 값 더하기

* range는 일정한 범위를 포함하는 객체를 만드는 함수로 다음과 같이 사용합니다.

range(숫자1) : 0 이상 숫자1 미만까지 1씩 증가	예 range(5) : 0, 1, 2, 3, 4
range(숫자1, 숫자2) : 숫자1 이상 숫자2 미만까지 1씩 증가	예 range(1, 5) : 1, 2, 3, 4
range(숫자1, 숫자2, 숫자3) : 숫자1 이상 숫자2 미만까지 숫자3 간격으로 증가	예 range(1, 10, 2) : 1, 3, 5, 7, 9

❸ 자바

lesson05 패키지에 `LoopStructure.java` 클래스를 생성한 후 코드를 작성합니다.

```
package lesson05;

public class LoopStructure {

    public static void main(String[] args) {
        int sum = 0;
        for (int i = 1; i <= 100; i++) {
            sum += i;
        }
        System.out.println("1부터 100까지 합: " + sum);
    }
}
```

반복

i를 1부터 시작

i가 100 이하인 동안 반복

i를 1씩 증가하기

i가 1 증가할 때마다 sum 변수에 i 값을 더하기

❹ 자바스크립트

```
let sum = 0;
for(let i = 1; i <= 100; i++) {
    sum += 1;
}
console.log("1부터 100까지 합: " + sum);
```

반복

i 값을 1부터 시작

i 값이 100 이하인 동안 반복

i 값을 1씩 증가하기

i 값이 1증가할 때마다 sum 변수에 i 값을 더하기

2 while

`while` 구문은 조건이 참인 동안 코드를 반복 실행하는 제어문입니다. 반복 횟수를 미리 정하지 않고, 조건을 평가하여 반복을 제어할 때 사용됩니다. 조건이 거짓이 되면 반복이 종료되며, 조건이 늘 참이거나 거짓이면 무한 반복을 하거나 한 번도 실행되지 않을 수 있습니다.

○ 기본 형식

```
while (조건식) {
    문장
}
```

종료 조건

조건식이 참인 동안 문장을 반복해서 실행합니다.

* while(true) 또는 while(1)처럼 조건식에 true나 1을 입력하면 무한 반복을 할 수 있습니다.

for 구문은 반복 횟수가 명확할 때 주로 사용되는 반면, **while**은 조건을 평가하여 반복을 제어하므로 반복 횟수가 명확하지 않은 경우에 적합합니다.

1부터 100까지 더하는 코드를 **while** 구문을 사용하여 표현하면 다음과 같습니다.

❶ C 언어

기본 형식

```
#include <stdio.h>

int main() {
  int sum = 0;
  int i = 1;

  while (i <= 100) {
    sum += i;
    i++;
  }
  printf("1부터 100까지의 합: %d\n", sum);
  return 0;
}
```

- int sum = 0; → 합계를 저장할 변수 선언
- int i = 1; → 반복을 제어할 변수 선언
- while (i <= 100) → i 값이 100 이하인 동안 반복
- 반복
- sum += i; → 반복할 때마다 sum에 i 값을 더함
- i++; → 반복할 때마다 i 값에 1씩 더함

❷ 파이썬

기본 형식

```
sum = 0
i =1

while i <= 100:
  sum += i
  i += 1

print(f"1부터 100까지의 합: {sum}")
```

- while i <= 100: → i 값이 100 이하인 동안 반복
- 반복
- sum += i → 반복할 때마다 sum에 i 값을 더함
- i += 1 → 반복할 때마다 i 값에 1씩 더함

❸ 자바

lesson05 패키지에 `LoopStructure2.java` 클래스를 생성한 후 코드를 작성합니다.

```
package lesson05;

public class LoopStructure2 {

        public static void main(String[] args) {
                int sum = 0;
                int i = 1;

                while (i <= 100) {
                        sum += i;
                        i++;
                }
                System.out.println("1부터 100까지의 합: " + sum); }
        }
}
```

반복

i 값이 100 이하인 동안 반복

반복할 때마다 sum에 i 값을 더함

반복할 때마다 i 값에 1씩 더함

❹ 자바스크립트

```
        let sum = 0;
        let i = 1;

        while (i <= 100) {
          sum += i;
          i++;
        }

        console.log("1부터 100까지의 합: " + sum);
```

반복

i 값이 100이하인 동안 반복

반복할 때마다 sum에 i 값을 더함

반복할 때마다 i 값에 1씩 더함

`while` 반복문을 사용할 때는 반복이 시작하기 전에 변수 초기화가 필요하며, 조건을 생략하거나 항상 참이 되도록 설정하면 무한 반복을 만들 수 있습니다. for 반복문도 조건을 생략하여 무한 반복을 만들 수 있지만, 일반적으로 반복의 시작 조건과 종료 조건을 명확히 지정할 때 사용합니다. 두 반복문은 각각 장단점이 있으므로, 문제 상황에 맞게 적절한 반복문을 선택하여 사용하는 것이 좋습니다.

Lesson 6

함수

POINT

함수는 특정 작업을 수행하는 코드의 집합으로, 재사용이 가능하도록 만들어진 코드 블록입니다. 함수를 사용하면 프로그램이 간결해지고, 더 효율적인 코딩이 가능합니다.

1 함수란?

함수(Function)는 특정한 작업을 수행하도록 여러 명령문을 그룹으로 묶은 것입니다. 우리는 앞에서 진입점 함수인 main() 함수를 이미 다루어 본 바 있습니다. 이번에는 사용자가 직접 만드는 **사용자 정의 함수**(User-defined Function)에 대해 알아보겠습니다. 반복해서 사용되는 명령문들을 사용자 정의 함수로 만들어 두면, 필요할 때마다 함수를 호출(Call)하여 사용할 수 있으므로, 코드를 더 간결하고 효율적으로 작성할 수 있습니다.

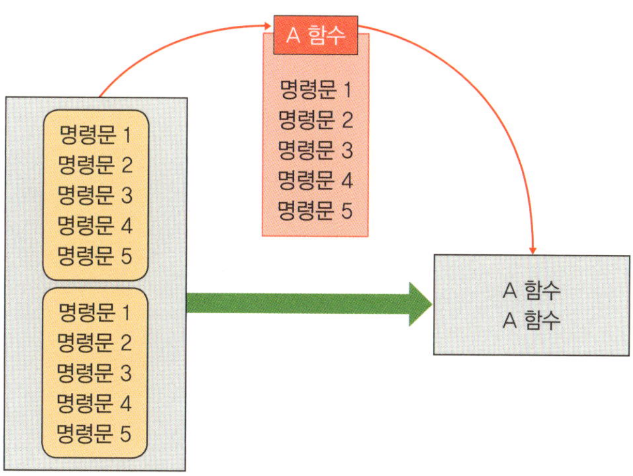

▲ 함수의 효용성

함수를 만들 때는 먼저 함수 이름을 정하고 함수가 수행할 명령문을 작성합니다. 함수가 작업을 수행하는 데 외부 데이터가 필요한 경우, 매개변수를 사용하여 데이터를 입력받을 수 있습니다. 또한 함수에서 명령문을 모두 실행한 후 필요하다면 결과를 반환 값으로 돌려줍니다.

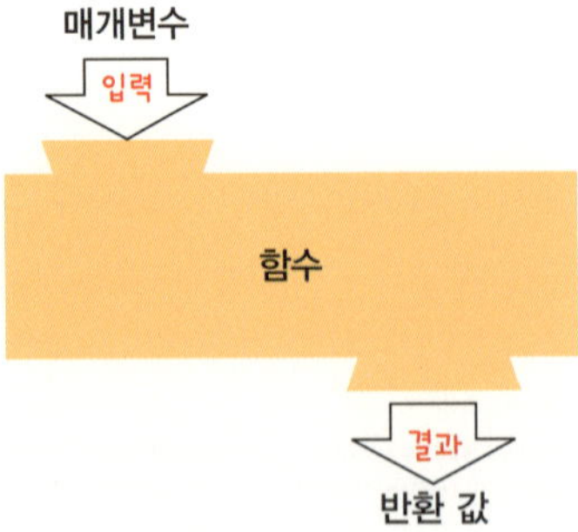

▲ 함수의 입력과 출력 구조

2 C 언어 함수

함수를 만드는 것을 '함수를 정의한다'라고 합니다. 정의한 함수는 필요할 때 호출해서 사용할 수 있으며, 언어에 따라 호출 방법에 약간의 차이가 있습니다.

C 언어에서 함수는 반환형, 이름, 매개변수, 함수 본체로 구성됩니다. 함수는 입력값인 매개변수를 받아 작업을 수행하고, 그 결과를 반환 값으로 돌려줄 수 있습니다. 만약 함수가 반환할 값이 없다면, 반환형으로 void를 사용합니다.

이처럼 자주 사용하는 코드를 함수로 작성해 놓고 필요할 때마다 호출하면 코드가 더 구조화되고 유지보수도 쉬워집니다.

기본 형식

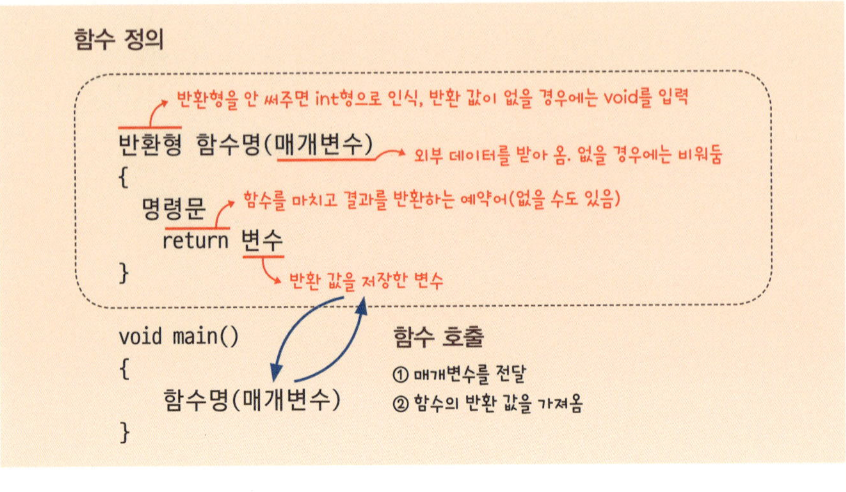

예 함수 정의

```c
#include <stdio.h>

int add(int a, int b) {
    return a + b;
}

int main() {
    int result = add(3, 5);
    printf("3+5: %d\n", result);
    return 0;
}
```

- 함수명: add
- 매개변수: int a, int b
- 반환형: int
- 반환 값: a + b
- 함수 호출: add(3, 5)
- 함수 반환형과 변수의 자료형이 일치해야 함
- ① a 값으로 3, b값으로 5전달
- ② 계산 결과인 8을 반환
- ③ "3+5: 8" 출력

3 파이썬 함수

파이썬에서 사용자 정의 함수를 만드는 방법은 다음과 같습니다.

- **기본 형식**

함수 정의

```
def 함수명(매개변수):
    명령문
    return 변수
```

- def: 함수를 정의하는 키워드('정의하다(define)'는 의미)
- 매개변수: 외부 데이터를 받아 옴. 없을 경우에는 비워둠
- 명령문: 반환 값이 없을 경우 None을 반환함
- 변수: 반환 값을 저장한 변수

함수 호출

```
함수명(매개변수)
```

① 매개변수를 전달
② 함수의 반환 값을 가져옴

예 함수 정의

```python
def add(a, b):
    return a + b

result = add(3, 5)
print(f"3+5: {result}")
```

- 함수명: add
- 매개변수: a, b
- 반환 값: a + b
- 함수 호출: add(3, 5)
- ① a값으로 3, b값으로 5 전달
- ② 계산 결과인 8을 반환
- ③ "3+5: 8" 출력

파이썬에서는 자주 사용하는 함수를 미리 정의해 놓은 내장 함수가 있습니다. 내장 함수는 함수를 선언하지 않아도 바로 사용할 수 있습니다.

대표적인 내장 함수	함수 예시	결과	함수 의미
abs()	abs(−2)	2	숫자의 절댓값을 반환합니다.
filter()	filter(lambda x: x 〉 0, [−1, 0, 1, 2])	1, 2	요소를 함수로 처리하여 참인 결과만을 반환합니다.
input()	input("이름: ")	이름: (입력 대기)	입력을 받습니다.
lambd a 매개변수: 표현식	(lambda x, y: x + y)(2, 3)	5	함수 정의 없이 간단한 수식과 인수를 넣으면 계산합니다.
len()	len("hello")	5	객체의 길이(요소의 수)를 반환합니다.
list()	list('abc')	['a', 'b', 'c']	리스트를 생성합니다.
map()	def square(x): return x ** 2 numbers = [1, 2, 3, 4, 5] **map(square, numbers)**	1, 4, 9, 16, 25	함수와 객체를 입력받아 객체의 모든 요소에 함수가 적용된 결과를 반환합니다.
max()	max([1, 2, 3])	3	리스트, 튜플, 문자열에서 가장 큰 항목을 반환합니다.
min()	min([1, 2, 3])	1	리스트, 튜플, 문자열에서 가장 작은 항목을 반환합니다.
open()	open('file.txt', 'w')	file.txt 파일을 가져와 쓰기할 준비를 함	파일을 열고 파일 객체를 반환합니다.
ord()	ord('A')	65	문자를 유니코드 코드 값으로 반환합니다.
pow(x, y[, z])	pow(3, 4) pow(3, 4, 2)	81(3^4) 1(3^4%2)	'x^y % z'를 계산합니다.
print()	print("Hello, World!")	Hello, World!	객체를 출력합니다.
range(시작, 끝, [건너뛸 간격])	range(1, 10, 2)	1, 3, 5, 7, 9(1부터 9(10−1)까지 2 간격의 숫자)	시작부터 '끝−1'까지의 숫자들을 순서대로 생성하는 객체를 만듭니다.
tuple()	tuple([1, 2, 3])	(1, 2, 3)	튜플을 생성합니다.
type()	type(123)	〈class 'int'〉	객체의 타입을 반환합니다.
zip()	numbers = [1, 2, 3] letters = ['a', 'b', 'c'] **zip(numbers, letters)**	(1, 'a'), (2, 'b'), (3, 'c')	여러 객체 요소를 묶어 튜플 형태로 반환합니다.

4 자바 메소드

자바는 클래스 단위로 코드를 작성하므로, 모든 함수는 클래스 내부에서 정의되어야 합니다. 따라서 자바에서는 함수를 클래스의 일부로 간주하며, 다른 언어처럼 클래스 밖에서 독립적으로 함수를 정의할 수 없습니다. 이러한 이유로 자바에서는 '함수'라고 하지 않고 **메소드**(method)라고 부릅니다.

- 기본 형식

메소드 정의

```
public static 반환형 메소드명(매개변수)
{
        return 변수
}
```

- 반환형: 반환 값의 타입, 반환 값이 없을 경우에는 void를 입력
- 매개변수: 외부 데이터를 받아 오고, 없을 경우에는 비워둠
- return: 반환 값이 없을 경우 void 반환형을 사용
- 변수: 반환 값을 저장한 변수

```
public static void main(String[] args)
{
     메소드명(매개변수)
}
```

메소드 호출
① 매개변수를 전달
② 메소드의 반환 값을 가져옴

예

```
package lesson06;
public class Function {
    public static int add(int a, int b) {
        return a + b;
    }

    public static void main(String[] args) {
        int result = add(3, 5);
        System.out.println("3+5: " + result);
    }
}
```

- 메소드 선언: 반환형(int), 메소드명(add), 매개변수(int a, int b), 반환 값(a + b)
- 메소드 반환형과 변수의 자료형이 일치해야 함
- 메소드 호출: add(3, 5)
- ① a값으로 3, b값으로 5 전달
- ② 3+5의 값을 반환
- ③ "3+5: 8" 출력

메소드는 클래스 외부에서도 호출할 수 있습니다. 호출할 메소드가 '정적(Static) 메소드'라면 클래스 이름으로 직접 메소드를 호출할 수 있고, 호출할 메소드가 '인스턴스 메소드'라면

해당 클래스의 객체를 먼저 생성하고 나서 그 객체를 참조하는 변수를 사용해서 메소드를 호출해야 합니다.

예를 들어 Calc.java에서 선언한 add 메소드를 Main.java에서 호출하는 방법은 다음과 같습니다.

외부에서 정적 메소드 호출

Calc.java

```
package lesson06;
public class Calc {
      public static int add(int a, int b) {
            return a + b;
      }
}
```

정적 메소드

Main.java

```
public class Main {
      public static void main(String[] args) {
            int result = Calc.add(10, 20);
            System.out.println("10+20: " + result);
      }
}
```

메소드 호출(클래스명, 메소드명(매개 값))

"10+20: 30" 출력

외부에서 인스턴스 메소드 호출

Calc.java

```
public class Calc2 {

    public int add(int a, int b) {
        return a + b;
    }
}
```

인스턴스 메소드(Static이 없음)

Main.java

```
public class Main2 {
    public static void main(String[] args) {
      Calc2 main = new Calc2();
      int result = main.add(10, 20);

      System.out.println("10+20: " + result);
    }
}
```

객체 생성 (형식: 클래스명 참조 변수 = new 클래스명(매개 값))

메소드 호출 (객체명, 메소드명(매개변수))

"10+20: 30" 출력

5 자바스크립트 함수

● 기본 형식

함수 정의

```
function 함수명(매개변수) {
    return 변수
}
```

- function: 함수를 정의하는 키워드
- 매개변수: 외부 데이터의 값을 받아 옴. 없을 경우에는 비워둠
- return: 함수를 마치고 결과를 반환하는 예약어(없을 수도 있음)
- 변수: 반환 값을 저장한 변수

함수 호출

```
함수명(매개변수)
```

① 매개변수를 전달하고
② 함수의 반환 값을 가져옴

예 함수 정의

```
function add(a, b) {
    return a + b;
}

let result = add(3, 5);console.
log("3+5: " + result);
```

- 함수명: add, 매개변수: a, b
- 반환 값: a + b
- 함수 호출: add(3, 5)

① a값으로 3, b값으로 5 전달
② 3+5의 값을 반환
③ "3+5: 8" 출력

ES6(ECMAScript 2015)부터 화살표 함수(Arrow Function) 기능을 제공하여 더 간결하게 함수를 정의할 수 있습니다.

● 기본 형식

함수 정의

```
const 함수명 = (매개변수1, 매개변수2, ... ) => {
  return 반환 값;
}
```

- const: 함수 내용을 변경할 수 없도록 상수 자료형 const를 사용
- 매개변수: 1개일 경우 괄호 없이 사용 가능
- 함수가 한 줄로 끝날 경우 중괄호와 return 생략 가능

함수 호출

```
함수명(매개변수)
```

① 매개변수를 전달하고
② 함수의 반환 값을 가져옴

예
```
const add = (a, b)
=> console.log(a + b); add(3, 5); // 8 출력
```

Lesson 7

라이브러리

POINT 전 세계의 많은 개발자가 다양한 라이브러리를 오픈 소스로 개발하고, 공유하고 있어서 우리는 필요에 따라 적절한 라이브러리를 편리하게 사용할 수 있습니다.

1 C 언어 라이브러리

라이브러리(Library)는 특정한 목적을 위해서 작성해 놓은 여러 함수의 집합입니다. C 언어의 라이브러리 역시 코드를 작성할 때 필요한 기능을 미리 컴파일해 놓은 기계어 코드이며, Windows에서는 '.lib' 또는 '.dll' 형식으로, 유닉스 계열 시스템에서는 '.a' 또는 '.so' 형식으로 제공됩니다.

	정적 라이브러리	동적 라이브러리
Windows	lib 파일	dll 파일
Unix	a 파일	so 파일

▲ C 언어 라이브러리

라이브러리에는 정적 라이브러리와 동적 라이브러리가 있습니다. 정적 라이브러리는 빌드할 때 링크 단계에서 실행 파일에 포함되는 파일이고, 동적 라이브러리는 프로그램이 실행되는 동안 필요할 때 불러오는 파일입니다. 또한 라이브러리는 기계어로 되어 있어 원본 소스 코드를 숨기는 역할도 합니다.

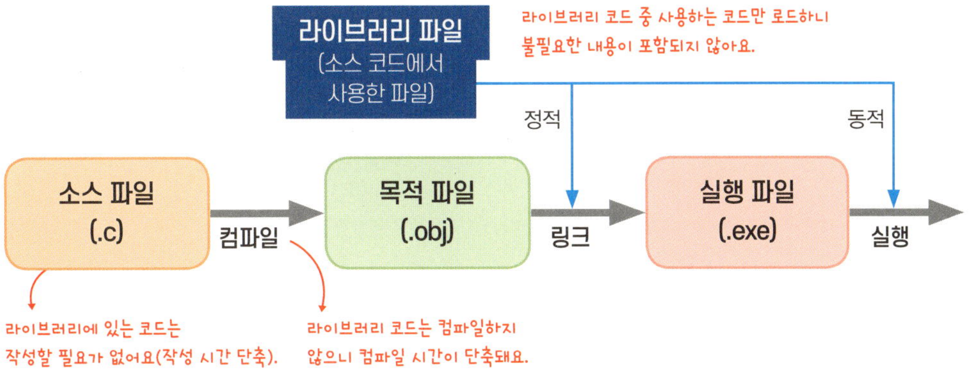

▲ 라이브러리의 유용성

1 표준 라이브러리

C 언어 라이브러리에는 기본적으로 제공하는 **표준 라이브러리**(Standard Library)와 사용자가 필요에 따라 직접 정의하여 만드는 **사용자 정의 라이브러리**(User-defined Library)가 있습니다.

표준 라이브러리는 코드 작성에 필요한 기본적인 기능들을 구현해 제공해 주는 라이브러리입니다. 또한 운영 체제가 달라도 그에 맞추어 조정되어 작동하며, 헤더 파일을 통해 라이브러리에 포함된 함수나 변수를 선언하고 사용할 수 있습니다.

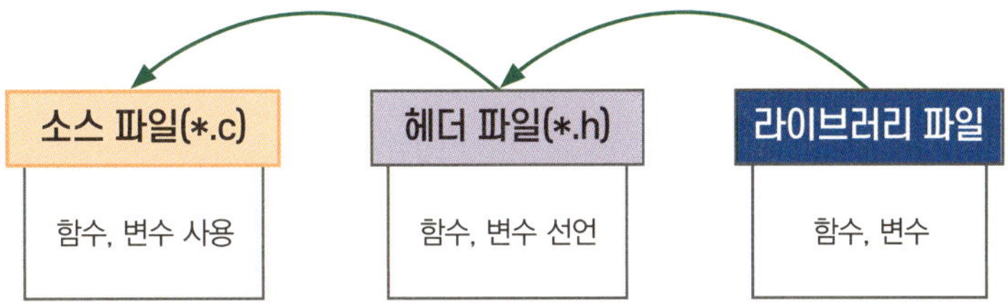

▲ C 언어 표준 라이브러리

표준 라이브러리에는 다양한 함수들이 포함되어 있어 여러 가지 작업을 수행할 수 있습니다. 예를 들어 stdio.h(Standard Input Output)에는 키보드와 같은 외부 장치로부터 프로그램으로 데이터를 입력받거나 프로그램 결과를 콘솔에 출력하는 함수들이 선언되어 있습니다.

헤더 파일	기능	주요 함수	
		함수 이름	기능 설명
〈stdio.h〉	표준 입출력 함수	printf() scanf() fopen() fclose()	화면에 내용을 형식에 맞게 출력 사용자에게 입력을 받아 저장 외부 파일을 엶 외부 파일을 닫음
〈stdlib.h〉	유틸리티 함수	malloc() free() atoi() rand() exit()	동적 메모리를 할당 동적 메모리를 해제 문자열을 정수로 변환 난수를 생성 프로그램을 종료
〈string.h〉	문자열 처리 함수	strcpy() strcat() strlen() strcmp()	문자열을 복사 문자열을 연결 문자열의 길이를 반환 두 문자열의 아스키코드 값을 비교
〈math.h〉	수학 함수	sqrt() pow() sin() cos() abs()	제곱근을 계산하여 반환 거듭제곱을 계산하여 반환 사인값을 계산하여 반환 코사인값을 계산하여 반환 절댓값을 계산하여 반환

2 사용자 정의 라이브러리

사용자 정의 라이브러리는 필요한 기능을 사용자가 직접 구현한 라이브러리입니다. 간단한 정적 라이브러리를 만들어 보겠습니다.

❶ Visual Studio를 실행하고 '새 프로젝트를 만들기'를 선택합니다.

❷ 스크롤을 아래로 내려 '정적 라이브러리'를 선택하고 [다음]을 클릭합니다.

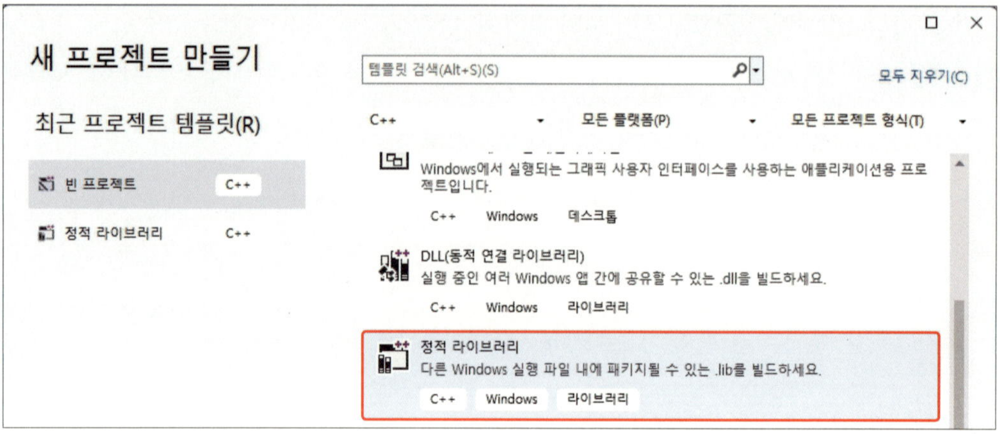

❸ 프로젝트 이름을 'static_lib'으로 지정하고 [만들기]를 클릭합니다.

❹ '솔루션 탐색기'에서 '소스 파일'에 마우스 오른쪽 버튼을 클릭하고 '추가 〉 새 항목'을 선택합니다.

❺ 항목 이름을 'math.c'로 입력합니다.

❻ math.c에 다음 코드를 입력하고 저장합니다.

```
int add(int a, int b) {
    return a + b;
}

int subtract(int a, int b) {
    return a - b;
}

int multiply(int a, int b) {
    return a * b;
}

int divide(int a, int b) {
    return a / b;
}
```

기본적으로 프로젝트에는 'pch.cpp', 'static_lib.cpp'처럼 미리 컴파일된 헤더 파일들이 포함되어 있는데 이 라이브러리에는 필요하지 않으므로 삭제하겠습니다.

❼ 왼쪽 '솔루션 탐색기'의 static_lib 프로젝트에서 마우스 오른쪽 버튼을 클릭하고 '속성'을 선택합니다. 'static_lib 속성 페이지'에서 '구성 속성 〉 C/C++ 〉 미리 컴파일된 헤더'를 선택한 후에 '미리 컴파일된 헤더'의 속성을 더블클릭하여 '미리 컴파일된 헤더 사용 안 함'으로 수정하고 [확인]을 클릭합니다.

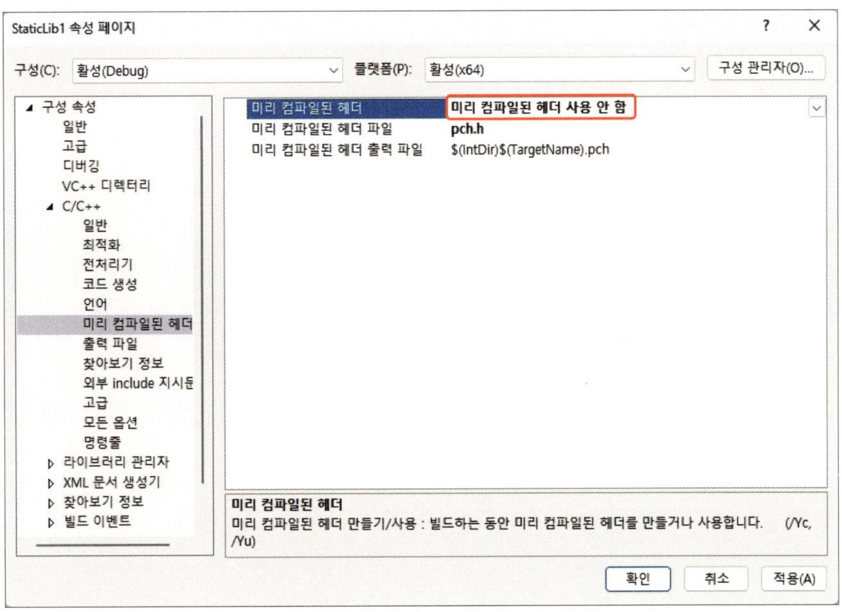

❽ 사용하지 않는 pch.cpp, static_lib.cpp는 솔루션 탐색기에서 각각 마우스 오른쪽 버튼을 클릭하여 '제거 〉 삭제'를 선택하여 없앱니다.

❾ '빌드' 메뉴에서 '솔루션 빌드'를 선택하거나 Ctrl + Shift + B를 클릭하여 정적 라이브러리를 빌드합니다.

❿ 작업 폴더(.\static_lib\x64\Debug)에 static_lib.lib 파일이 생성된 것을 확인합니다.

이제 사용자 라이브러리를 사용해 보겠습니다.

❶ Visual Studio에서 '새 프로젝트를 만들기'를 누르고 '빈 프로젝트'를 선택 후 [다음] 버튼을 클릭합니다.

❷ 프로젝트 이름을 'calculator'로 지정하고, 위치가 static_lib 프로젝트를 생성한 곳과 같은지 확인한 후에 [만들기] 버튼을 누릅니다.

❸ '솔루션 탐색기'의 '소스 파일'에서 마우스 오른쪽 버튼을 클릭하고 [추가] 〉 [새 항목]을 클릭합니다.

❹ 파일 이름으로 'main.c'를 입력하고 [추가] 버튼을 누릅니다.

❺ 다음 코드를 입력합니다.

```
#include <stdio.h>

int add(int, int);   // 라이브러리에 있는 함수 선언

int main() {
    int result = add(3, 4);
    printf("3 + 4 = %d\n", result);   "3+4=(add(3, 4)의 결과)" 출력
    return 0;
}
```

앞에서 설명한 대로 라이브러리는 헤더 파일을 이용해 사용할 수 있지만, Visual Studio에서는 '추가 종속성' 설정으로 더 간단히 기능을 구현할 수 있습니다.

❻ 솔루션 탐색기에서 프로젝트 이름 calculator를 선택하고 마우스 오른쪽 버튼을 클릭하여 '속성'을 선택합니다.

❼ '구성 속성 〉 링커 〉 입력'을 선택하고 '추가 종속성'에서 〈편집...〉을 클릭합니다.

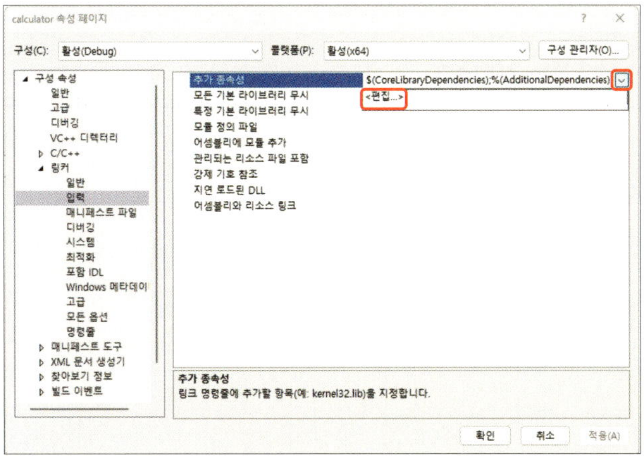

❽ 경로를 포함하여 라이브러리 파일명을 입력합니다. 입력할 때는 상대 경로나 절대 경로 모두 가능합니다.

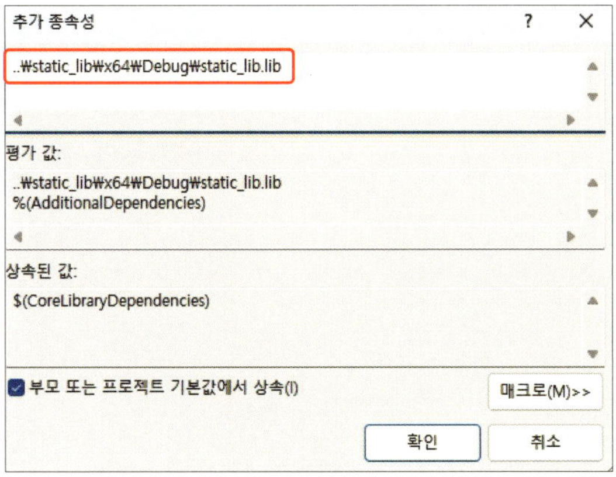

❾ [확인] 버튼을 클릭하여 변경 사항을 저장하고, 다시 [확인]을 눌러 설정 창을 닫습니다.

❿ '빌드' 메뉴에서 '솔루션 빌드'를 선택하거나 Ctrl + Shift + B를 클릭하여 calculator 프로젝트를 빌드합니다. 빌드가 완료되면 calculator\x64\Debug 위치에 calculator.exe가 생성됩니다.

⓫ Ctrl + F5 또는 '디버그' 메뉴의 '디버그하지 않고 시작'을 클릭하면 실행 파일이 실행되면서 출력 결과를 확인할 수 있습니다.

실행 결과	3 + 4 = 7

2 파이썬 라이브러리

1 표준 라이브러리

표준 라이브러리는 파이썬에서 기본적으로 제공되는 모듈과 패키지의 집합입니다. 표준 라이브러리에 포함된 모듈을 내장 모듈이라고 합니다. 대표적인 내장 모듈에는 os, math, random, datetime 등이 있으며, 전체 모듈 목록은 파이썬 공식 문서(https://docs.python.org/3/library/index.html)에서 확인할 수 있습니다.

os 모듈은 운영 체제에 접근하여 파일을 복사하거나 디렉터리 내의 목록을 확인하는 등의 기능을 합니다.

```
import os

print(f"현재 작업 디렉토리: {os.getcwd()}")    # 현재 작업 디렉토리 확인과 출력
os.mkdir('새 폴더')                            # 새 디렉토리 만들기
print(os.listdir('새 폴더'))                   # 디렉토리 내 파일 목록 출력
os.rmdir('새 폴더')                            # 디렉토리 제거
```

math 모듈은 로그 연산, 원주율 반환, 최대 공약수 계산 등 수학과 관련된 다양한 기능을 제공합니다.

```
import math

# 제곱근 계산
print(math.sqrt(16))         #4.0 출력
# 팩토리얼 계산
print(math.factorial(10))    #3628800 출력
```

random 모듈은 지정한 범위 내에서 무작위로 숫자를 생성하는 기능을 제공합니다.

```
import random

# 0부터 1 사이의 임의의 실수 생성
print(random.random())             #0.7093993715899327 출력
# 1부터 10 사이의 임의의 정수 생성
print(random.randint(1, 10))       #8 출력
# 리스트에서 임의의 요소 선택
fruits = ['apple', 'banana', 'cherry']
print(random.choice(fruits))       #cherry 출력
```

datetime 모듈은 날짜와 시간을 반환하는 기능을 제공합니다.

```
from datetime import datetime

print("현재 날짜와 시간:", datetime.now())     # 현재 날짜와 시간 출력
print("현재 날짜:", datetime.now().date())    # 현재 날짜 출력
```

2 외부 라이브러리

표준 라이브러리 외에도 외부 개발자나 조직에서 만든 외부 라이브러리(Third-Party Libraries)가 있습니다. 외부 라이브러리는 일반적으로 pip 명령어로 설치해 사용할 수 있습니다.

pip(Pip Installs Packages)는 온라인 저장소인 파이썬 패키지 인덱스(PyPI, Python Package Index)에서 패키지를 다운로드하여 설치하는 파이썬 패키지 관리자(Python package installer)입니다. 파이썬 패키지와 라이브러리를 설치하고 관리하는 데 사용됩니다.

pip의 주요 명령 옵션은 다음과 같습니다.

```
# 기본 형식
pip install 패키지명

# 설치 삭제
pip uninstall 패키지명

# 패키지 업데이트
pip install -upgrade 패키지명

# 설치한 패키지 리스트 보기
pip list
```

외부 라이브러리는 수시로 업데이트되면서 버전이 달라지는 경우가 많은데, 업데이트된 버전이 기존 버전과 호환되지 않아 에러가 발생할 수 있습니다. 이를 해결하기 위해서 라이브러리를 설치할 때는 가상 환경을 만들어 설치하는 것이 좋습니다.

가상 환경이란 다른 프로젝트의 간섭을 받지 않는 독립적인 공간을 말합니다. 가상 환경 없이 파이썬에 직접 패키지를 설치하면 나중에 다른 버전의 패키지를 설치할 때 충돌이 발생할 수 있습니다. 그러나 가상 환경을 만들면 가상 환경마다 다른 버전의 패키지를 적용할 수 있습니다.

라이브러리 설치를 위한 가상 환경을 만들어 보겠습니다.

❶ C 드라이브에 first_coding 폴더를 생성하고 VS Code에서 '파일 > 폴더 열기'로 엽니다.
❷ 터미널 탭을 열고, venv 모듈을 사용하여 'my_lib'이라는 가상 환경을 만듭니다.

```
PS C:\first_coding> py -m venv my_lib
```

❸ Windows 사용자는 my_lib\Scripts 디렉터리로 이동하여 'activate'를 실행합니다.

```
PS C:\first_coding> cd my_lib\Scripts
PS C:\first_coding\my_lib\Scripts> activate
```

macOS 이용자는 source my_lib/bin/activate 명령어를 입력합니다. 만약 오류가 난다면 '.\activate'를 입력합니다.

```
PS C:\first_coding\my_lib\Scripts> .\activate
```

❹ 앞에 (my_lib)과 같이 가상 환경 이름이 나오면 가상 환경으로 진입한 것입니다.

```
(my_lib) PS C:\first_coding\my_lib\Scripts>
```

가상 환경에서 나오고 싶을 때는 'deactivate'를 입력하면 됩니다.

그럼 pip를 이용해서 간단한 외부 라이브러리를 설치해 보겠습니다. 설치할 라이브러리는 PyFiglet으로 텍스트를 아스키 아트로 변환하는 라이브러리입니다.

❶ 터미널의 가상 환경에서 라이브러리를 설치합니다.

```
(my_lib) PS C:\first_coding\my_lib\Scripts> pip install pyfiglet
```

❷ my_pf.py 파일을 생성합니다.
❸ my_pf.py에 다음과 같이 코드를 입력한 후 저장해서 실행하면 터미널에서 결과를 확인할 수 있습니다.

```
import pyfiglet    #PyFiglet 라이브러리를 import합니다.

#PyFiglet 라이브러리에 있는 'figlet_format' 함수를 사용해 'Hello World'를 ASCII 아트로 변환하여 'ascii_art' 변수에 저장합니다.
ascii_art = pyfiglet.figlet_format('Hello World!')
print(ascii_art)
```

실행 결과	

3 자바 표준 라이브러리

자바 표준 라이브러리(Java Standard Library)에는 Java Development Kit(JDK)에 포함된 패키지들이 있어서 데이터 구조, 파일 입출력, 네트워크 프로그래밍, 멀티스레딩 등 기본적이고 필수적인 기능을 제공합니다.

자바 API(Application Programming Interface) **도큐먼트**는 자바 공식 웹사이트에서 제공하는 문서로 자바의 표준 라이브러리를 이해하고 사용할 수 있도록 지원해 주는 자료입니다. 예를 들어 JDK 21버전의 표준 라이브러리에 대한 문서는 다음 주소에서 살펴볼 수 있습니다.

https://docs.oracle.com/en/java/javase/21/docs/api/index.html

이클립스에서는 알고 싶은 패키지, 클래스, 인터페이스 등에 마우스를 클릭하고 F1 키를 누르면 해당 API 도큐먼트 내용을 바로 볼 수 있습니다.

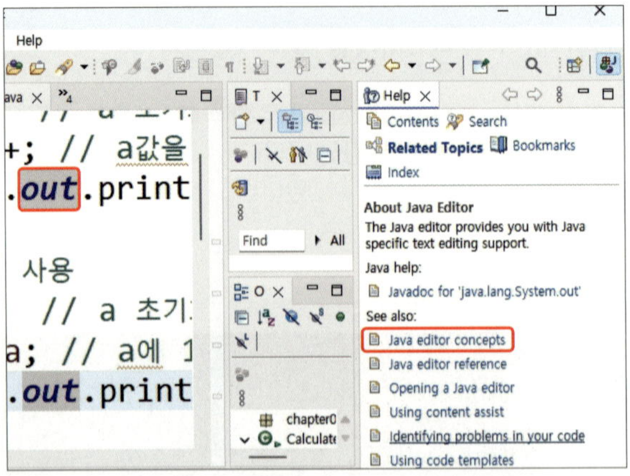

자바 표준 라이브러리의 주요 패키지는 다음과 같습니다.

주요 패키지	기능	주요 클래스	
		클래스 이름	기능 설명
java.lang	기본 Java 클래스	String Math System	문자열 작업 수학 연산 표준 입출력
java.util	컬렉션 프레임워크	Date Set Map	날짜 표현 집합 관련 작업 처리 키-값 쌍으로 데이터를 저장
java.io	파일 입출력 관련 클래스	File InputStream OutputStream	파일을 읽고 쓰는 작업 처리 바이트 단위로 데이터를 입력 바이트 단위로 데이터를 출력
java.net	네트워크 프로그래밍 관련 클래스	URL Socket	웹 주소 표현 클라이언트와 서버 간 통신

java.lang 패키지의 String 클래스를 사용해 보겠습니다.

String 클래스는 자바에서 문자열을 다루기 위한 기본 기능을 제공합니다. 이 클래스에는 length(), substring(), indexOf(), replace(), toUpperCase() 등의 문자열 처리에 유용한 메소드가 포함되어 있습니다.

클래스를 하나 만듭니다. 여기서는 Chapter04 프로젝트, lesson08 패키지를 생성한 후에 src에 StringCode.java 클래스를 생성했습니다.

index	0	1	2	3	4	5	6	7	8	9	10	11	12
string	H	e	l	l	o	,		W	o	r	l	d	!

```
package lesson08;

public class StringCode {

public static void main(String[] args) {
  String greeting = "Hello, World!";

  System.out.println("문자열 길이: " + greeting.length());
```

leng() 메소드는 문자열의 길이(문자)의 수를 반환합니다.

실행 결과 **문자열 길이: 13**

```
  String sub = greeting.substring(0, 4);

  System.out.println("부분 문자열: " + sub);
```

substring(시작 index, 끝 index) 메소드는 문자열의 index에서 '시작 index 해당 값'부터 '(끝 index –1)의 해당 값'까지 문자열을 추출합니다.

실행 결과 **부분 문자열:** Hell

```
  int index = greeting.indexOf("World");
  System.out.println("World의 위치: " + index);
```

indexOf(문자열) 메소드는 전체 문자열에서 문자열이 시작되는 index를 반환합니다.
문자열을 찾을 수 없으면 –1을 반환합니다.

실행 결과 World의 위치: 7

```
  String replaced = greeting.replace("World", "Java");
  System.out.println("대체된 문자열: " + replaced);
```

replace(처음 문자열, 새 문자열) 메소드는 처음 문자열을 찾아 새 문자열로 대체한 문자열을 새롭게 생성하여 반환합니다.

실행 결과 **대체된 문자열:** Hello, Java

```
  System.out.println("대문자로 변환: " + greeting.toUpperCase());
```

toUpperCase() 메소드는 문자열을 모두 대문자로 바꾼 새 문자열을 생성합니다.
반대로 모두 소문자로 바꾼 새 문자열을 생성할 땐 toLowerCase() 메소드를 사용합니다.

실행 결과 **대문자로 변환:** HELLO, WORLD!

```
  }
}
```

4 자바스크립트 표준 라이브러리

자바스크립트 표준 라이브러리는 객체와 함수들로 구성되어 있으며, 데이터 처리와 웹 개발 작업에 필요한 기능을 제공합니다. 주요 라이브러리 객체는 다음과 같습니다.

라이브러리 객체	기능	주요 클래스	
		함수명	설명
Array	배열 요소 관리	push() pop() map() filter() reduce()	요소를 배열 마지막에 추가 배열의 마지막 요소 제거 함수를 적용한 배열 생성 조건에 맞는 요소로 배열 생성 배열 요소의 누적 값 반환
String	문자열 관리	substring() indexOf() split()	문자열의 일부를 추출 문자열의 위치 반환 문자열을 배열로 반환
Math	수학 연산	sqrt() max() random()	제곱근 계산 주어진 숫자 중 최댓값 반환 0과 1 사이의 난수 생성
Date	날짜와 시간 처리	getFullYear() getTime() setDate()	연도 반환 1970년부터 경과한 밀리초 반환 날짜 설정

Array 객체 사용 예시입니다.

```
const numbers = [1, 2, 3, 4, 5];
```

index	0	1	2	3	4
numbers	1	2	3	4	5

```
const squared = numbers.map(num => num * num);
console.log("제곱된 배열:", squared);
```

map()은 배열의 모든 요소에 함수의 내용대로 제곱을 적용한 새 배열을 만듭니다.

실행 결과 **제곱된 배열:** [1, 4, 9, 16, 25]

```
const evenNumbers = numbers.filter(num => num % 2 === 0);
console.log("짝수만 추출:", evenNumbers); // 출력: [2, 4]
```

filter()는 함수의 조건인 2로 나누어 떨어지는 수, 즉 짝수만을 요소로 하는 배열을 생성합니다.

실행 결과 **짝수만 추출:** [2, 4]

```
const sum = numbers.reduce((total, num) => total + num, 0);
console.log("배열 요소의 합:", sum); // 출력: 15
```

reduce(total, num)은 total의 초깃값을 0으로 하고 num에 0번째 요소부터 대입해서 누적 값을 total에 저장합니다.

실행 결과 **배열 요소의 합:** 15

읽을 거리 왜 "Hello World!"일까?

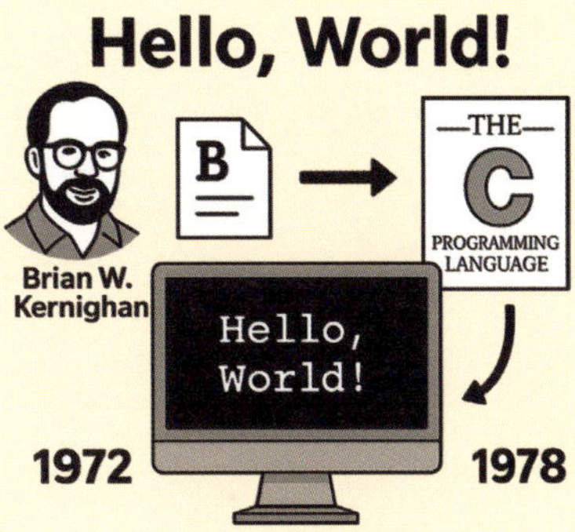

프로그래밍 입문자들이 가장 먼저 작성하는 "Hello, World!" 출력 프로그램은 단순한 출력 예제를 넘어, 소프트웨어 개발 교육에서 상징적인 전통으로 자리 잡아 왔습니다. 그 기원은 1970년대 초 벨 연구소(Bell Labs)로 거슬러 올라갑니다.

브라이언 커니핸(Brian W. Kernighan)은 1972년경 B 언어를 소개하는 문서에서 처음으로 "hello, world"를 출력하는 예제를 사용했습니다. 이 코드는 이후 커니핸과 대니스 리치(Dennis M. Ritchie)가 1978년에 출간한 『The C Programming Language』이라는 교재에 수록되면서 다양한 언어의 입문 예제에서 "Hello, World!"가 도입되기 시작했습니다.

"Hello, World!" 문구를 선택한 명확한 동기는 전해지지 않지만, 커니핸은 그저 단순하고 직관적인 예시를 찾은 결과였다고 밝힌 바 있습니다. 하지만, 이 예제가 널리 활용되는 데에는 교육적으로 명확한 이유가 있습니다. 이 간단한 코드를 작성하면서 프로그램을 작성하고 컴파일을 거쳐 실제 출력이 이루어지는 일련의 실행 과정을 가장 단순한 형태로 체험할 수 있기 때문입니다. 또한 문법 구조를 확인하고 개발 환경 설정이 올바르게 구성되었는지 검증하는 기능 테스트도 동시에 수행할 수 있습니다. 이러한 효율성 때문에 다양한 프로그래밍 언어 교재와 교육 현장에서 첫 실습으로 "Hello, World!" 출력 프로그램을 선택합니다.

"Hello, World!"는 프로그래밍이라는 새로운 세계에 들어서는 입문자의 심리적 장벽을 낮춰주는 효과도 있습니다. 짧은 코드 한 줄을 작성하면서 개발자로서의 첫 성공을 체감하게 하기 때문입니다. 그래서 언어가 달라도, 개발자들은 "Hello, World!"라는 동일한 시작 경험을 공유하고 있습니다.

오늘날에는 대다수 언어에서 한 줄로 매우 간단하게 "Hello, World!"를 출력할 수 있지만, 이 안에는 프로그래밍 언어의 발전 역사와 수많은 개발자의 첫 성취 경험이 응축되어 있습니다. 따라서 "Hello, World!" 프로그램은 단순한 출력 연습을 넘어, 컴퓨터 과학 전반에서 의미 있는 상징물이라고 말할 수 있습니다.

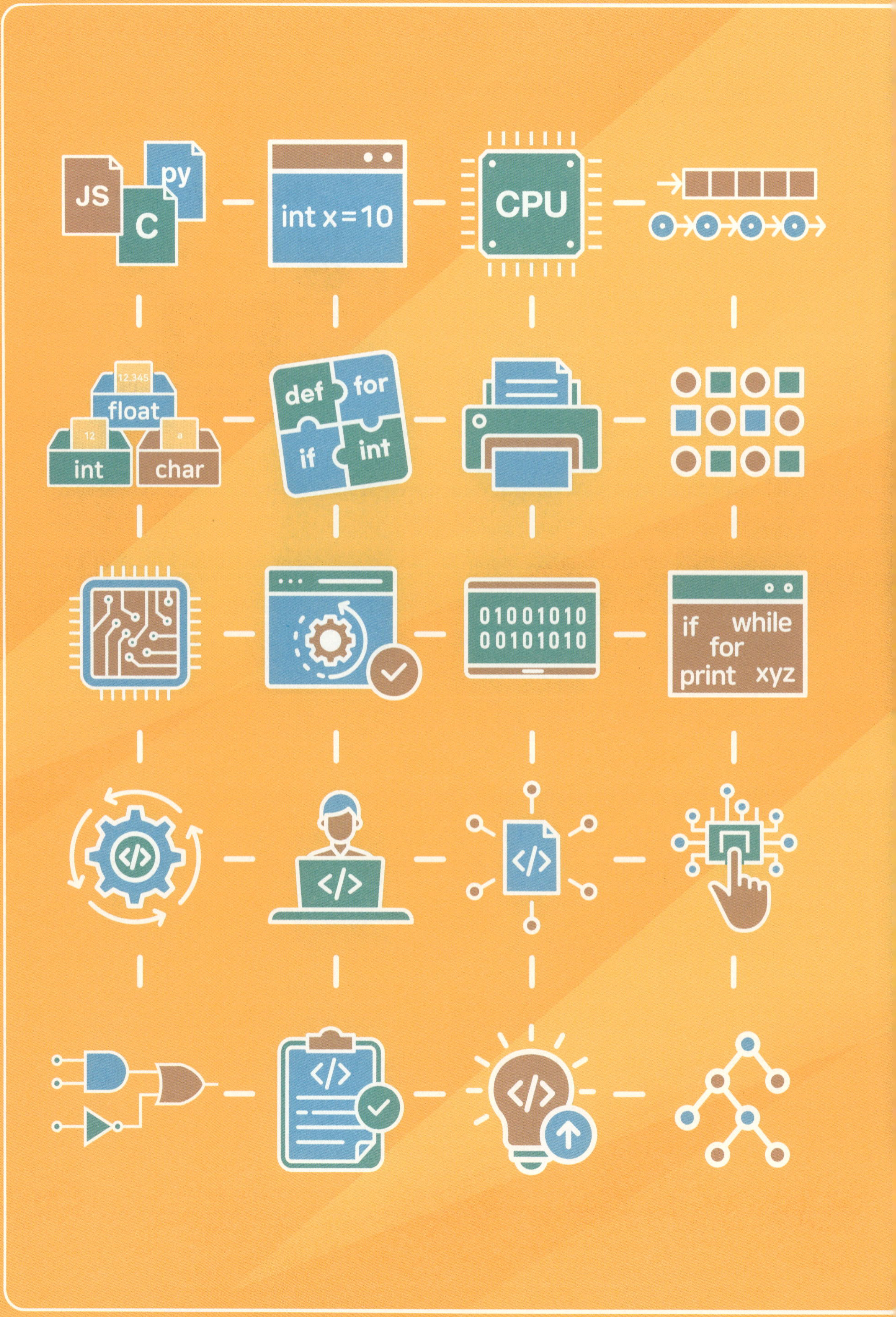
JS
py
C
int x=10
CPU
12.345
float
12
int
a
char
def
for
if
int
01001010
00101010
if while
for
print xyz

Chapter

5

알고리즘과 코딩

Lesson 1 알고리즘의 개요

Lesson 2 정렬 알고리즘의 구현

Lesson 3 탐색 알고리즘의 구현

Lesson 4 핵심 알고리즘의 구현

Lesson 1

알고리즘의 개요

POINT

알고리즘은 문제 해결을 위한 단계적인 안내이므로, 마치 목적지까지 길을 안내해 주는 내비게이션과 같습니다. 알고리즘의 의미와 표기 방법, 종류에 대해서 알아보고, 좋은 알고리즘은 어떻게 만들어지는지 생각해 봅시다.

1 알고리즘이란?

알고리즘(Algorithm)이란 효율적으로 문제를 해결하기 위한 방법과 절차를 말합니다. 일상 생활에서도 알고리즘은 쉽게 찾아볼 수 있는데, 요리 레시피, 위급 시 행동 요령, 전자제품 설명서 등은 어떤 목표를 달성하기 위해 따라야 할 단계적인 절차라는 점에서 알고리즘의 좋은 예가 됩니다.

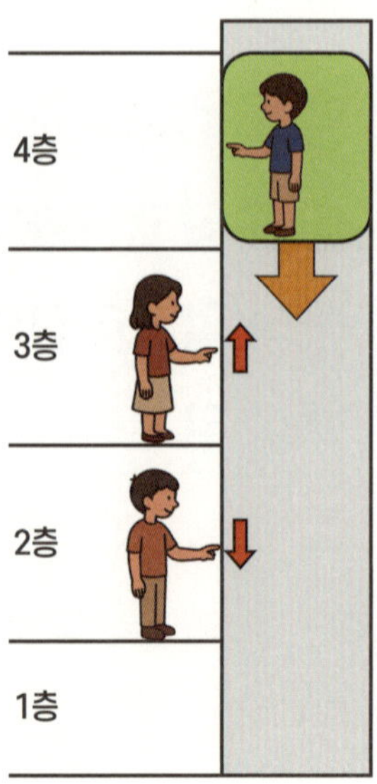

엘리베이터가 4층에서 1층으로 내려가는 도중
3층에서 올라가는 버튼을 누르고
2층에서 내려가는 버튼을 누른 경우

❶ 2층에서 선다.
❷ 1층에서 선다.
❸ 3층에서 선다.

▲ 엘리베이터 알고리즘

자판기에서 음료수를 구입하는 경우

❶ 돈을 넣는다.
❷ 음료수 선택 버튼을 누른다.
❸ 돈이 음료수 값보다 클 경우:
거스름돈과 음료수를 받는다.
돈이 음료수 값과 같을 경우:
음료수를 받는다.
돈이 음료수 값과 적을 경우:
돈을 더 투입해야 한다.

▲ 자판기 알고리즘

유명한 알고리즘 문제 중에는 다음과 같은 것이 있습니다.

> 칠흑 같은 밤, A, B, C, D 네 명이 산을 넘다가 출렁다리를 만났다.
> 이 다리는 매우 좁고, 약해서 한 번에 두 명만 건너갈 수 있다.
> 게다가 너무 어두워서 손전등 없이는 다리를 건널 수 없는데, 손전등은 단 하나뿐이었다.
>
> 
>
> 각 사람이 다리를 건너는 데 걸리는 시간은 A가 1분, B가 2분, C가 5분, D가 10분이다.
> 이들은 두 명씩 다리를 건너기로 했고, 손전등이 하나이므로 건넌 사람 중 한 명이 되돌아와 손전등을 넘겨주기로 했다.
> 어떤 순서로 이동해야 네 사람이 모두 가장 짧은 시간 안에 다리를 건널 수 있을까?

이 문제를 해결할 때, 보통은 가장 빠른 A를 이용하려고 합니다. A가 혼자 왕복하면서 손전등을 들고 자기보다 느린 사람들을 한 명씩 옮겨주는 방식입니다. 그렇게 하면 모두가 다리를 건너는 데 19분이 걸립니다.

	갈 때	올 때	갈 때	올 때	갈 때	
사람	A, B	A	A, C	A	A, D	총 소요 시간 (19)분
소요 시간	2분	1분	5분	1분	10분	

하지만 가장 빠른 A 대신 느린 C와 D를 고려하면 더 빨리 통과할 수 있습니다. 왜냐하면 C와 D가 각각 다른 사람과 다리를 건너면 무조건 15분(5분+10분) 이상이 걸리지만 이 둘이 함께 건넌다면 느린 쪽 기준인 10분만 소요되기 때문입니다.

	갈 때	올 때	갈 때	올 때	갈 때	총 소요 시간 (17)분
사람	A, B	A	C, D	B	A, B	
소요 시간	2분	1분	10분	2분	2분	

이와 같이 같은 문제라도 어떤 알고리즘을 선택하느냐에 따라 걸리는 시간이 달라질 수 있습니다. 그래서 프로그래밍 언어를 배우기 전에 효율적인 알고리즘을 설계하는 능력을 기르는 것이 매우 중요합니다.

2 알고리즘의 조건

알고리즘이 성립하기 위해서는 다음과 같은 조건을 만족해야 합니다.

1 입력(Input)

알고리즘은 필요한 값을 외부에서 입력받아야 작동합니다. 요리에 식재료가 필요하고, 수학 방정식에 x, y와 같은 값이 필요한 것과 같습니다. 컴퓨터 알고리즘에서도 대부분의 경우 하나 이상의 입력값이 있어야 합니다.

2 출력(Output)

알고리즘은 입력값을 처리한 결과를 최소한 하나 이상 출력해야 합니다. 요리에 재료를 넣었다면 음식이 하나라도 나와야 하는 것처럼, 알고리즘도 작업 결과를 출력해야 의미가 있습니다.

3 명확성(Definiteness)

알고리즘의 각 단계는 논리적으로 정확하고 모호하지 않아야 합니다. 요리법에서 각 재료의 양이나 조리 시간을 명확히 알려주는 것과 같이, 알고리즘 내의 명령어들도 누구나 이해할 수 있을 만큼 명확해야 합니다. 만약 명령어가 모호하다면 오류가 발생하여 의도한 대로 작동하지 않을 수 있습니다.

4 유한성

알고리즘은 반드시 한정된 단계 안에서 종료되어야 합니다. 무한 반복 없이 결과를 도출하고 종료하는 구조여야 합니다. 요리든 코딩이든 끝이 있어야 한다는 뜻입니다.

$$2 + 3 = 5 \rightarrow \text{끝!}$$

5 수행 가능성

알고리즘에 포함된 모든 명령어는 실제로 실행할 수 있어야 합니다.

3 알고리즘의 표현

알고리즘의 표현 방법은 크게 네 가지로 나눌 수 있습니다. 입력된 수가 짝수인지 홀수인지 판단하는 알고리즘을 예로 들면 아래와 같습니다.

자연어

1. 사용자가 정수를 입력한다.
2. 입력한 정수가 2로 나누어 떨어지는지 확인한다.
3. 나누어 떨어지면 '짝수'를 출력한다.
4. 그렇지 않으면 '홀수'를 출력한다.

- **의미** 일상생활에서 쓰는 말로 설명하는 방법
- **장점** 누구나 쉽게 표현 가능
- **단점** 전문적이고 복잡한 알고리즘을 설명하는 데에 한계가 있음

프로그래밍 언어

```
num = int(input("정수를 입력하세요: "))
if num % 2 == 0:
    print("짝수")
else:
    print("홀수")
```

- **의미** 프로그래밍 언어로 알고리즘 작동 과정을 구현하는 방법
- **장점** 프로그래머에게 명확하게 전달 가능
- **단점** 사용할 수 있는 사람이 제한적이고, 시간이 오래 걸림

의사 코드 (pseudo code)

```
num ← 정수 입력
만약 num을 2로 나눈 나머지가 0이라면
    "짝수" 출력
아니면
    "홀수" 출력
```

- **의미** 프로그래밍 언어와 유사하게 만든 가상 코드로 설명하는 방법
- **장점** 알고리즘을 간결하고 명확하게 표현할 수 있고, 프로그래밍 언어로 변환이 비교적 쉬움
- **단점** 프로그래밍 언어를 전혀 모르는 사람은 이해하기 어려움

마지막으로 순서도를 이용하는 방법이 있습니다. 순서도는 미리 정의된 도형과 흐름선을 사용하여 알고리즘을 시각적으로 표현하는 방법입니다. 순서도는 자연어보다 알고리즘을 더 직관적이고 명확하게 이해할 수 있어서 프로그램으로 변환하기도 쉽습니다.

기호	명칭	의미
	단말 기호	알고리즘의 시작, 끝
	처리 기호	연산 등의 처리
	판단 기호	true, false 선택
	자료 입출력	데이터 입출력
	흐름선	명령어 실행 순서

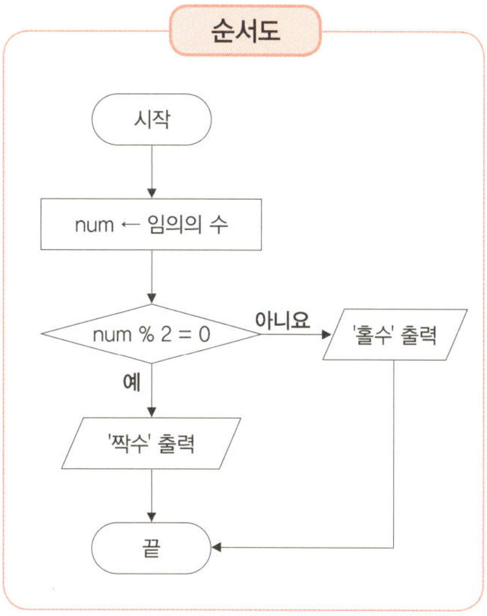

4 빅오 표기법과 시간 복잡도

좋은 알고리즘은 효율성이 뛰어나야 합니다. 알고리즘의 효율성이 좋다는 것은 앞서 설명한 것처럼 작업을 수행하는 데 걸리는 시간이 적다는 뜻도 있지만, 메모리 공간을 적게 차지한다는 의미도 있습니다. 하지만 오늘날에는 하드웨어의 발달로 메모리에 대한 비용이 줄어들면서 공간보다 시간의 효율성이 더 중요하게 여겨지고 있습니다. 입력한 값에 따라 알고리즘이 얼마나 빠르게 실행되는지를 나타내는 척도를 **시간 복잡도**(time complexity)라고 합니다.

▲ 시간 복잡도

그렇다면 컴퓨터의 성능도 제각각이고 알고리즘도 매우 다양한데, 수행 시간을 어떻게 계산할 수 있을까요? 물론 모든 알고리즘의 수행 시간을 완벽하게 계산할 수는 없습니다. 하지만 연산의 횟수를 기준으로 대략적인 수행 시간을 계산해서 비슷한 시간 복잡도를 가진 알고리즘끼리 분류할 수 있습니다.

첫째, 데이터 개수가 n개일 때, n에 상관없이 상수 시간만큼 연산을 수행하는 경우, 소요 시간은 거의 일정합니다.

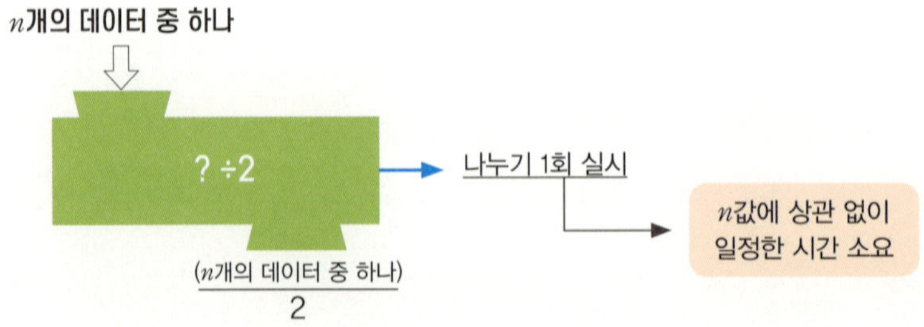

둘째, 데이터 개수가 n개일 때, 연산을 n번 반복하는 경우, 소요 시간은 n에 비례하게 됩니다.

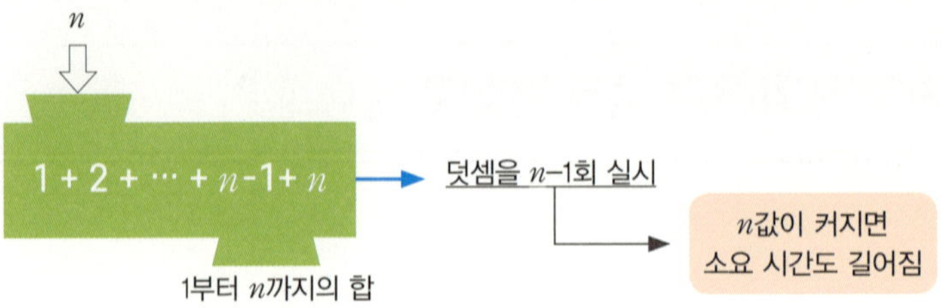

셋째, 데이터 개수가 n개일 때, 연산을 n^2번 반복하는 경우, 실행 시간은 n^2에 비례하게 됩니다.

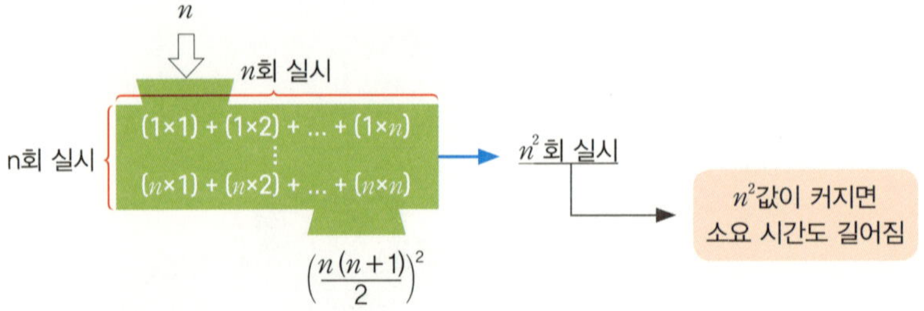

이처럼 입력값이 커짐에 따라 소요 시간이 어떻게 증가하는지를 표현하는 방법을 **점근적 표기법**(Asymptotic Notation)이라고 합니다.

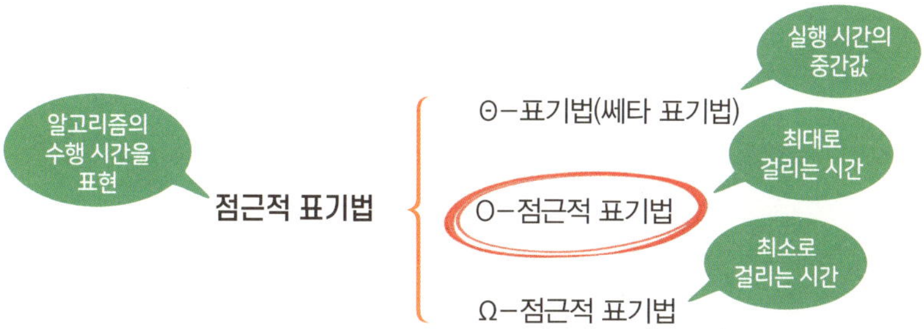

알고리즘의 시간 효율성을 평가할 때는 가장 오래 걸리는 경우, 즉 최악의 실행 시간이 중요합니다. 점근적 표기법 중에서도 이러한 상한선을 나타내는 O-표기법, 그중에서도 **빅오**(Big-O) 표기법이 알고리즘의 시간 복잡도를 표현하는 데 가장 널리 사용됩니다.

▲ 빅오 표기법의 표기

그렇다면 실행 시간이 n, $\log n$, n^2처럼 단순하지 않고, $3n^2+20n+5$처럼 복잡할 경우는 어떻게 할까요? 이때는 차수가 가장 높은 항이 소요 시간에 가장 큰 영향을 미치므로 n^2만 남기고, 나머지는 모두 생략하여 $O(n^2)$으로 표기합니다. 즉 시간 복잡도는 입력 값이 커질수록 소요 시간에 가장 큰 영향을 주는 항을 기준으로 표현하는 것입니다.

▲ 시간 복잡도의 표현 방법

▲ 빅오 표기법의 의미

5 알고리즘의 코드 구현

알고리즘을 실제 코드로 구현하려면 적절한 프로그래밍 언어를 선택한 후, 의사 코드나 순서도를 바탕으로 코드를 작성해야 합니다. 코드 작성 후에는 디버깅을 통해 오류를 찾아내어 수정하고, 정상적으로 작동하는지 확인합니다. 알고리즘이 올바르게 구현되면 더 효율적인 방법이 있는지 고려하며 성능을 최적화하고, 유지보수를 쉽게 하기 위해 주석을 달거나 코드를 이해하기 쉽게 정리하여 저장합니다.

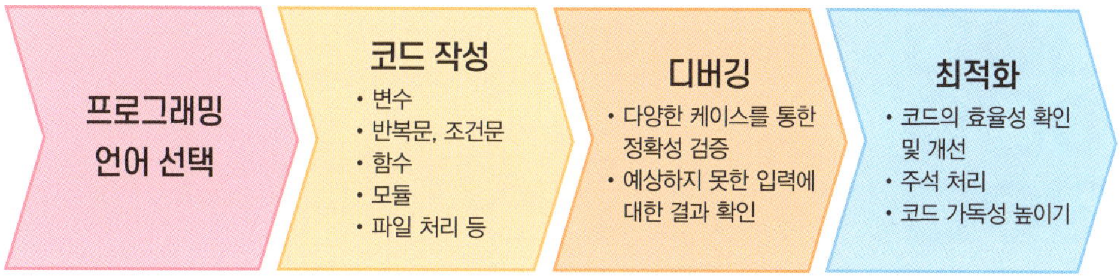

▲ 프로그램 개발 단계별 주요 활동

Python Tutor는 2010년에 필립 귀(Philip Guo)가 만든 온라인 프로그램 시각화 도구로, 코딩을 배우는 사람들이 코드가 어떻게 실행되는지 단계별로 이해하는 데 매우 유용합니다. Python Tutor는 C, C++, 파이썬, 자바, 자바스크립트 등의 언어를 지원하며, 코드를 한 줄씩 실행하면서 단계별 변수와 메모리 상태가 어떻게 변하는지 시각적으로 보여줍니다.

❶ 파이썬 튜터 사이트에 접속합니다(https://pythontutor.com/).

❷ 첫 화면에서 사용할 프로그래밍 언어를 선택합니다.

❸ 화면 중앙에 있는 코드 입력 창에 코드를 입력하고 [Visualize Execution] 버튼을 클릭합니다.

❹ [Next], [Prev] 버튼을 클릭하거나 진행 바를 좌우로 움직이면 단계별로 코딩이 실행되는 과정을 볼 수 있습니다.

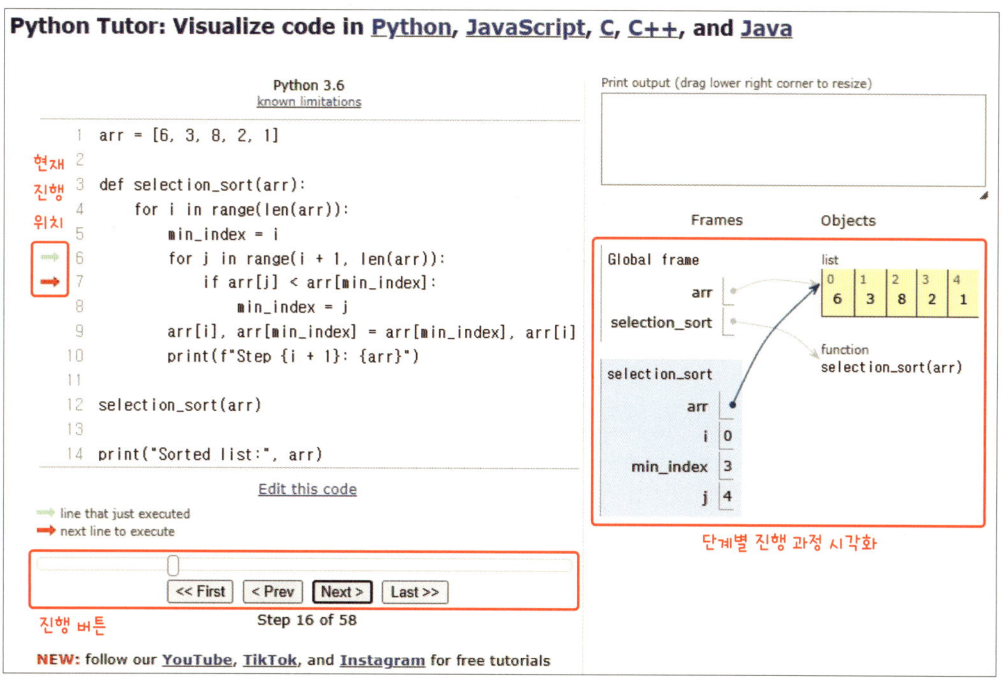

▲ 파이썬 튜터

Lesson 2
정렬 알고리즘의 구현

POINT 프로그래밍에서는 정렬 알고리즘이 얼마나 빠르게 동작하느냐에 따라 프로그램의 전체 성능이 달라지므로, 효율적인 정렬 방법을 선택하는 것이 매우 중요합니다.

1 선택 정렬 알고리즘

정렬(Sorting)은 여러 데이터를 정해진 순서대로 나열하는 작업입니다. 그중 **선택 정렬**(Selection Sort)은 원소의 크기를 비교해서 가장 작은(또는 가장 큰) 값을 차례대로 선택해 앞(또는 뒤)에 배치하는 정렬 알고리즘입니다.

아래와 같은 카드를 선택 정렬 알고리즘으로 정렬해 보겠습니다.

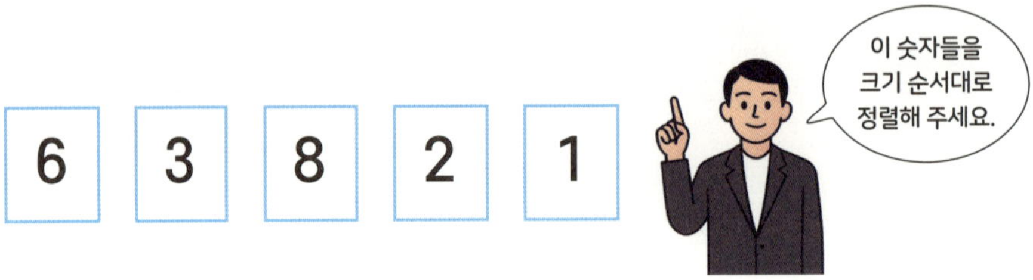

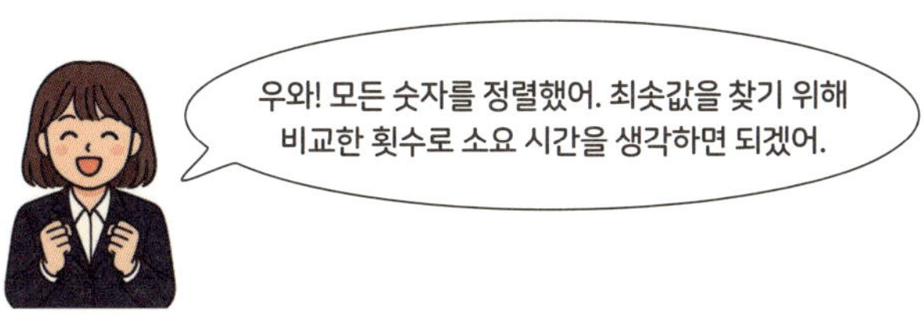

선택 정렬의 최대 소요 시간은 얼마일까요? 이 알고리즘에서 가장 많이 수행되어 소요 시간을 좌우하는 연산은 바로 최솟값을 비교하는 연산입니다. 만약 정렬할 데이터가 n개라면, 비교 횟수는 다음과 같이 계산합니다.

$$(n-1) + (n-2) + \cdots + 2 + 1 = \frac{n(n-1)}{2}$$

이 식에서 최고 차항만을 남기면 선택 정렬의 소요 시간은 $O(n^2)$이 되는 것을 알 수 있습니다.

파이썬 코드로 구현하기

```
arr = [6, 3, 8, 2, 1]                     # 정렬할 숫자로 arr 리스트를 초기화합니다.

def selection_sort(arr):                  # 선택 정렬 함수를 만듭니다. 매개변수로 arr을 받습니다.
    for i in range(len(arr)):             # 리스트 길이만큼 아래의 코드를 반복합니다.
        min_index = i                     # 최솟값 위치를 i는 리스트 맨 첫 번째 값입니다.
        for j in range(i + 1, len(arr)):  # 현재 i 위치에서 요소 끝까지 확인합니다.
            if arr[j] < arr[min_index]:   # 현재 i 위치 값보다 더 작은 수가 있으면
                min_index = j             # 그 수를 최솟값으로 다시 정합니다.
        arr[i], arr[min_index] = arr[min_index], arr[i]
        # 새로운 최솟값의 위치를 i 위치와 바꿉니다.
        # i 위치가 맨 앞이었으므로 새 최솟값이 맨 앞으로 옵니다.
        print(f"Step {i + 1}: {arr}")
        # 반복할 때마다 1회차부터 마지막 회차까지 결괏값을 출력합니다.

selection_sort(arr)                       # 선택 정렬 함수를 호출합니다.
print("Sorted list:", arr)                # 정렬이 완료된 리스트를 출력합니다.
```

② 결과 출력

① 함수 호출

실행 결과	Step 1: [1, 3, 8, 2, 6] Step 2: [1, 2, 8, 3, 6] Step 3: [1, 2, 3, 8, 6] Step 4: [1, 2, 3, 6, 8] Step 5: [1, 2, 3, 6, 8] Sorted list: [1, 2, 3, 6, 8]

2 버블 정렬 알고리즘

버블 정렬(Bubble Sort) 또는 거품 정렬은 거품이 볼록볼록 일어나는 것처럼 서로 인접한 두 원소끼리 비교해서 위치를 바꾸는 방식으로 정렬하는 방법입니다.

▲ 버블 정렬

[6, 3, 8, 2, 1]이라는 숫자가 나열되어 있다면 버블 정렬의 방법으로 다음과 같이 정렬할 수 있습니다.

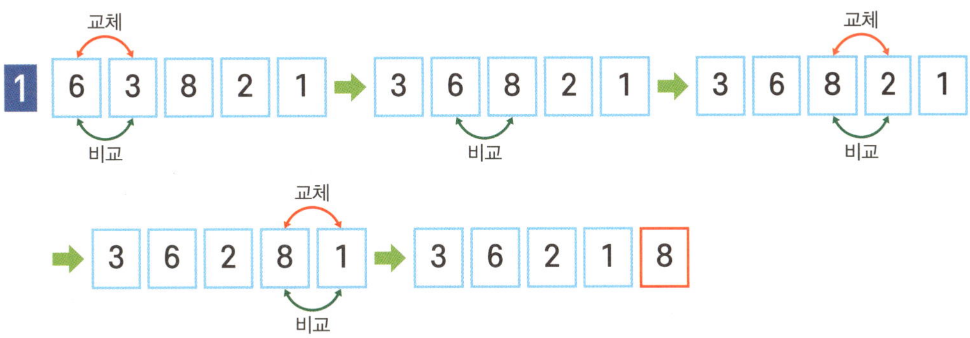

카드의 개수를 n이라고 할 때, 1회차의 비교 연산 횟수는 $n-1$입니다.

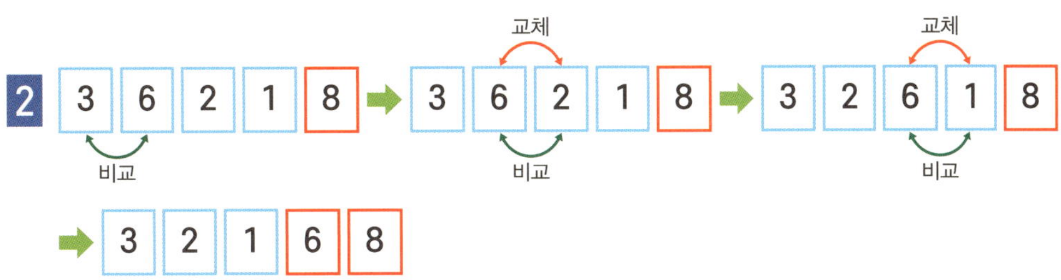

2회차의 비교 연산 횟수는 $n-2$입니다.

3회차의 비교 연산 횟수는 $n-3$입니다.

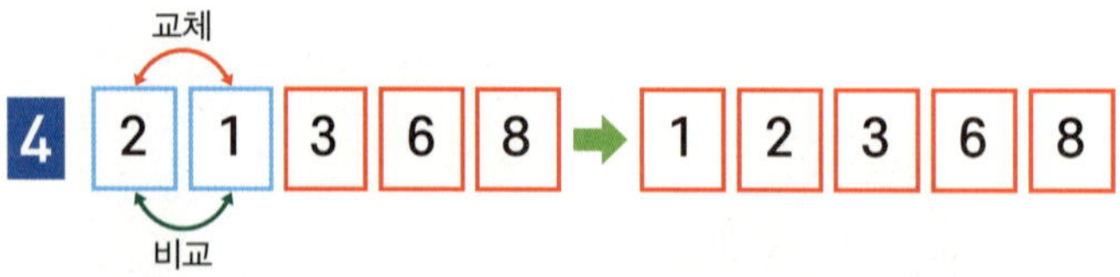

마지막 회차의 비교 연산 횟수는 1입니다.

따라서 버블 정렬에서 n개의 숫자를 정렬하려면 $(n-1) + (n-2) + \cdots + 2 + 1 = \frac{n(n-1)}{2}$ 번 비교 연산을 해야 하므로 시간 복잡도는 $O(n^2)$이 됩니다. 구현은 비교적 단순하지만, 비효율적인 방법임을 알 수 있습니다.

파이썬 코드로 구현하기

```
arr = [6, 3, 8, 2, 1]
def bubble_sort(arr):
    n = len(arr)
    for i in range(n):
        for j in range(0, n - i - 1):
            if arr[j] > arr[j + 1]:
                arr[j], arr[j + 1] = arr[j + 1], arr[j]
        print(f"Step {i + 1}: {arr}")

bubble_sort(arr)

print("Sorted list:", arr)
```

- `arr = [6, 3, 8, 2, 1]` → 정렬할 숫자로 arr 리스트를 초기화합니다.
- `def bubble_sort(arr):` 버블 정렬 함수를 만듭니다. 매개변수로 arr을 받습니다.
- `n = len(arr)` 리스트의 길이를 변수 n에 저장합니다.
- `for i in range(n):` 리스트 i(0) 번째부터 n(리스트의 길이) 만큼, 즉 리스트의 모든 요소를 반복합니다.
- `for j in range(0, n - i - 1):` 버블 정렬에서 비교 연산 횟수는 n-(비교 회차)인데, i가 0부터 시작하므로 비교 연산 횟수는 n-i-1이 됩니다. 즉, 비교 연산 횟수만큼 아래 코드를 반복합니다.
- `if arr[j] > arr[j + 1]:` 현재 요소가 다음 요소보다 크면 위치를 교환합니다.
- `print(f"Step {i + 1}: {arr}")` 반복할 때마다 리스트의 현재 상태를 출력합니다.
- ① 함수 호출: `bubble_sort(arr)`
- ② 결과 출력: `print("Sorted list:", arr)`

실행 결과	Step 1: [3, 6, 2, 1, 8] Step 2: [3, 2, 1, 6, 8] Step 3: [2, 1, 3, 6, 8] Step 4: [1, 2, 3, 6, 8] Step 5: [1, 2, 3, 6, 8] Sorted list: [1, 2, 3, 6, 8]

3 삽입 정렬 알고리즘

삽입 정렬(Insertion Sort)은 두 번째 원소부터 시작해서 앞쪽에 있는 원소들과 차례로 비교한 후, 적절한 위치에 값을 삽입하여 정렬을 수행하는 방식입니다.

▲ 삽입 정렬

[6, 3, 8, 2, 1]이라는 숫자의 나열이 있다고 합시다. 삽입 정렬로 정렬하게 되면 다음과 같이 됩니다.

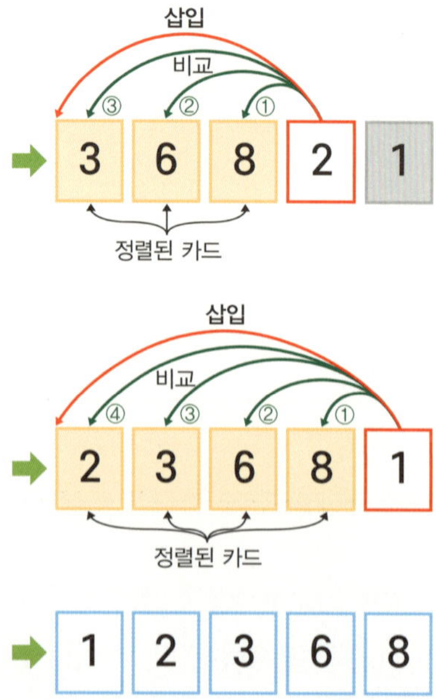

앞에서 살펴본 선택 정렬이나 버블 정렬이 항상 $O(n^2)$의 시간이 걸린 데 반해서, 삽입 정렬은 주어진 숫자가 역순으로 되어 있는 최악의 경우인지, 순서대로 이미 정렬이 되어 있는 최선의 경우인지에 따라 작업 소요 시간이 다릅니다.

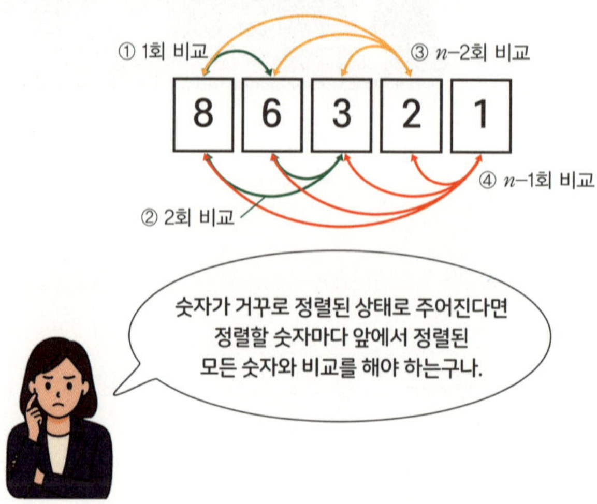

▲ 삽입 정렬 최악의 경우

위와 같이 역순으로 정렬된 경우는 원소마다 나머지 숫자와 모두 비교해야 하므로 비교 연산 횟수는 1번 + 2번 + … + $(n-2)$번 + $(n-1)$번 = $\frac{n(n-1)}{2}$번이 됩니다. 그래서 시간 복잡도는 $\frac{n(n-1)}{2}$에서 가장 높은 차수인 n^2만을 고려해서 $O(n^2)$이 됩니다.

▲ 삽입 정렬 최선의 경우

위와 같이 이미 정렬된 경우, 각 원소는 바로 앞의 숫자와 한 번씩만 비교하면 되므로 비교 연산 횟수는 $n-1$번이 됩니다. 그래서 시간 복잡도는 $O(n)$이 됩니다.

따라서 처음부터 어느 정도 정렬이 된 상태라면 선택 정렬이나 버블 정렬보다 삽입 정렬을 사용하는 것이 더 효율적입니다.

파이썬 코드로 구현하기

```
arr = [6, 3, 8, 2, 1]

def insertion_sort(arr):
    for i in range(1, len(arr)):
        key = arr[i]
        j=i-1
        while j >= 0 and arr[j] > key:
            arr[j + 1] = arr[j]
            j -= 1
        arr[j + 1] = key
        print(f"Step {i}: {arr}")

insertion_sort(arr)

print("Sorted list:", arr)
```

- `arr = [6, 3, 8, 2, 1]` → 정렬할 숫자로 arr 리스트를 초기화합니다.
- `def insertion_sort(arr):` 삽입 정렬 함수를 만듭니다. 매개변수로 arr을 받습니다.
- `for i in range(1, len(arr)):` 리스트 1번째부터 n(리스트의 길이) 만큼, 즉 리스트의 두 번째 요소부터 끝까지 반복합니다.
- `key = arr[i]` 현재 요소 값을 변수 key에 저장합니다.
- `j=i-1` 이전 요소 위치를 변수 j에 저장합니다.
- `while j >= 0 and arr[j] > key:` 이전 요소 위치가 0 이상이고 이전 요소 값이 현재 요소 값보다 큰 동안
- `arr[j + 1] = arr[j]` 이전 요소 값을 현재 요소 값에 저장하고
- `j -= 1` 이전 요소 위치를 그 이전 요소 위치로 바꿉니다. 이 과정을 반복하면 모든 요소가 오른쪽으로 한 칸 이동하게 됩니다.
- `arr[j + 1] = key` key 값을 이전 요소의 원래 위치에 저장합니다. 앞에서 이전 요소를 현재 요소에 저장되었으니 결과적으로 이전 요소와 현재 요소의 자리가 바뀌게 됩니다.
- `print(f"Step {i}: {arr}")` 반복할 때마다 리스트의 현재 상태를 출력합니다.
- `insertion_sort(arr)` 선택 정렬 함수를 호출합니다.
- `print("Sorted list:", arr)` 정렬이 완료된 리스트를 출력합니다.

① 함수 호출

② 결과 출력

실행 결과	Step 1: [3, 6, 8, 2, 1] Step 2: [3, 6, 8, 2, 1] Step 3: [2, 3, 6, 8, 1] Step 4: [1, 2, 3, 6, 8] Sorted list: [1, 2, 3, 6, 8]

4 병합 정렬 알고리즘

복잡한 문제를 해결할 때 전체 문제를 부분으로 나누어 생각하면 쉽게 풀릴 때가 있습니다. **병합 정렬**(Merge Sort) 또는 **합병 정렬**은 이처럼 주어진 데이터를 반으로 계속 나눈 뒤, 각 부분을 정렬하고 다시 합치는 방식으로 전체를 정렬하는 알고리즘입니다.

▲ 병합 정렬 알고리즘

예를 들어 [6, 5, 3, 8, 2, 4, 9, 1]이라는 숫자들이 나열되어 있다고 합시다. 병합 정렬은 이 나열된 숫자를 반으로 나누는 것부터 시작합니다.

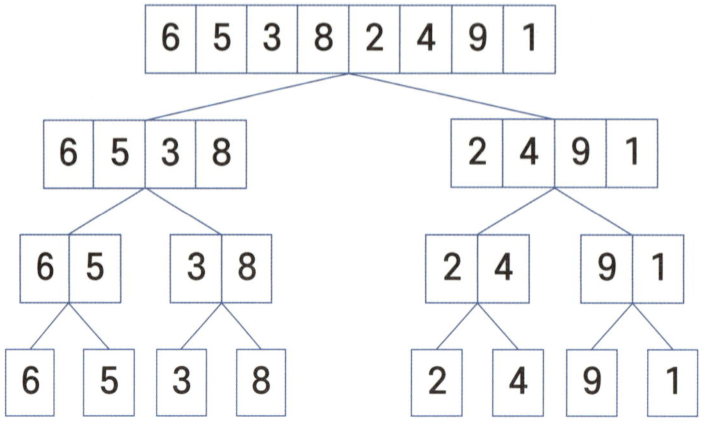

나눈 후에 다시 결합합니다. 결합할 때는 크기순으로 정렬합니다.

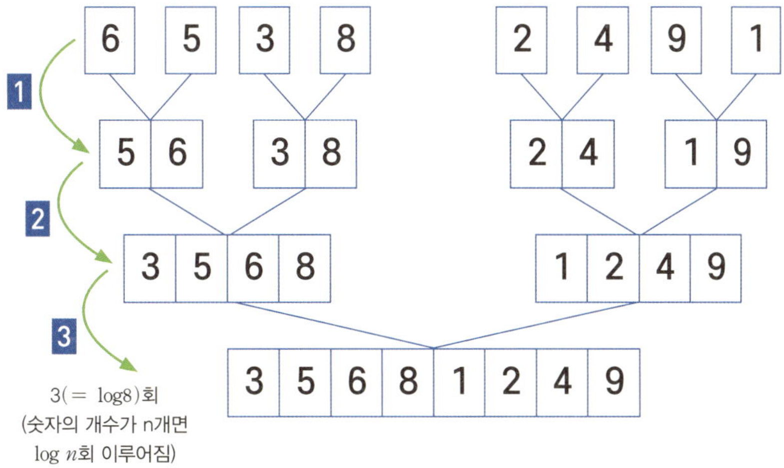

정렬된 부분을 병합하는 과정은 임시 저장소를 이용하여 진행됩니다. 정렬된 부분들을 병합하는 과정은 다음과 같습니다.

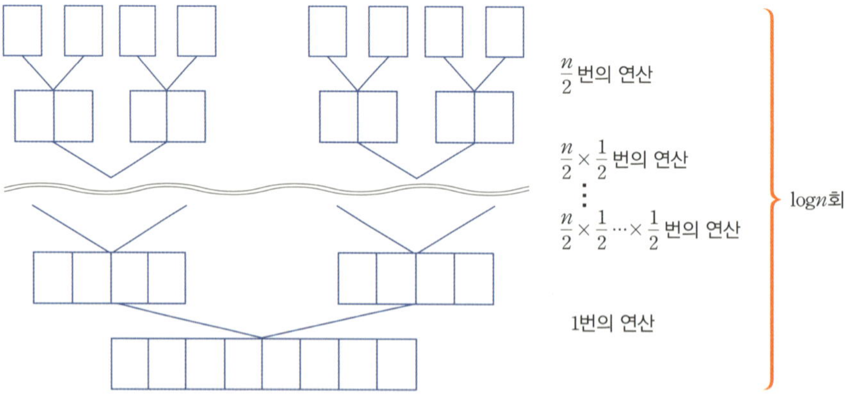

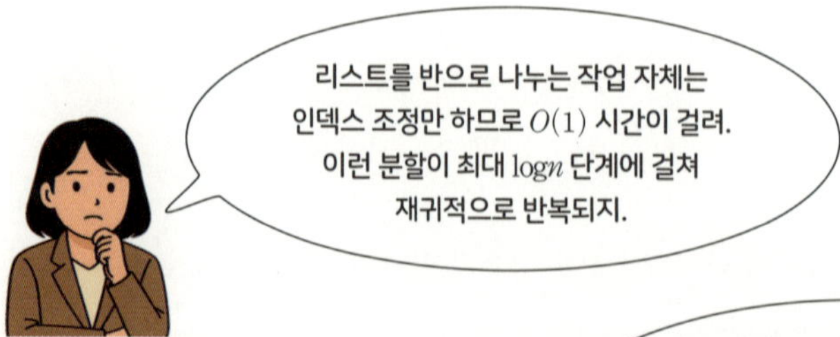

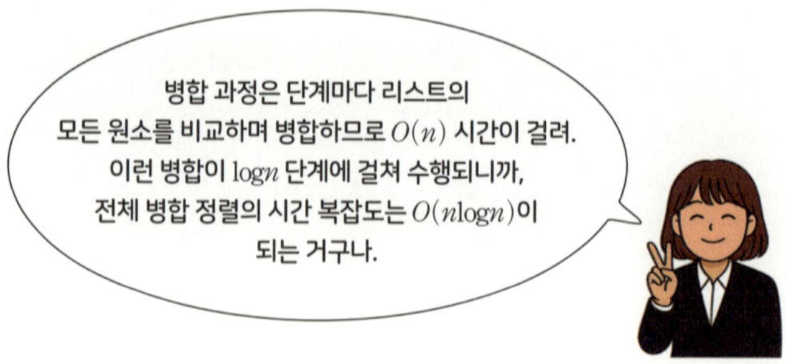

병합 정렬은 어떤 입력값이 주어지더라도 시간 복잡도가 항상 $O(n\log n)$이므로 안정적인 정렬 방식입니다. 하지만 정렬하는 과정에서 임시 저장 공간을 사용해 정렬된 숫자를 보관했다가 다시 가져오는 방식을 취하기 때문에 메모리를 추가로 사용한다는 단점이 있습니다.

파이썬 코드로 구현하기

다음 페이지의 코드를 실현하면 아래와 같은 결과가 출력됩니다.

실행 결과

```
Merge step: [5, 6]
Merge step: [3, 8]
Merge step: [3, 5, 6, 8]
Merge step: [2, 4]
Merge step: [1, 9]
Merge step: [1, 2, 4, 9]
Merge step: [1, 2, 3, 4, 5, 6, 8, 9]
Sorted list: [1, 2, 3, 4, 5, 6, 8, 9]
```

코드가 긴 편이라 파이썬 튜터에서 한 줄씩 실행해 보시면 좋습니다.

```
arr = [6, 5, 3, 8, 2, 4, 9, 1]
def merge_sort(arr):
```
삽입 정렬 함수를 만듭니다. 매개변수로 arr을 받습니다.

```
    if len(arr) > 1:
```
리스트의 길이가 2 이상일 때 작동합니다. 1 이하면 이미 정렬된 것으로 봅니다.

```
        mid = len(arr) // 2
```
리스트 길이를 반으로 나눈 수의 몫만 변수 mid에 저장합니다.

```
        left_half = arr[:mid]
```
왼쪽 절반을 변수 left_half에 저장합니다.

```
        right_half = arr[mid:]
```
오른쪽 절반을 변수 right_half에 저장합니다.

```
        merge_sort(left_half)
```
왼쪽 리스트에 대해 현재 이 함수에 재귀적으로 호출합니다. 매개변수가 left_half이므로 왼쪽 리스트에 요소가 1 이하가 될 때까지 계속 반으로 나누며 분할합니다.

```
        merge_sort(right_half)
```
처음에는 이미 분할이 다 되어 right_half에 요소가 하나만 남은 상태이므로 재귀를 해도 아래 코드로 이동합니다.
두 번째 회차부터는 오른쪽 요소를 반으로 분할하여 다시 위의 merge_sort(left_half)에서 분할해 나갈 수 있도록 합니다.

① ② 반복 ③ 분할

```
        i = j = k = 0
```
변수 i, j, k를 0으로 초기화합니다. i는 왼쪽 리스트의 인덱스, j는 오른쪽 리스트의 인덱스, k는 arr의 인덱스를 의미합니다.

왼쪽 리스트 요소와 오른쪽 리스트 요소를 비교해서 작은 수를 arr에 추가합니다.

```
        while i < len(left_half) and j < len(right_half):
```
i가 왼쪽 절반의 길이보다 작고, j가 오른쪽 절반의 길이보다 작은 동안(비교해야 할 두 리스트의 요소가 남아 있을 동안)

```
            if left_half[i] < right_half[j]:
```
왼쪽 리스트의 현재 요소가 오른쪽 리스트의 현재 요소보다 작다면

```
                arr[k] = left_half[i]
```
왼쪽 리스트의 요소를 arr에 입력합니다.

```
                i += 1
```
i를 1 증가시켜 왼쪽 리스트의 다음 요소로 이동합니다.

```
            else:
```
오른쪽 리스트의 현재 요소가 왼쪽 리스트의 현재 요소보다 작거나 같다면

```
                arr[k] = right_half[j]
```
오른쪽 리스트의 요소를 arr에 입력합니다.

```
                j += 1
```
j를 1 증가시켜 오른쪽 리스트의 다음 요소로 이동합니다.

```
            k += 1
```
k를 1 증가시켜 arr의 다음 위치로 이동합니다.

남은 수를 arr에 추가합니다.

```
        while i < len(left_half):
```
왼쪽 리스트에 남은 요소가 있는 동안

```
            arr[k] = left_half[i]
```
왼쪽 리스트에 남아 있는 요소를 arr에 넣습니다.

```
            i += 1  i를 1 증가시켜 왼쪽 리스트 다음 요소로 이동합니다.
            k += 1  k를 1 증가시켜 arr 다음 요소로 이동합니다.
    while j < len(right_half):  오른쪽 리스트에 남은 요소가 있는 동안
            arr[k] = right_half[j]  오른쪽 리스트에 남아 있는 요소를 arr에 넣습니다.
            j += 1  j를 1 증가시켜 오른쪽 리스트 다음 요소로 이동합니다.
            k += 1  k를 1 증가시켜 arr 다음 요소로 이동합니다.
        print(f"Merge step: {arr}")  병합 작업이 끝날 때마다 결과를 출력합니다.

    merge_sort(arr)  병합 정렬을 호출합니다.
    print("Sorted list:", arr)  최종적으로 완료된 결과를 출력합니다.
```

5 퀵 정렬 알고리즘

퀵 정렬(Quick Sort)은 영국의 컴퓨터 과학자 토니 호어(Sir Charles Antony Richard Hoare)가 개발한 알고리즘으로, 평균적으로 가장 뛰어난 성능을 내기 때문에 널리 사용됩니다.

▲ 퀵 정렬 알고리즘

예를 들어 [6, 3, 8, 2, 4, 9, 1, 5]이라는 숫자들이 나열되어 있다고 가정해 봅시다.

퀵 정렬은 병합 정렬처럼 정확히 반을 나누는 것이 아니라 기준이 되는 숫자(피벗, Pivot)를 하나 선택한 후, 그 값을 기준으로 정렬하는 방식입니다.

여기서는 첫 번째 피벗을 임의로 5로 정해보겠습니다. 피벗을 기준으로 피벗보다 작은 수는 피벗 왼쪽으로, 피벗보다 큰 수는 피벗 오른쪽으로 정렬합니다. 이때 왼쪽 끝에서 오른쪽으로

이동하며 피벗보다 큰 값을 찾고, 오른쪽 끝에서 왼쪽으로 이동하며 피벗보다 작은 값을 찾아서 두 값을 서로 교환합니다. 비교하는 두 숫자가 교차하면 교차 지점에 있는 숫자와 피벗을 교환하여 분할을 마칩니다.

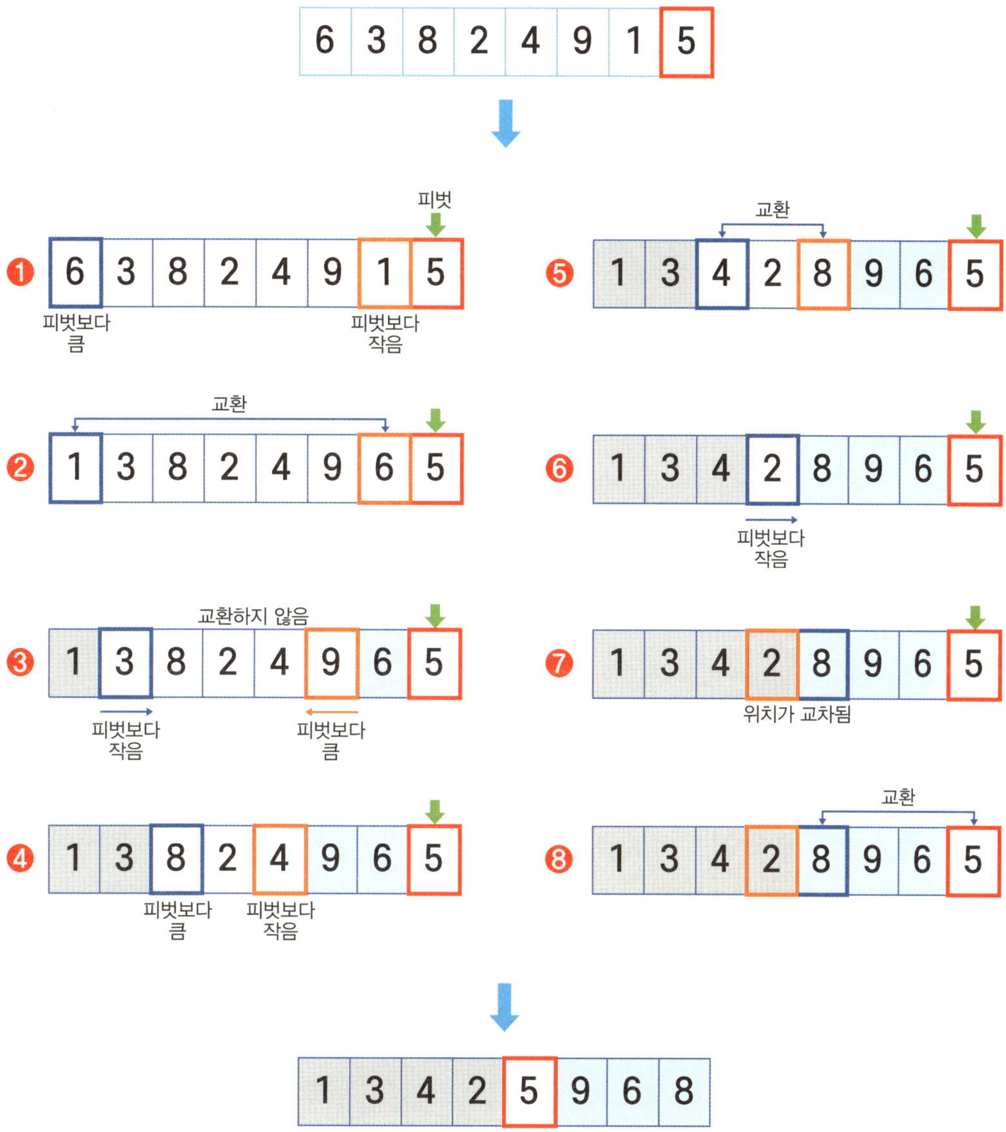

그런 다음 피벗의 왼쪽과 오른쪽에서 각각 새로운 피벗을 선택해 이전 과정과 마찬가지로 피벗보다 작은 수는 피벗의 왼쪽으로, 피벗보다 큰 수는 피벗의 오른쪽으로 정렬합니다.

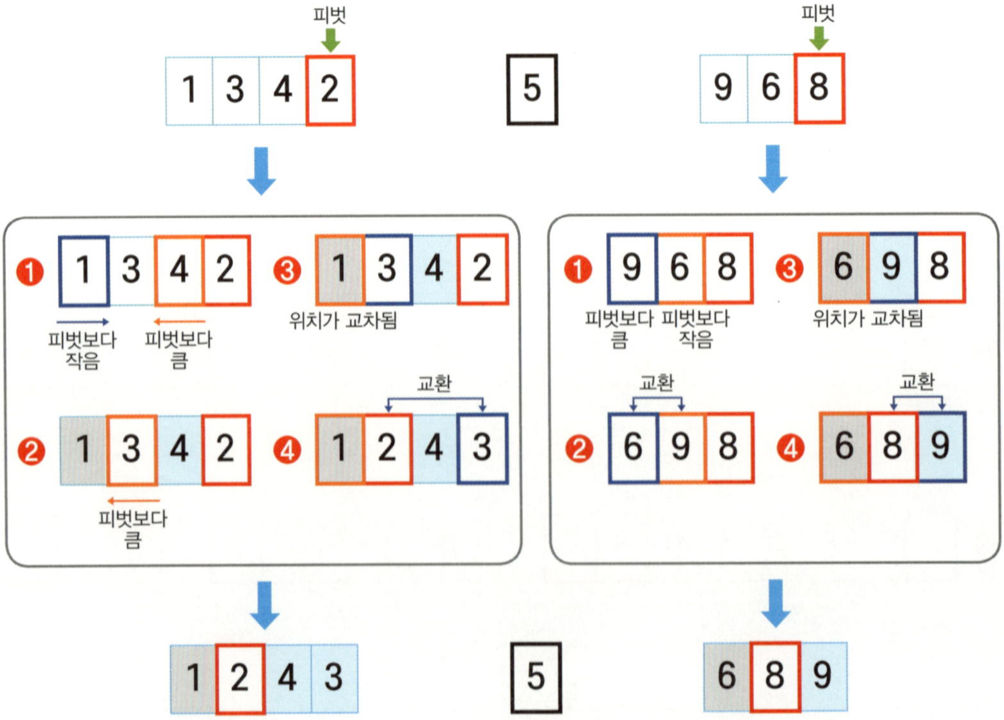

이 과정을 값이 하나씩만 남을 때까지 반복하면 정렬이 완료됩니다.

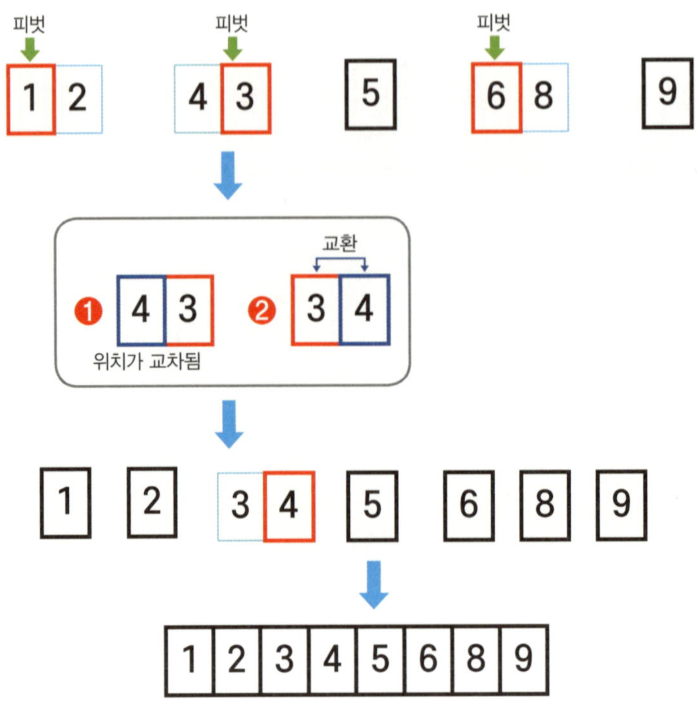

피봇이 항상 가운데 숫자가 될 수 있다면,
숫자가 8개니까 병합 정렬과 동일하게
$\log 8 = 3$만큼 분할과 정복이 이루어지겠네.

맞아. 그래서 $\log n$단계만큼 분할이 이루어지고
각 단계에서 n개의 데이터를 비교하니까
퀵정렬의 평균적인 소요 시간은 $O(n\log n)$이야.

하지만 피봇이 첫 숫자나 맨 마지막 숫자만
계속 선택되는 최악의 경우도 고려해 봐야 해.

최악의 경우에는 분할이 n-1번 이루어지고,
그동안 계속 n-1, n-2 ... , 2, 1개 숫자의 크기를
비교하게 되니까, 이때는 소요 시간이
$O(n^2)$이 될 수도 있어.

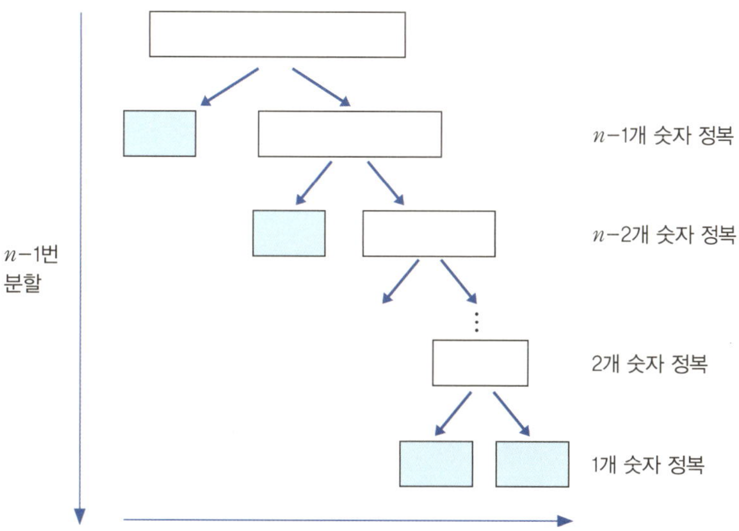

▲ 피벗으로 끝자리만 고를 경우

파이썬 코드로 구현하기

```python
def quick_sort(arr, depth = 0):
```
삽입 정렬 함수를 만듭니다. 매개변수로 arr을 받습니다. depth는 재귀 호출 깊이를 추적하기 위한 인수입니다.

```python
    indent = " " * depth
```
재귀 호출의 깊이에 따라 출력 내용을 더 안쪽으로 들여 써서 시각적인 효과를 줍니다.

```python
    if len(arr) <= 1:
```
arr 리스트의 길이가 1 이하라면(이미 정렬이 다 되었다면)

```python
        print(f"{indent}Returning: {arr}")
```
현재 리스트의 상태를 출력합니다.

```python
        return arr
```
정렬된 리스트를 반환합니다.

```python
    pivot = arr[len(arr) // 2]
```
리스트의 중간 값을 피벗으로 선택합니다.

```python
    left = [x for x in arr if x < pivot]
```
피벗보다 작은 요소를 left 리스트에 저장합니다.

```python
    middle = [x for x in arr if x == pivot]
```
피벗과 같은 요소를 midde 리스트에 저장합니다.

```python
    right = [x for x in arr if x > pivot]
```
피벗보다 큰 요소를 right 리스트에 저장합니다.

정렬

```python
    print(f"{indent}Pivot: {pivot}")
```
현재 선택된 피벗을 출력합니다.

```python
    print(f"{indent}Left: {left}, Middle: {middle}, Right: {right}")
```
left, middle, right 리스트의 내용을 출력합니다.

```python
    sorted_left = quick_sort(left, depth + 1)
```
left 리스트에 대해서 퀵 정렬 함수를 재귀적으로 호출합니다. 피벗보다 작은 리스트들을 정렬합니다. depth를 1 증가시키면서 재귀 호출로 피벗보다 작은 요소를 정렬해 나갑니다.

```python
    sorted_right = quick_sort(right, depth + 1)
```
right 리스트에 대해서 퀵 정렬 함수를 재귀적으로 호출합니다. 피벗보다 큰 리스트들을 정렬합니다. depth를 1 증가시키면서 재귀 호출로 피벗보다 큰 요소를 정렬해 나갑니다.

재귀 호출

```python
    result = sorted_left + middle + sorted_right
```
left, middle, right 리스트를 합쳐서 최종적으로 병합된 리스트를 만듭니다.

```python
    print(f"{indent}Merged: {result}")
```
최종적으로 병합된 리스트를 출력합니다.

```python
    return result
```
최종적으로 병합된 리스트를 반환합니다.

```python
arr = [6, 5, 3, 8, 2, 4, 9, 1]
```
정렬할 리스트입니다.

```python
print("Sorting process:")
```
퀵 정렬의 시작을 알리기 위한 메시지입니다.

```python
sorted_arr = quick_sort(arr)
```
quick_sort 함수를 호출하여 arr을 정렬하고, 그 결과를 sorted_arr에 저장합니다.

```python
print("Sorted list:", sorted_arr)
```
최종적으로 병합된 리스트를 출력합니다.

실행 결과

```
Sorting process:
Pivot: 8
Left: [6, 5, 3, 2, 4, 1], Middle: [8], Right: [9]
 Pivot: 3
 Left: [2, 1], Middle: [3], Right: [6, 5, 4]
  Pivot: 1
  Left: [], Middle: [1], Right: [2]
   Returning: []
   Returning: [2]
  Merged: [1, 2]
  Pivot: 5
  Left: [4], Middle: [5], Right: [6]
   Returning: [4]
   Returning: [6]
  Merged: [4, 5, 6]
 Merged: [1, 2, 3, 4, 5, 6]
 Returning: [9]
Merged: [1, 2, 3, 4, 5, 6, 8, 9]
Sorted list: [1, 2, 3, 4, 5, 6, 8, 9]
```

Lesson 3

탐색 알고리즘의 구현

POINT 탐색 알고리즘(Search Algorithm)은 데이터에서 원하는 값을 찾는 알고리즘을 말합니다. 데이터가 방대한 경우 매우 중요한 알고리즘이라고 할 수 있습니다.

1 선형 탐색 알고리즘

선형 탐색(Linear Search) 알고리즘 또는 **순차 탐색** 알고리즘은 데이터를 순차적으로 하나씩 확인하면서 값을 탐색하는 방법입니다.

▲ 선형 탐색 알고리즘

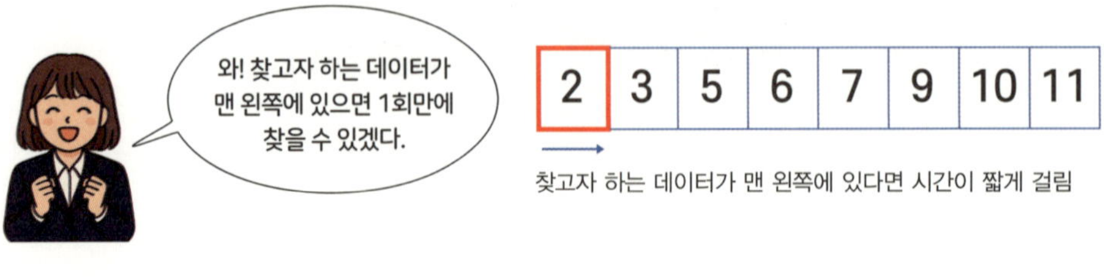

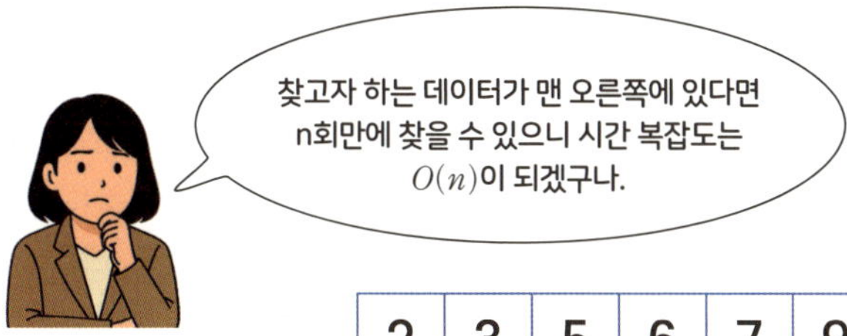

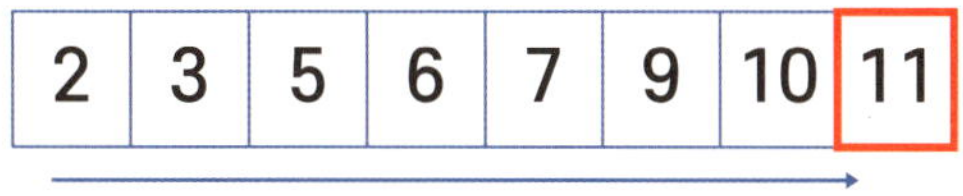

찾고자 하는 데이터가 맨 오른쪽에 있다면 시간이 오래 걸림

파이썬 코드로 구현하기

[2, 3, 5, 6, 7, 9, 10, 11]에서 11을 찾는 코드를 구현해 보겠습니다.

```
def linear_search(arr, target):  # 선형 탐색 함수를 정의합니다.
    for i in range(len(arr)):
    # 리스트의 각 요소를 순회하며 현재 탐색 중인 요소를 출력합니다.
        print(f"Checking index {i}, value: {arr[i]}")
        if arr[i] == target:
    # 현재 요소가 타깃과 일치하는지 확인하여 타깃 요소를 찾은 경우 출력합니다.
            print(f"Element {target} found at index {i}")
            return i  # 타깃 요소의 인덱스를 반환합니다.
    # 리스트 끝까지 탐색했는데도 타깃 요소를 찾지 못한 경우에 출력합니다.
    print(f"Element {target} not found in the list")
    return -1  # 타깃 요소가 리스트에 없는 경우 -1을 반환합니다.

arr = [2, 3, 5, 6, 7, 9, 10, 11]  # 정렬할 리스트를 정의합니다.
target = 11  # 찾고자 하는 타깃 값을 target 변수에 저장합니다.

linear_search(arr, target)  # 선형 탐색 함수(linear_search())를 호출합니다.
```

실행 결과

```
Checking index 0, value: 2
Checking index 1, value: 3
Checking index 2, value: 5
Checking index 3, value: 6
Checking index 4, value: 7
Checking index 5, value: 9
Checking index 6, value: 10
Checking index 7, value: 11
Element 11 found at index 7
```

2 이진 탐색 알고리즘

이진 탐색(Binary Search) 알고리즘은 정렬된 데이터를 반씩 나누어 가며 원하는 데이터를 찾는 탐색 방법입니다.

▲ 이진 탐색 알고리즘

이진 탐색 알고리즘에서 각 데이터는 **노드**(Node)로 표현되며, 그중 기준이 되는 값을 **루트 노드**(Root Node)라고 부릅니다. 루트 노드보다 작은 값은 왼쪽에, 큰 값은 오른쪽에 위치하도록 하는데, 이를 각각 **왼쪽 자식 노드**(Left Child Node)와 **오른쪽 자식 노드**(Right Child Node)라고 합니다.

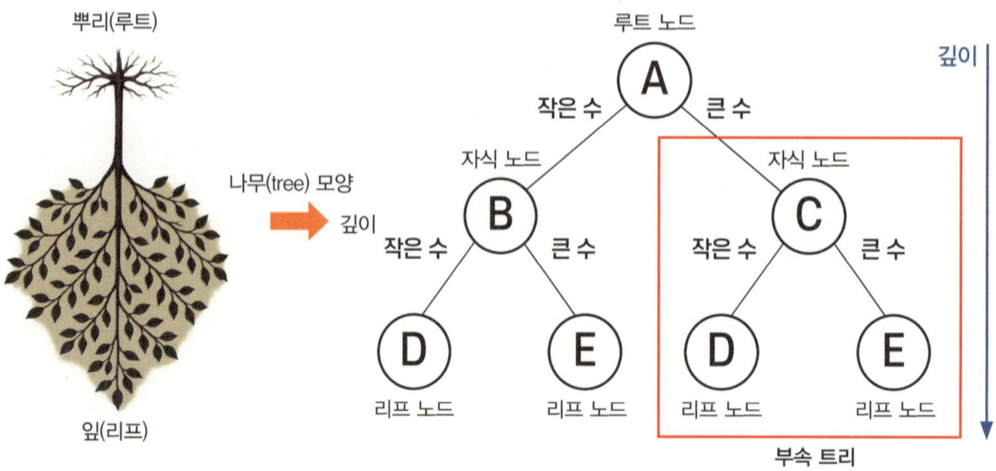

▲ 이진 탐색 트리

예를 들어 [2, 8, 12, 35, 54, 67, 81, 95]라는 숫자들이 나열되어 있다고 가정합시다. 이를 이진 탐색 트리로 변환하면 아래와 같습니다.

이진 탐색 알고리즘으로 2를 찾으려면 단계별로 비교하여 탐색해야 합니다.

❶ 2는 최상위 노드인 54보다 작으므로 왼쪽으로 갑니다.	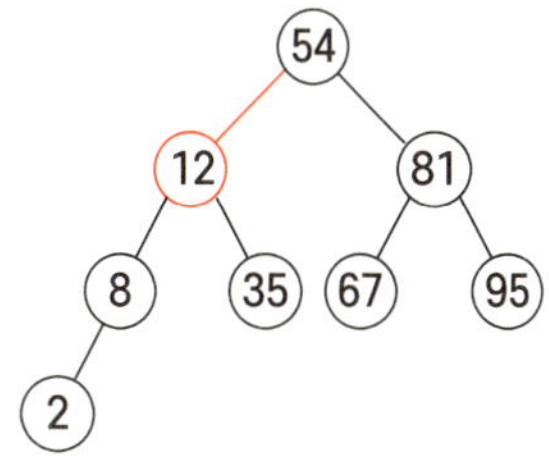
❷ 2는 12보다 작으므로 왼쪽으로 갑니다.	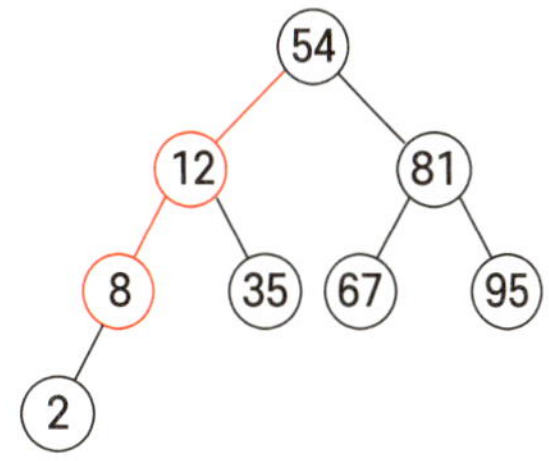
❸ 2는 8보다 작으므로 왼쪽으로 가서 2를 찾습니다.	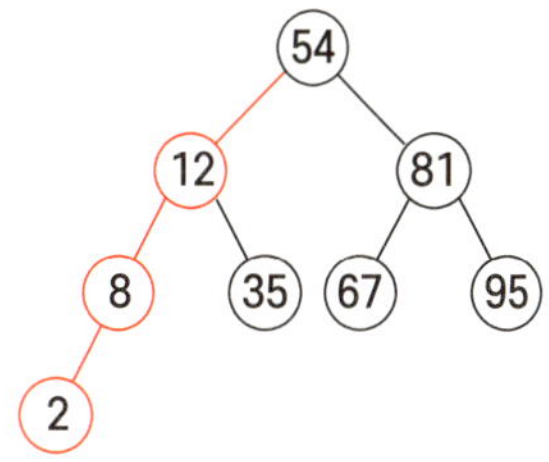

▲ 이진 탐색 과정

위의 그림으로 보면 바로 보이는 2를 왜 이렇게 힘들게 찾느냐는 의문을 가질 수 있습니다. 하지만 컴퓨터는 사람처럼 2라는 숫자를 알지 못하고, 단지 주어진 명령어들을 실행하며 결과를 출력하므로, 위와 같이 이진 탐색 알고리즘에 따라 데이터를 분할하고 비교해서 찾는 것입니다. 그렇다면 이진 탐색의 시간 복잡도는 어떻게 될까요?

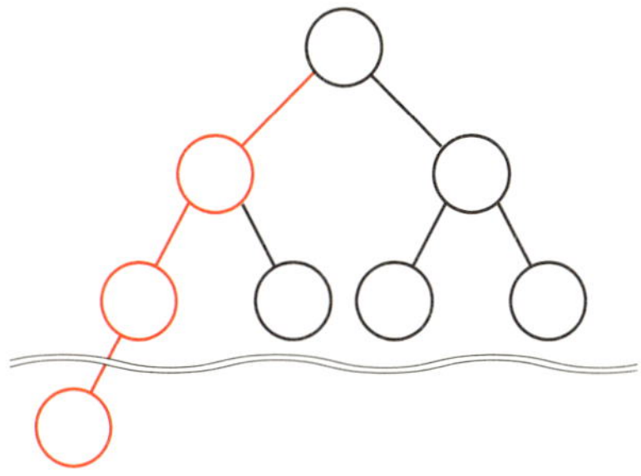

1회씩 log$n$회 탐색했으므로 시간 복잡도는 $O(\log n)$이 됨

이진 탐색의 시간 복잡도는 데이터의 크기를 반씩 나누는 과정이므로, 탐색이 진행될 때마다 가능한 데이터의 범위가 절반으로 줄어듭니다. 따라서 시간 복잡도는 $O(\log n)$입니다. 이는 데이터가 많아질수록 이진 탐색이 매우 효율적임을 의미합니다.

파이썬 코드로 구현하기

```
def binary_search(arr, target):   # 이진 탐색 함수 정의합니다.
            # 초기 탐색 범위를 설정합니다.(왼쪽 끝: 0 오른쪽 끝: 배열 길이-1)
    left, right = 0, len(arr) - 1

    while left <= right:      # left가 right 이하인 동안 반복합니다.
        mid = (left + right) // 2  # 중간 인덱스를 계산합니다.
          print(f"인덱스 {left}부터 {right}까지 탐색 중, 중간 인덱스: {mid}, 값: {arr[mid]}")  # 현재 탐색 범위와 중간값을 출력합니다.

            # 중간 값이 타깃인 경우 타깃을 찾았음을 출력합니다.
        if arr[mid] == target:
            print(f"요소 {target}을(를) 인덱스 {mid}에서 찾았습니다")
            return mid  # 타깃 요소의 인덱스를 반환합니다.
            # 중간 값이 타깃보다 큰 경우, 왼쪽 부분을 탐색합니다.
        elif arr[mid] > target:
            print(f"{target}이(가) {arr[mid]}보다 작아서 왼쪽으로 이동합니다")
            right = mid - 1
            # 중간 값이 타깃보다 작은 경우, 오른쪽 부분을 탐색합니다.
        else:
            print(f"{target}이(가) {arr[mid]}보다 커서 오른쪽으로 이동합니다")
            left = mid + 1

    # 타깃을 찾지 못한 경우 찾지 못함을 출력하고 -1을 반환합니다.
    print(f"요소 {target}을(를) 리스트에서 찾을 수 없습니다")
    return -1

arr = [2, 8, 12, 35, 54, 67, 81, 95]  # 정렬할 리스트를 정의합니다
target = 2   # 찾고자 하는 타깃 값을 target 변수에 저장합니다.

binary_search(arr, target)  # 이진 탐색 함수(binary_search())를 호출합니다.
```

실행 결과	인덱스 0부터 7까지 탐색 중, 중간 인덱스: 3, 값: 35 2이(가) 35보다 작아서 왼쪽으로 이동합니다 인덱스 0부터 2까지 탐색 중, 중간 인덱스: 1, 값: 8 2이(가) 8보다 작아서 왼쪽으로 이동합니다 인덱스 0부터 0까지 탐색 중, 중간 인덱스: 0, 값: 2 요소 2을(를) 인덱스 0에서 찾았습니다

3 해시 테이블

해시 테이블(HashTable)은 데이터의 양에 상관없이 일정한 시간 내에 탐색이 가능한 알고리즘입니다. 이는 선형 탐색이나 이진 탐색처럼 데이터를 하나씩 비교하는 방식이 아니라, 해시 값을 이용해 원하는 데이터의 위치를 빠르게 찾아내는 방식입니다.

▲ 해시 테이블

해시 알고리즘은 키(Key)와 값(Value)으로 구성된 데이터를 처리할 때 사용됩니다. 여기서 '키'는 데이터를 식별할 수 있는 고유의 값으로, 함수를 통해 테이블 안에서 해당 데이터가 저장될 위치를 결정하는 데 사용됩니다. '값'은 키에 연결된 데이터입니다.

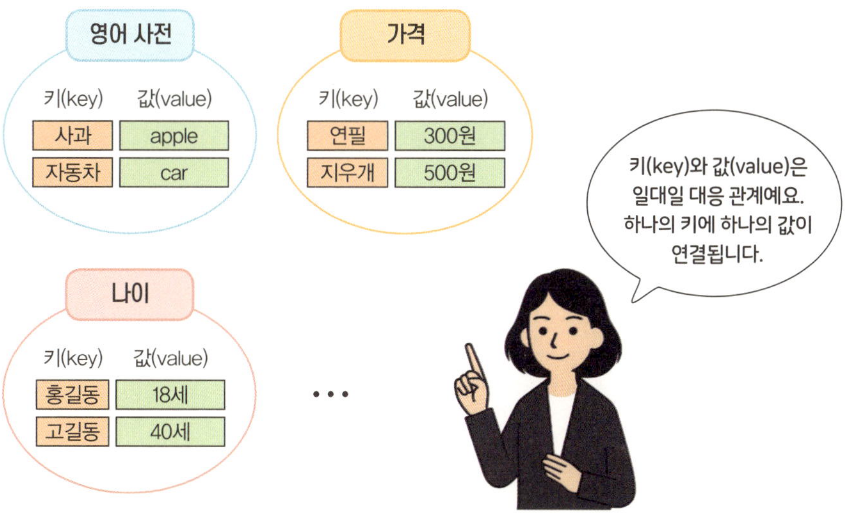

▲ 키와 값

키를 해시 함수(Hash Function)에 입력하면, 특정 해시 값이 생성됩니다. 해시 함수의 기법 중 하나인 나눗셈법(Division Method)을 적용한다고 했을 때, 이 해시 값을 테이블의 크기로 나눈 나머지로 데이터를 저장할 위치(인덱스)를 결정합니다. 이렇게 해시 값을 이용해 데이터를 저장할 주소를 지정하는 과정을 **매핑**(Mapping) 또는 **사상**(寫像)이라고 합니다. 예를 들어 어떤 키를 해시 함수에 넣었을 때 결과가 3이라면, 해시 테이블의 3번 위치에 해당 키와 값이 저장됩니다. 만약 해시 값이 테이블의 크기보다 클 경우에는 mod 연산(%)을 통해 적절한 인덱스를 결정합니다. 이렇게 하면 데이터를 검색할 때 저장할 때와 동일한 해시 값을 사용해 저장된 위치를 찾고, 그 위치에서 해당 키를 확인해 정확한 값을 얻을 수 있습니다.

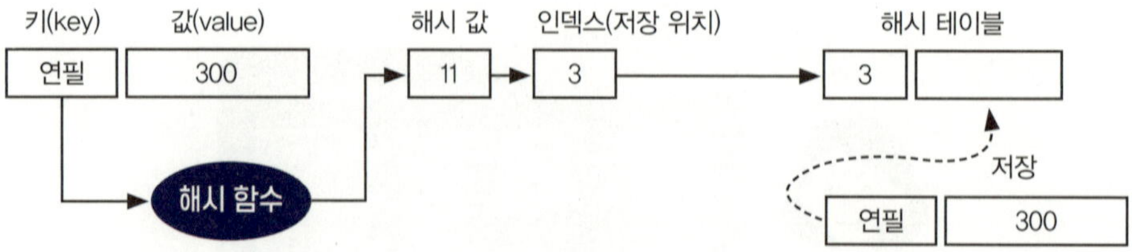

▲ 매핑 과정

그럼 해시 테이블의 공간이 8개라고 가정하고, 나눗셈법을 사용해 보겠습니다.

❶ 키와 데이터를 입력받습니다.

키(key)	값(value)
연필	300원
지우개	500원
볼펜	2000원
사인펜	400원

❷ 해시 함수는 입력된 키를 일정한 크기의 정수인 해시 값으로 변환합니다.

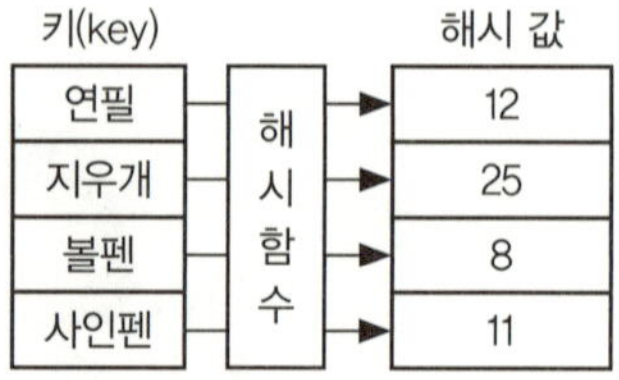

❸ 해시 값을 해시 테이블의 크기(여기서는 8)로 나눈 후, 그 나머지를 인덱스로 사용합니다. 이 인덱스는 데이터를 저장할 해시 테이블의 위치를 결정합니다.

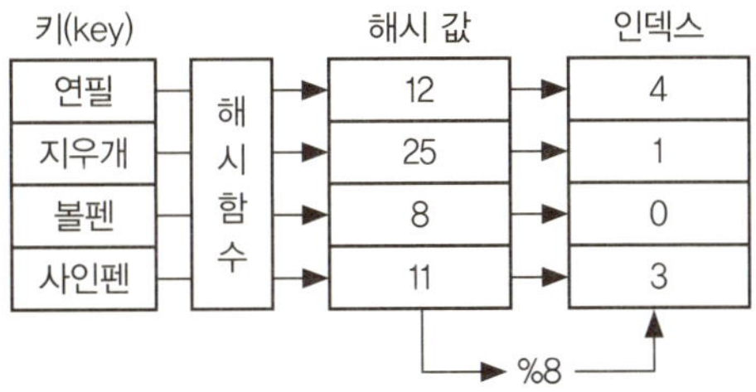

❹ 해시 테이블에서 해당 인덱스에 데이터를 저장합니다.

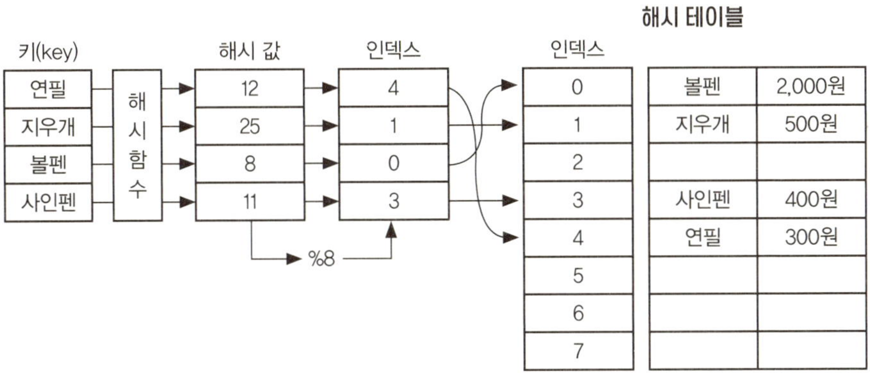

이제 데이터를 저장해 놓고, '볼펜'이라는 키를 탐색해 보겠습니다.

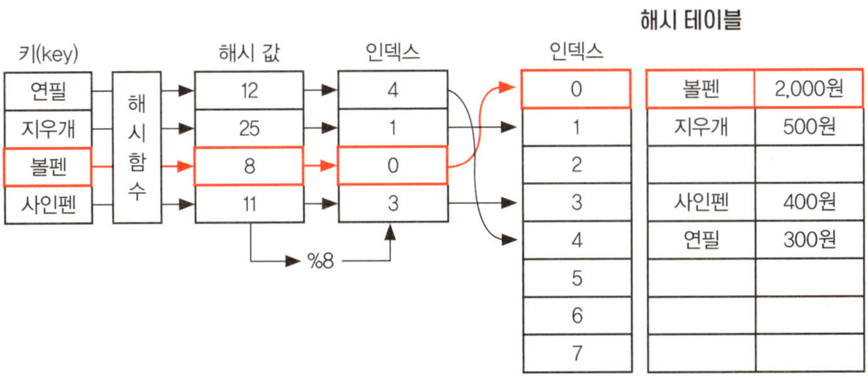

볼펜 키를 해시 함수에 입력하면 해시 값 8이 나오고, 이를 mod 연산하면 나머지가 0이 나오므로 해시 테이블의 0번 주소에 저장된 2000원을 찾을 수 있습니다. 이처럼 키를 한 번 입력하면 반복 연산 없이 바로 값을 찾을 수 있어, 시간 복잡도가 $O(1)$로 매우 빠르게 데이터를 검색할 수 있습니다.

하지만 여기에는 문제가 있습니다. 예를 들어 '형광펜'이라는 키를 저장하기 위해 해시 함수에 키를 입력한 결과 정수 16을 얻었다면, 8로 나눈 나머지가 0이 되므로 기존의 볼펜 데이터와 같은 0번 주소에 저장하려는 충돌이 발생할 수 있습니다.

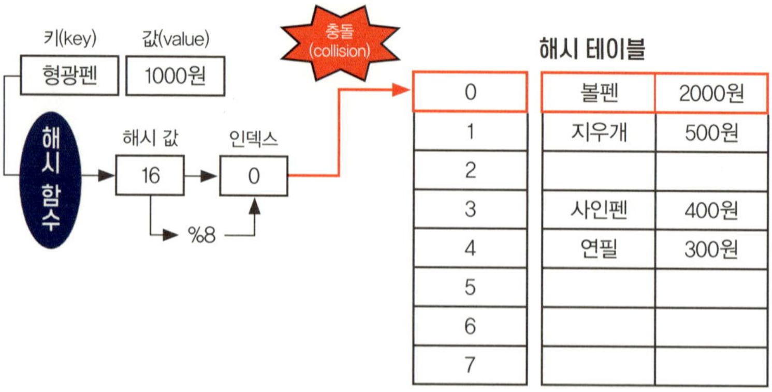

이렇게 같은 주소에 두 개 이상의 데이터를 저장하려는 충돌이 발생하면, 여러 값을 연결해 저장할 수 있는 공간을 만드는 **체이닝**(Chaining) 방법이나, 다음 예비 주소로 이동해 값을 저장하는 **개방 주소법**(Open Addressing) 등을 사용해서 문제를 해결할 수 있습니다. 체이닝 방식에서는 값을 탐색할 때 해당 리스트에서 다시 검색을 해야 하기 때문에 최악의 경우 탐색에 $O(n)$ 시간이 소요될 수 있습니다.

▲ 개방 주소 방법(Open Addressing)

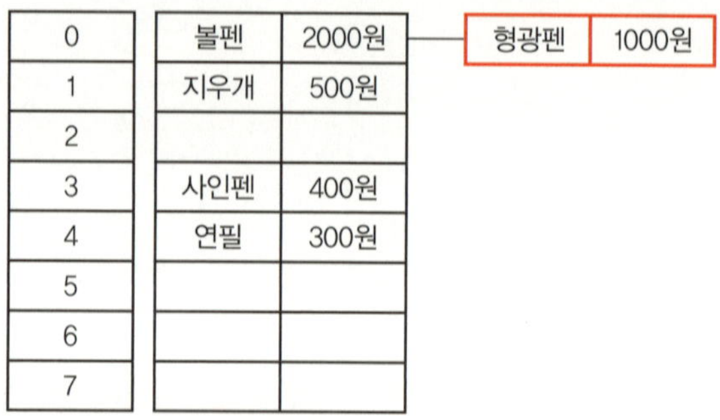

▲ 체이닝 방법(Chaining)

파이썬 코드로 구현하기

```
# 상품 가격 정보를 저장한 딕셔너리를 초기화합니다.(해시 테이블 역할)
prices = {"연필": 300, "지우개": 500, "볼펜": 2000, "사인펜": 400}

target_item = "볼펜"   # 찾고자 하는 상품을 정합니다.

# 해시 테이블에서 타깃 아이템 검색해서 상품명(키)과 가격(값)을 출력합니다.
if target_item in prices:
    print(f"{target_item}의 가격은 {prices[target_item]}원입니다.")
else:
    print(f"{target_item}을(를) 찾을 수 없습니다.")
```

실행 결과	볼펜의 가격은 2000원입니다.

4 재귀 알고리즘

재귀(Recuion) 알고리즘은 자기자신을 계산한 후 다시 자기자신에게 입력하는 방식의 알고리즘입니다.

▲ 재귀 알고리즘

예를 들어 1부터 10까지의 합을 구할 때 자신에게 더하는 계산이 총 9번 이루어집니다. 마찬가지로 1부터 n까지의 합이라면 재귀 연산을 총 n−1번 수행합니다. 따라서 재귀 알고리즘의 수행 시간은 $O(n)$이 됩니다.

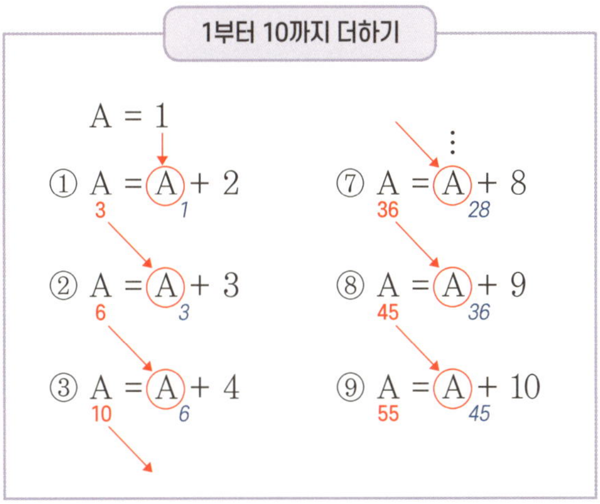

파이썬 코드로 구현하기

```
# 1부터 n까지 합을 구하는 재귀 함수를 정의합니다.
def recursive_sum(n, current = 1, total = 0):
    if current > n:  # 종료 조건에 도달했을 때 최종 합을 출력, 반환합니다.
        print(f"최종 합: {total}")
        return total

    total += current   # 현재 값과 총합을 더합니다.
    print(f"현재 값: {current}, 현재까지의 합: {total}")

    # 다음 값을 재귀 호출합니다.
    return recursive_sum(n, current + 1, total)

result = recursive_sum(10) # 재귀 함수(recursive_sum())를 호출합니다.

print(f"1부터 10까지의 합: {result}")  # 최종 합을 출력합니다.
```

실행 결과

```
현재 값: 1, 현재까지의 합: 1
현재 값: 2, 현재까지의 합: 3
현재 값: 3, 현재까지의 합: 6
현재 값: 4, 현재까지의 합: 10
현재 값: 5, 현재까지의 합: 15
현재 값: 6, 현재까지의 합: 21
현재 값: 7, 현재까지의 합: 28
현재 값: 8, 현재까지의 합: 36
현재 값: 9, 현재까지의 합: 45
현재 값: 10, 현재까지의 합: 55
최종 합: 55
```

팩토리얼 함수(Factorial Function)는 1부터 n까지의 모든 자연수의 곱을 구하는 함수로 기호는 '!'를 사용합니다.

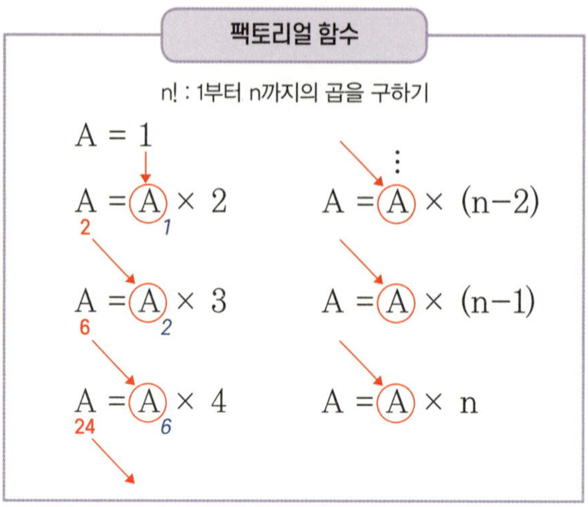

파이썬 코드로 구현하기

```
def factorial(n):
    # n이 0 또는 1인 경우, 팩토리얼은 1이므로 1을 반환합니다.
    if n == 0 or n == 1:
        return 1
    else:
        # 그 외의 경우, n * (n-1)!로 재귀 호출하여 팩토리얼을 계산합니다.
        return n * factorial(n - 1)

# 5의 팩토리얼 값을 계산합니다.
result = factorial(5)

# 계산된 결과를 출력합니다.
print(result)
```

실행 결과	120

피보나치 수열(Fibonacci Sequence)은 첫째 항과 둘째 항이 1이고, 그 뒤의 모든 항은 바로 앞의 두 항의 합으로 이루어집니다. 참고로 이 수열은 기원전 5세기에 처음 언급되었지만, 레오나르도 피보나치(Leonardo Fibonacci)가 토끼 수의 증가를 설명할 때 사용하면서 널리 알려지게 되었습니다.

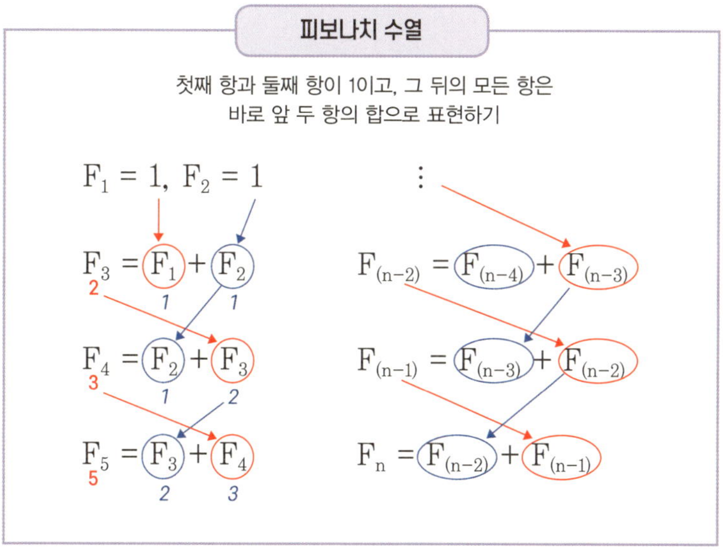

재귀 알고리즘은 반복 연산을 수행하기 때문에 언제 반복을 멈출지 조건을 명확히 표시해야 무한으로 반복하는 **무한루프**(infinite loop)를 방지할 수 있습니다.

파이썬 코드로 구현하기

```
def fibonacci(n):
    # n이 0 또는 1일 경우 그 값을 반환합니다.
    if n < 2 :
        return n
    else:
        # n번째 피보나치 수는 (n-1)번째와 (n-2)번째 피보나치 수의 합입니다.
        return fibonacci(n - 1) + fibonacci(n - 2)

# 첫 10개의 피보나치 수를 옆으로 출력합니다.
for i in range(10):
    print(fibonacci(i), end=" ")
```

실행 결과	0 1 1 2 3 5 8 13 21 34

Lesson 4

핵심 알고리즘의 구현

POINT 핵심 알고리즘은 알고리즘을 설계하거나 문제를 해결하는 데에 기초가 되는 알고리즘입니다. 알고리즘의 원리를 생각하며 코드로 구현하는 과정을 알아봅시다.

1 분할 정복 알고리즘

분할 정복 알고리즘(Divide and Conquer)은 문제를 더 작은 문제로 나누고, 나눈 문제를 해결한 후에 그 결과를 결합하여 원래 문제를 해결하는 방식입니다. 대표적인 예로는 앞에서 다루었던 병합 정렬, 퀵 정렬, 이진 탐색 알고리즘 등이 있습니다.

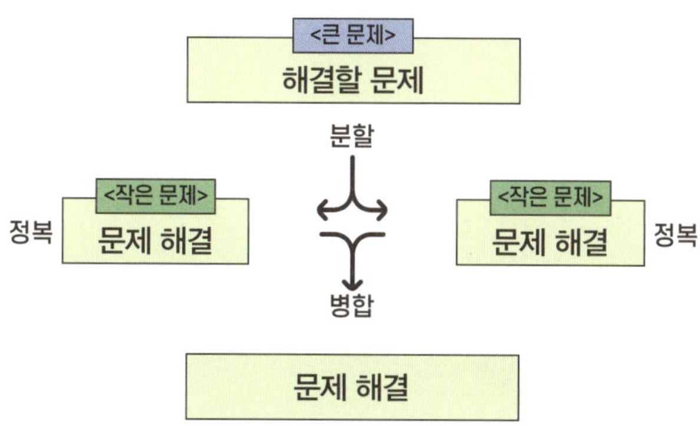

- **분할(divide)**: 해결할 문제를 작게 나눕니다.
- **정복(conquer)**: 작은 문제를 해결합니다.
- **병합(combine)**: 작은 문제를 해결한 값을 결합하여 원래 문제를 해결합니다.

▲ 분할 정복 알고리즘

앞에서 살펴보았던 피보나치 수열 코드도 분할 정복 알고리즘이 적용된 예입니다. 'fibonacci(n)'이라는 문제를 'fibonacci(n−1)'과 'fibonacci(n−2)'라는 더 작은 문제로 분할한 뒤, fibonacci(n−1)과 fibonacci(n−2)을 각각 정복한 후에 병합한 것입니다.

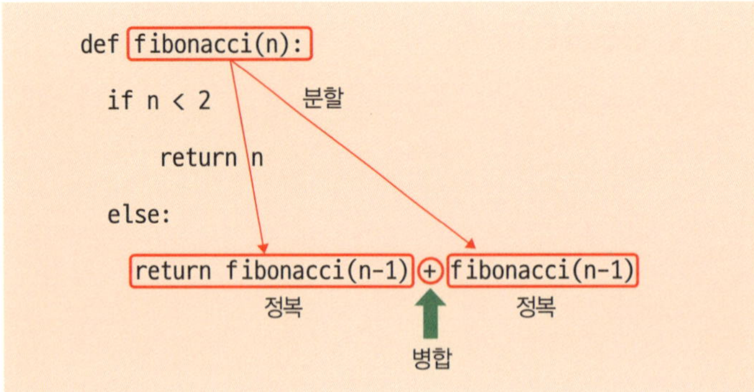

분할 정복 알고리즘은 거듭제곱 계산, 최댓값 또는 최솟값 찾기, 하노이의 탑 문제, 행렬의 곱셈 계산 등에서 다양하게 활용하게 사용됩니다.

2 동적 프로그래밍

동적 프로그래밍(동적 계획법, Dynamic Programming, DP)은 복잡한 문제를 작은 문제로 나누어서 해결하고, 그 결과를 저장해 두었다가 동일한 문제가 다시 나타나면 계산하지 않고, 저장된 값을 사용하는 알고리즘입니다.

▲ 동적 프로그래밍의 효용성

동적 프로그래밍을 적용할 수 있는 문제는 **최적 부분 구조**(Optimal Substructure)를 갖추어야 합니다. 최적 부분 구조란 전체 문제의 최적 해답이 하위 문제의 **최적 해답**(Optimal Solution)으로 구성되는 구조입니다. 이러한 문제는 보통 **중복되는 하위 문제**(Overlapping Subproblems)를 포함하고 있어, 그 결과를 저장해 두고 이를 다시 사용하는 방식이 유리합니다.

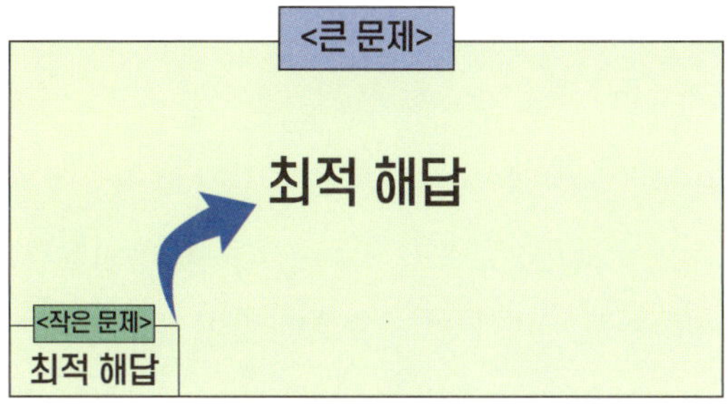

▲ 최적 부분 구조

앞에서 살펴본 분할 정복 알고리즘도 해결해야 할 문제를 작은 문제로 나누는 방식이지만 같은 계산을 여러 번 반복해서 처리할 수 있다는 단점이 있습니다. 예를 들어 피보나치 수열을 계산하는 함수를 'Fibo()'라고 한다면 Fibo(n)을 해결하기 위해 일단 Fibo(n−1)과 Fibo(n−2)으로 나눕니다. 이진 트리로 표현하면 다음과 같습니다.

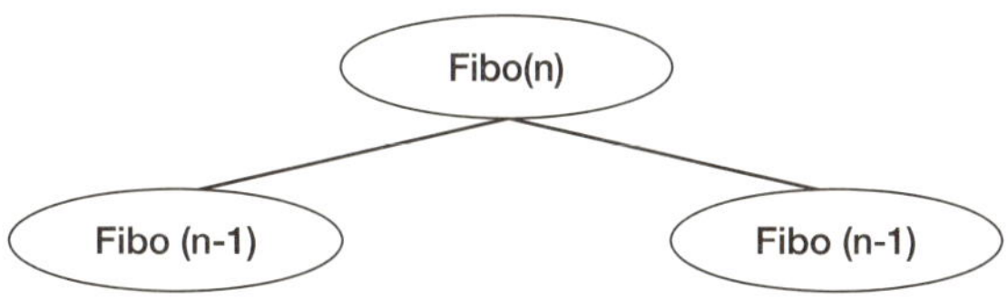

▲ 피보나치 수열 함수의 이진 트리

그런데 Fibo(n−1)은 Fibo(n−2)와 Fibo(n−3)의 합이고, Fibo(n−2)는 Fibo(n−3)과 Fibo(n−4)의 합이 될 테니 이런 식으로 정리하다 보면 결국 다음과 같이 표현할 수 있습니다.

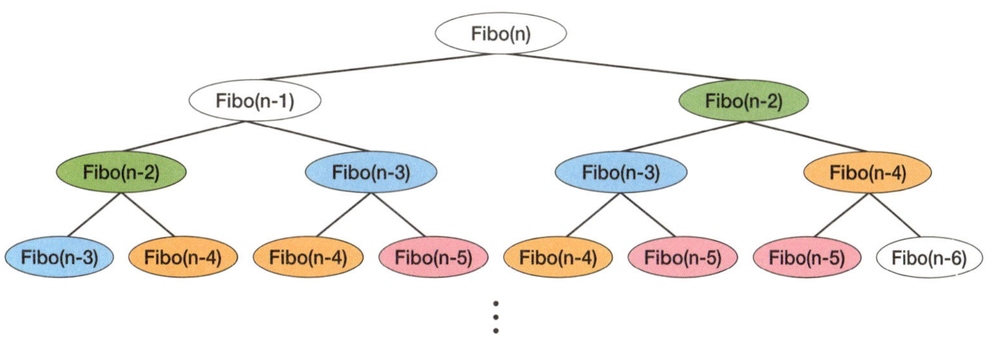

▲ 피보나치 수열 함수의 중복 계산

그림을 보면 'Fibo(n)'이라는 큰 문제를 해결하기 위해 작은 문제를 해결하다 보면 겹치는 계산이 많다는 사실을 확인할 수 있습니다. n이 큰 수라면 엄청나게 많은 중복 계산이 발생할 것입니다.

이러한 문제를 해결하기 위해 동적 프로그래밍에서는 Top-Down 방식과 Bottom-up 방식이 사용됩니다.

Top-Down 방식은 함수를 재귀적으로 호출하면서 결과를 저장해 놓고 필요할 때 사용하는 방식입니다. 가령 Fibo(2) = 1, Fibo(3) = 2, Fibo(4) = 3 … 이렇게 재귀적으로 호출하면서 값을 저장해 나가고 Fibo(2)처럼 이미 한번 호출했던 값이 필요할 때는 저장했던 값을 사용하는 것입니다. 이렇게 작은 문제의 값을 저장해 나가는 방식을 **메모이제이션**(Memoization)이라고 합니다.

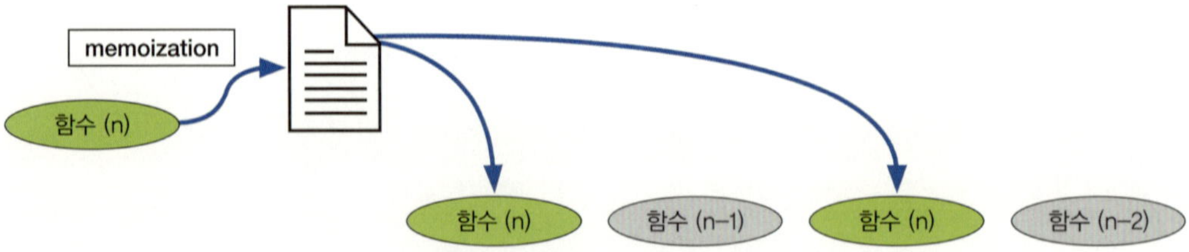

▲ 동적 프로그래밍의 Top-Down 방식

피보나치 수열을 Top-Down 방식으로 구하면 함수의 결괏값을 메모해야 하므로 배열이나 딕셔너리와 같이 메모할 수 있는 공간이 필요합니다. 여기서는 'memo'라는 딕셔너리를 이용하겠습니다. 그리고 if문을 사용해서 한 번도 호출하지 않았던 함수만 계산하여 memo에 저장한 후에 그 값을 반환하고, 이전에 호출한 적 있던 함수는 계산 없이 저장했던 값을 그대로 반환하도록 합니다.

```
def fib(n, memo = {}):
    if n < 2:
        return n
   # n번째 피보나치 수가 memo에 없을 때만 fib(n - 1) + fib(n - 2)를 계산합니다.
    if n not in memo:
        memo[n] = fib(n - 1, memo) + fib(n - 2, memo)
   # n번째 피보나치 수를 반환합니다.(이미 저장된 값은 그대로 반환합니다)
    return memo[n]

# 사용자에게 입력받기
n = int(input("몇 번째 항까지 피보나치 수열을 구할까요? "))
print(f"{n}번째 피보나치 수: {fib(n)}")
```

Bottom-Up 방식은 메모이제이션 대신 배열에 차례대로 값을 저장해 나가는 방식입니다. 함수를 재귀적으로 호출하지 않고, 반복문으로 배열을 채워나가니 Top-Down 방식보다 더 효율적인 경우가 많습니다.

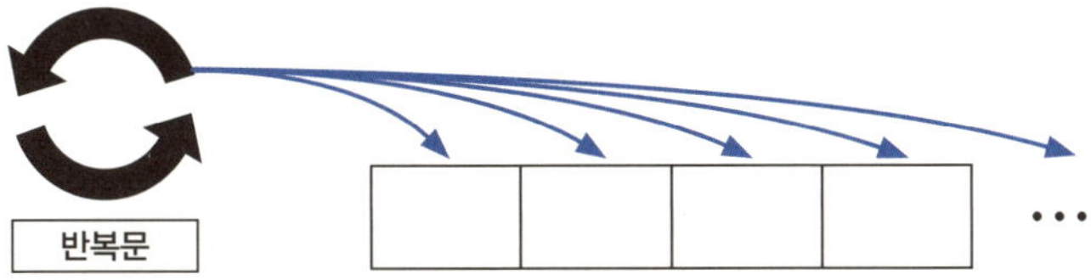

▲ 동적 프로그래밍의 Bottom-Up 방식

```
def fib(n):
    if n < 2:
        return n
    # 배열의 크기를 선언합니다. 0으로 초기화된 요소가 n+1개 생깁니다.
    dp = [0] * (n + 1)
    # 0번째 항에는 이미 0이 있으므로 1번째 항만 1을 입력해 줍니다.
    dp[1] = 1
    # 피보나치 수열을 2부터 차례로 계산하며 배열을 채웁니다.
    for i in range(2, n + 1):
        dp[i] = dp[i - 1] + dp[i - 2]
    # 배열에 저장된 n번째 피보나치 수를 반환합니다.
    return dp[n]

# 사용자에게 입력받기
n = int(input("몇 번째 항까지 피보나치 수열을 구할까요? "))
print(f"{n}번째 피보나치 수: {fib(n)}")
```

동적 프로그래밍은 DNA 서열 분석, 자원 할당, 투자 계획, 최적 경로 탐색 등 다양한 분야에서 유용하게 활용됩니다.

3 그리디 알고리즘

그리디 알고리즘(탐욕 알고리즘, Greedy Algorithm)은 매 단계에서 가장 최적이라고 생각하는 답을 선택하는 알고리즘입니다. 마치 눈앞의 이익만을 보고 결정하는 것처럼 보이므로 '탐욕 알고리즘' 또는 '근시안적 알고리즘'이라고도 불립니다. 당연히 이러한 방식은 전체 문제에서의 최적해(Optimal Solution)를 보장하지 못할 수도 있습니다. 따라서 앞에서 소개한 동적 프로그래밍보다는 덜 효율적일 경우가 많습니다.

▲ 그리디 알고리즘의 특성

하지만 그리디 알고리즘은 문제 해결 과정이 직관적이고 빠르기 때문에, 그리디 알고리즘으로 최적해를 구할 수 있는 문제일 경우에는 매우 효율적인 방법입니다.

그리디 알고리즘 문제의 조건은 하위 문제들이 독립적이면서 현재 상태에서 최선의 선택을 하더라도 전체 문제의 최적해를 보장할 수 있어야 한다는 것입니다. 대표적인 예가 거스름돈으로 가장 적은 수의 동전을 주는 문제입니다. 이 경우 액수가 큰 금액부터 먼저 사용해야 거슬러 줄 전체 동전의 개수가 적을 것이므로, 그리디 알고리즘을 사용하여 효과적으로 해결할 수 있습니다.

▲ 그리디 알고리즘 예시를 위한 동전 종류

거스름돈 문제를 파이썬으로 구현해 보겠습니다. 함수는 거슬러 주어야 하는 금액 amount와 사용할 수 있는 동전 목록 coins를 매개변수로 받습니다.

```
def coin_change(amount, coins):
```

다음으로 거슬러 줄 금액과 수량을 저장하기 위해 딕셔너리를 만듭니다.

```
def coin_change(amount, coins):
    result = {}
```

동전 목록은 이미 내림차순으로 정렬되어 있다는 가정하에 정렬시키는 코드는 생략하고 진행하겠습니다. 동전 목록에 있는 동전을 하나씩 순회합니다.

```
def coin_change(amount, coins):
    result = {}
    for coin in coins:
```

거슬러 주어야 할 액수를 현재 동전으로 나누어 줌으로써 현재 동전으로 거슬러 주기 위해 동전 몇 개가 필요한지 알아보겠습니다. 동전이 금액의 크기 순으로 정렬되어 있다고 가정했으므로 500원 동전부터 알아볼 것입니다. 동전의 개수는 변수 count에 저장합니다.

```
def coin_change(amount, coins):
    result = {}
    for coin in coins:
        count = amount // coin
```

count를 딕셔너리에 해당 동전의 개수로 저장합니다.

```
def coin_change(amount, coins):
    result = {}
    for coin in coins:
        count = amount // coin
        result[coin] = count
```

해당 동전으로 거슬러준 금액을 뺀 나머지 금액을 다시 amount에 저장합니다. 이 과정을 거슬러 줄 수 있는 모든 동전을 순회하며 반복합니다.

```
def coin_change(amount, coins):
    result = {}
    for coin in coins:
        count = amount // coin
        result[coin] = count
        amount -= coin * count
```

순회하며 모든 동전에 대해 거슬러 줄 수 있는 동전의 수를 구하면 결과를 출력합니다.

```
def coin_change(amount, coins):
    result = {}
    for coin in coins:
        count = amount // coin
        result[coin] = count
        amount -= coin * count

    print("거슬러줄 동전:", result)
```

coins 리스트에 내림차순을 정렬된 동전 단위를 할당합니다.

```
def coin_change(amount, coins):
    result = {}
    for coin in coins:
        count = amount // coin
        result[coin] = count
        amount -= coin * count

    print("거슬러줄 동전:", result)

coins = [500, 100, 50, 10, 5, 1]
```

거슬러 줄 돈을 입력하고 coin_change() 함수를 호출합니다.

```
def coin_change(amount, coins):
    result = {}
    for coin in coins:
        count = amount // coin
        result[coin] = count
        amount -= coin * count

    print("거슬러줄 동전:", result)

coins = [500, 100, 50, 10, 5, 1]
amount = int(input("거슬러줄 금액을 입력하세요: "))
coin_change(amount, coins)
```

실행 결과	거슬러줄 금액을 입력하세요: 780 거슬러줄 동전: {500: 1, 100: 2, 50: 1, 10: 3, 5: 0, 1: 0}

그리디 알고리즘은 시간이나 공간적인 제약으로 최적해를 구하는 것이 현실적으로 어려운 경우에 그 상황에서 최선의 선택을 해야 문제에 유용하게 사용됩니다. 예를 들어 정해진 시간 안에 해야 할 활동을 선택하는 문제라든가 용량이 한정된 배낭 안에 물건을 넣는 문제 등을 해결할 때 효과적입니다.

4 백트래킹

백트래킹(Backtracking)은 큰 문제를 작은 문제로 나누어 탐색하는 과정에서, 도중에 해답이 될 수 없다는 것이 확실해지면 그 지점에서 탐색을 중단하고(가지치기, Pruning), 이전 단계로 되돌아와 다른 경로를 탐색하는 방식으로 최적의 해답을 찾아가는 알고리즘입니다.

예를 들어 아래와 같은 미로에서 왼쪽을 먼저 탐색한다는 규칙을 세웠다고 가정해 봅시다.

▲ 백트래킹으로 미로 탈출하기

첫 번째 갈림길에서 ① 방향으로 갔다가 탈출 조건을 만족하지 못함을 알고, 다시 돌아와서 ② 방향으로 갑니다. 두 번째 갈림길에서도 ③ 방향으로 먼저 가지만 탈출 조건을 만족하지 않아 ④ 방향으로 진행합니다. 세 번째 갈림길에서는 ⑤ 방향으로 가서 탈출에 성공합니다. 탈출 조건을 만족하는 경로를 이미 찾았으므로 ⑥ 방향은 탐색할 필요가 없어집니다.

이처럼 백트래킹은 불가능한 경로를 배제하고, 가능한 경로만을 시도해 최종적으로 답을 찾아가는 방법입니다. 이러한 특성 때문에 백트래킹은 경우의 수가 많은 문제에 적합한 알고리즘입니다.

▲ 백트래킹

여덟 퀸 문제는 8×8 체스판에 8개의 퀸을 배치하되, 퀸들끼리 서로 공격할 수 없도록 배치하는 문제입니다. 퀸은 상하, 좌우, 대각선으로 움직일 수 있기 때문에, 어떤 퀸도 다른 퀸과 같은 행, 같은 열, 대각선에 있으면 안됩니다.

정답은 모두 92가지입니다. 그런데 8개의 퀸을 64칸 중에서 배치하는 모든 경우의 수를 따지면 4,426,165,368가지에 달합니다. 따라서 모든 경우를 다 시도하는 방식은 매우 비효율적입니다.

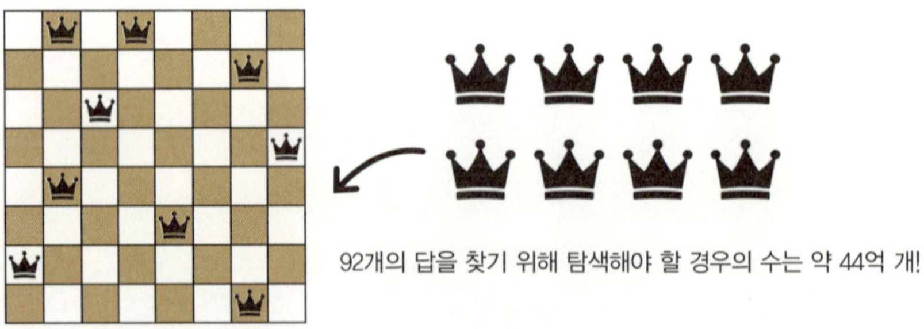

▲ 여덟 퀸 문제

이럴 때 백트래킹이 유용하게 쓰입니다. 백트래킹을 사용하면 퀸을 하나씩 배치하면서 조건에 맞지 않으면 조기에 탐색을 중단하고 되돌아가 다른 경로를 시도할 수 있어 훨씬 효율적으로 문제를 해결할 수 있습니다.

여덟 퀸 문제를 일반화한 문제로 N-Queens 문제가 있습니다. N-Queens 문제는 n개의 퀸을 체스판에 서로 공격할 수 없도록 배치하는 문제입니다. 이 문제를 해결하기 위해서는 가로, 세로, 대각선의 칸에 퀸이 있는지 확인해 가면서 위쪽 행부터 퀸을 배치해 나갑니다. 만약 충돌이 발생하면 이전 단계로 되돌아가 다른 경로를 탐색하는 백트래킹 기법을 사용합니다.

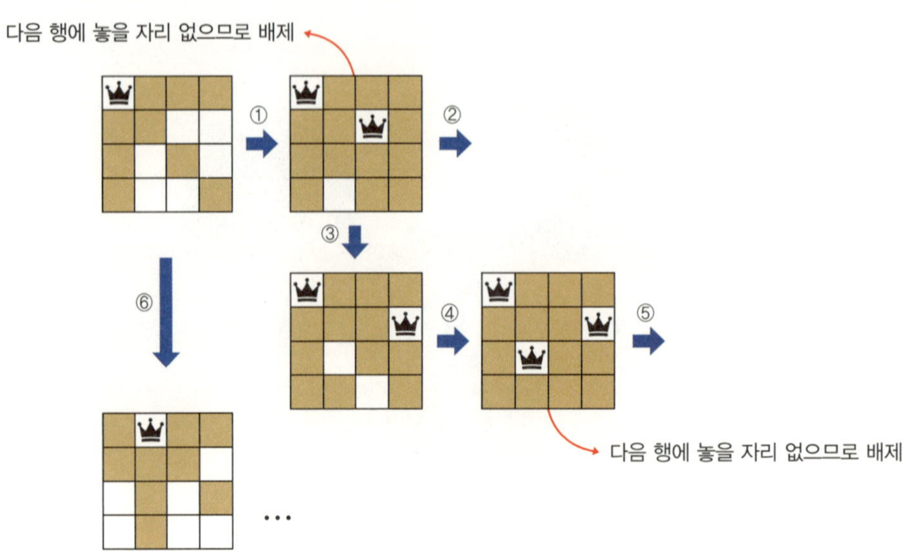

▲ N-Queens 문제 탐색

이 문제를 해결하기 위해서는 두 개의 함수가 필요합니다. 하나는 퀸을 놓을 수 있는 위치를 확인하는 함수이고, 다른 하나는 퀸을 실제로 배치하는 함수입니다. 먼저 퀸을 놓을 수 있는 자리를 확인하는 checkQueen() 함수를 정의하겠습니다. 이 함수는 체스판을 나타내는 2차원 리스트(board), 퀸을 놓으려는 행(row)과 열(col), 체스판의 크기(N)를 매개변수로 받습니다.

```
def checkQueen(board, row, col, N):
```

첫 행부터 현재 행까지 순회하면서 같은 열에 퀸이 있으면 False를 반환합니다.

```
    for i in range(row):
        if board[i][col] == 1:
            return False
```

다음으로 왼쪽 위 대각선에 퀸이 있는지를 확인하는 부분입니다. zip(row, col)은 (row, col) 좌표를 의미합니다. range(row, -1, -1)은 행을 위로, range(col, -1, -1)은 열을 왼쪽으로 하나씩 줄이면서 왼쪽 위 대각선에 해당하는 좌표들을 생성합니다. 좌표의 값이 1이면 여왕이 있는 것이므로 False를 반환합니다.

```
    for i, j in zip(range(row, -1, -1), range(col, -1, -1)):
        if board[i][j] == 1:
            return False
```

이번에는 오른쪽 위 대각선에 퀸이 있는지를 확인합니다. range(col, N)은 현재 열부터 체스판 오른쪽 끝(N)까지의 열을 의미하므로 zip(range(row, -1, -1), range(col, N))은 오른쪽 위 대각선에 해당하는 좌표를 만들어 냅니다. 좌표의 값이 1이면 여왕이 있는 것이므로 False를 반환합니다. 위의 경우가 아니라면, 즉 queen을 배치할 수 있다면 True를 반환합니다.

```
    for i, j in zip(range(row, -1, -1), range(col, N)):
        if board[i][j] == 1:
            return False
    return True
```

이제 퀸을 배치하는 place_queens() 함수를 만들어 보겠습니다. 이 함수는 체스판(board), 현재 처리 중인 행(row), 체스판 크기(N)를 매개변수로 받습니다.

```
def place_queens(board, row, N):
```

퀸을 모두 배치했을 때 출력하는 코드를 작성하겠습니다. 현재 행이 N과 같으면 마지막 행까지 퀸을 성공적으로 배치한 상태이므로 체스판을 출력하고 True를 반환합니다.

```
    if row == N:
        for line in board:
            print(line)
        print()  // 보드판 사이의 공백을 출력합니다.
        return True
```

현재 행에 퀸을 놓을 수 있는지 확인하는 변수 result를 만들고, 일단 False로 초기화합니다.

```
    result = False
```

현재 행의 모든 열을 순회하면서 check_queen() 함수를 호출하여 퀸을 놓을 수 있는지 확인합니다. 퀸을 놓을 수 있다면 해당 행의 현재 열에 퀸을 배치하고(board[row][col] = 1), 다음 행에 퀸을 배치하기 위해 재귀적으로 place_queens() 함수를 호출합니다. 이 재귀 호출로 다음 행의 모든 열을 순회하며 퀸을 놓을 수 있는지 확인합니다.

이때 result는 현재까지 배치가 성공했는지를 저장하는 변수가 됩니다. or 연산을 사용하여 현재 배치 또는 다음 행의 배치 중 하나라도 성공하면 True로 설정합니다. 즉, 어느 열에서든 퀸을 배치하면 result 값은 True를 유지하게 됩니다.

재귀 호출이 끝난 후, 만약 그 이후의 행에서 배치가 불가능한 경우라면, 현재 행에 놓았던 퀸을 제거하고(board[row][col] = 0), 같은 행의 다음 열에 퀸을 놓을 수 있는지 확인합니다. 이 과정이 바로 백트래킹입니다.

```
    for col in range(N):
        if check_queen(board, row, col, N):
            board[row][col] = 1
            result = place_queens(board, row + 1, N) or result
            board[row][col] = 0
    return result
```

이제 메인 코드를 입력합니다. N을 4로 하여 4×4 체스판 리스트를 0으로 초기화하여 만듭니다.

```
N = 4
board = [[0] * N for _ in range(N)]
```

그다음 place_queens()를 호출하고 체스판과 0행, N열을 매개변수로 주어, 0번 행부터 queen을 배치하며 문제를 해결하도록 합니다.

```
place_queens(board, 0, N)
```

N-Queens 문제 해결 전체 코드는 다음과 같습니다.

```
def check_queen(board, row, col, N):
    for i in range(row):
        if board[i][col] == 1:
            return False

    for i, j in zip(range(row, -1, -1), range(col, -1, -1)):
        if board[i][j] == 1:
            return False

    for i, j in zip(range(row, -1, -1), range(col, N)):
        if board[i][j] == 1:
            return False

    return True

def place_queens(board, row, N):
    if row == N:
        for line in board:
            print(line)
        print()
        return True

    result = False
    for col in range(N):
        if check_queen(board, row, col, N):
            board[row][col] = 1
            result = place_queens(board, row + 1, N) or result
            board[row][col] = 0
    return result

N = 4
board = [[0] * N for _ in range(N)]

place_queens(board, 0, N)
```

실행 결과 (N = 4일 때 2가지)	[0, 1, 0, 0] [0, 0, 0, 1] [1, 0, 0, 0] [0, 0, 1, 0] [0, 0, 1, 0] [1, 0, 0, 0] [0, 0, 0, 1] [0, 1, 0, 0]

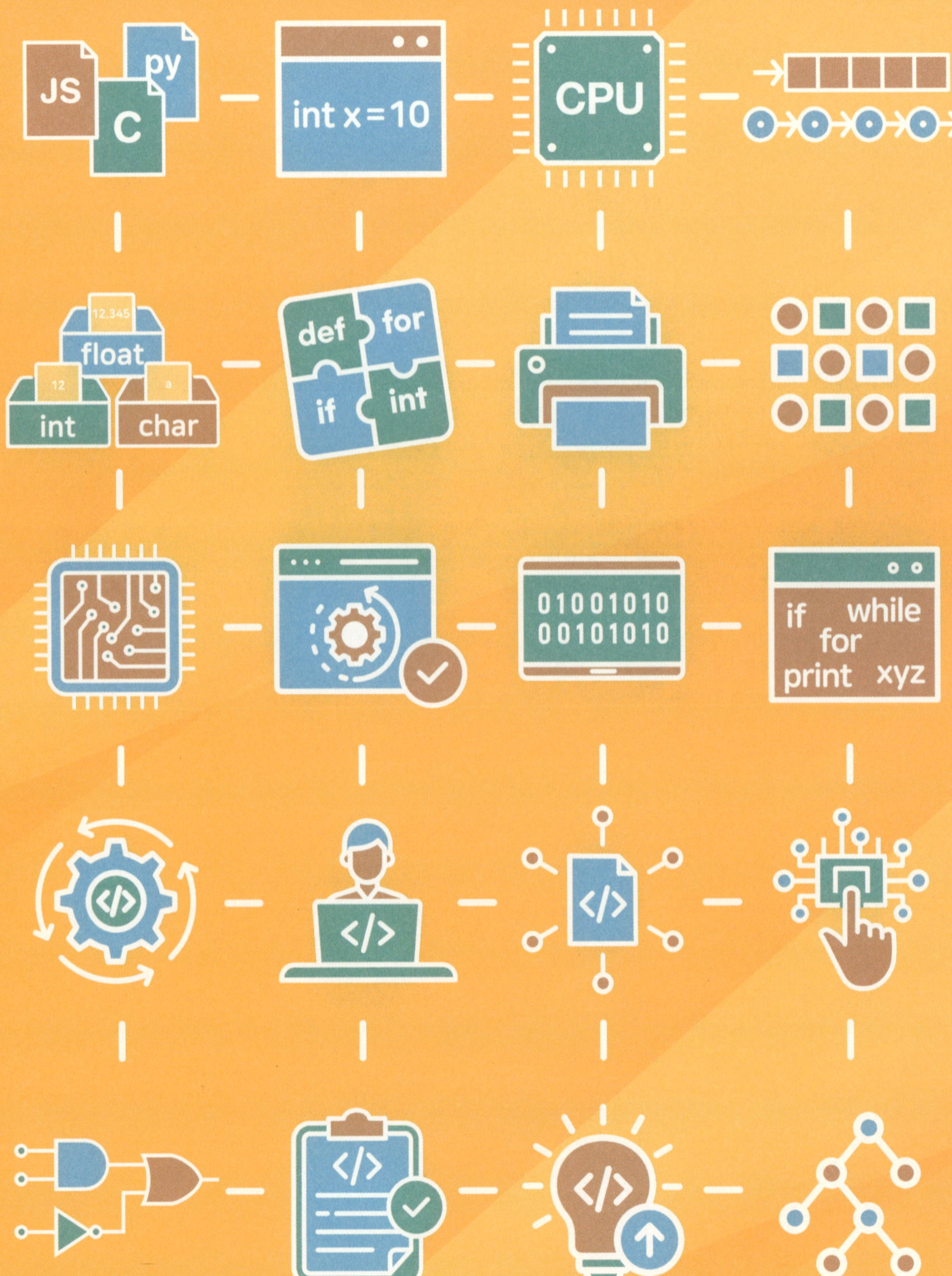
JS
py
C
int x=10
CPU
12.345
float
12
a
int
char
def
for
if
int
01001010
00101010
if
while
for
print
xyz

Chapter 6

인공지능과 코딩

Lesson 1 인공지능 코딩 도구

Lesson 2 머신러닝 코딩

Lesson 3 생성형 인공지능 코딩

Lesson 1

인공지능 코딩 도구

POINT

인공지능을 코딩으로 구현하기 위해서는 데이터를 수집하고 가공한 후, 이를 학습용 데이터 세트로 나누어 모델을 훈련시키는 복잡한 과정이 필요합니다. 이러한 과정을 쉽게 수행할 수 있도록 도와주는 도구들을 살펴보겠습니다.

1 넘파이

넘파이(NumPy, Numerical Python)는 파이썬에서 데이터를 분석하고 수치를 연산하는 라이브러리입니다. 넘파이는 다차원 배열 객체(Ndarray)를 만들고, 배열 간 연산, 배열 정렬, 통계 분석 등의 기능을 지원합니다. 넘파이 라이브러리를 이용하면 대규모 데이터 배열을 효율적으로 처리할 수 있으며, 다른 라이브러리와 함께 사용하여 데이터 과학, 머신러닝, 데이터 분석 등의 분야에서 활용할 수 있습니다.

1 라이브러리 설치

넘파이 라이브러리를 설치하기 위해 가상 환경에 진입하겠습니다.

❶ VS Code에서 '파일 〉 폴더 열기'를 선택하고, 'ai_coding' 폴더를 만들어 선택합니다.

❷ VS Code에서 터미널 탭을 열고, 'my_ai'라는 가상 환경을 만듭니다.

```
PS C:\ai_coding> py -m venv my_ai
```

❸ Windows 사용자는 my_ai\Scripts 디렉터리로 이동하여 'activate'를 실행합니다.

```
PS C:\ai_coding> cd my_ai\Scripts
PS C:\ai_coding\my_ai\Scripts> activate
```

macOS 사용자는 source my_ai/bin/activate 명령어를 입력합니다.

❹ 만약 오류가 난다면 '.\activate'를 입력해 활성화할 수 있습니다.

```
PS C:\ai_coding\my_ai\Scripts> .\activate
```

❺ 앞에 (my_ai)처럼 가상 환경 이름이 나오면 가상 환경으로 진입한 것입니다.

```
(my_ai) PS C:\ai_coding\my_ai\Scripts>
```

이제 넘파이 라이브러리를 설치해 보겠습니다.

❶ 가상 환경 내에서 넘파이 라이브러리를 설치합니다.

```
(my_ai) PS C:\ai_coding\my_ai\Scripts> pip install numpy
```

❷ VS Code 탐색기에서 my_numpy.py 파일을 생성합니다.

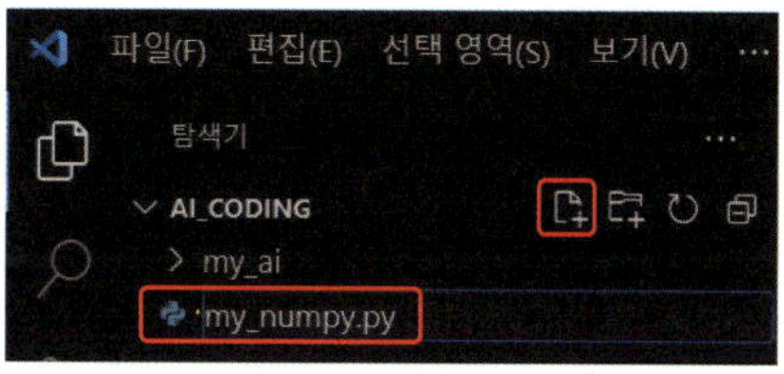

❸ 인터프리터가 가상 환경으로 지정되어 있는지 확인해 보겠습니다. F1 또는 Ctrl + Shift + P 키를 눌러 명령 팔레트 열고 'Python:Select Interpreter'를 선택합니다.

❹ 'Python 버전('my.ai':venv)'처럼 가상 환경이 있는 경로가 선택되어 있는지 확인합니다.

2 기본 사용법

넘파이 라이브러리를 np라는 이름으로 import합니다. 이렇게 하면 넘파이 모듈의 함수를 'np.함수명()' 형태로 간단하게 호출할 수 있습니다.

```
import numpy as np
```

ndarray는 넘파이에서 N차원 배열을 표현하는 클래스입니다. ndarray의 1차원 배열은 리스트처럼 자료들이 일렬로 나열된 형태입니다.

▲ ndarray 1차원 배열

np.array() 함수를 사용하여 1차원 배열을 생성합니다. 배열의 값은 [1, 2, 3, 4, 5]이고, 변수 array_1d에 저장됩니다.

```
array_1d = np.array([1, 2, 3, 4, 5])
print("1차원 배열:", array_1d)
```

실행 결과

```
1차원 배열: [1 2 3 4 5]
```

산술 연산자로 간단하게 1차원 배열의 모든 요소에 연산을 수행할 수 있습니다.

```
array_sum = array_1d + 10
print("1차원 배열 요소에 각각 10 더하기:", array_sum)
array_mult = array_1d * 2
print("1차원 배열 요소에 각각 2를 곱하기:", array_mult)
```

실행 결과

```
1차원 배열 요소에 각각 10 더하기: [11 12 13 14 15]
1차원 배열 요소에 각각 2를 곱하기: [ 2  4  6  8 10]
```

넘파이에서 제공하는 메소드로도 연산할 수 있습니다. np.mean() 메소드는 배열의 평균값을, np.std() 메소드는 배열의 표준 편차를 계산합니다.

```
mean_value = np.mean(array_1d)
std_dev = np.std(array_1d)
print("1차원 배열 요소의 평균값:", mean_value)
print("1차원 배열 요소의 표준 편차:", std_dev)
```

실행 결과

```
1차원 배열 요소의 평균값: 3.0
1차원 배열 요소의 표준 편차: 1.4142135623730951
```

ndarray의 2차원 배열은 행렬처럼 row와 column으로 되어 있는 형태입니다. 이때 row에 해당하는 x축을 'axis = 0', column에 해당하는 y축을 'axis = 1'이라고 합니다. axis=0은 열을 기준으로(행 방향으로) 연산하고, axis=1은 행을 기준으로(열 방향으로) 연산합니다.

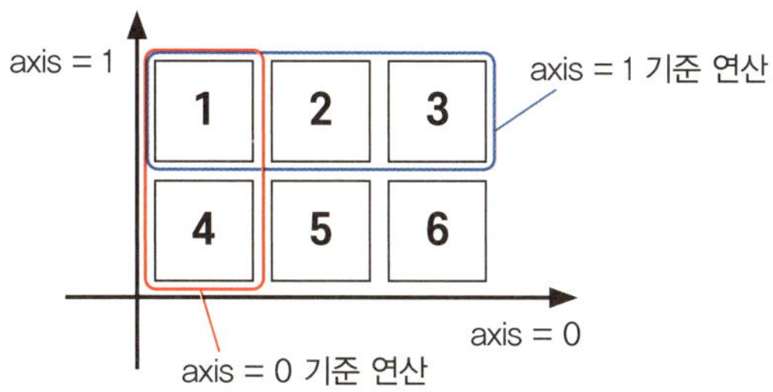

▲ ndarray 2차원 배열

2차원 배열을 생성해 보겠습니다. 배열은 두 개의 리스트 [1, 2, 3]과 [4, 5, 6]을 가지고 있어, 2행 3열의 형태를 가집니다. 변수 array_2d에 저장합니다.

```
array_2d = np.array([[1, 2, 3], [4, 5, 6]])
print("2차원 배열:\n", array_2d)
```

실행 결과	2차원 배열: [[1 2 3] [4 5 6]]

배열의 크기와 차원을 확인해 보겠습니다. 'array_2d.shape'은 배열의 형태를 반환합니다. array_2d는 2행 3열이므로 (2, 3)을 반환합니다. 'array_2d.ndim'은 배열의 차원 수를 반환합니다. array_2d는 2차원 배열이므로 2를 반환합니다

```
print("2차원 배열의 형태:", array_2d.shape)
print("배열의 차원 수:", array_2d.ndim)
```

실행 결과	2차원 배열의 형태: (2, 3) 배열의 차원 수: 2

axis = 0과 axis = 1을 기준으로 합을 구해 보겠습니다.

```
print("열 기준 합: ", np.sum(array_2d, axis = 0))
print("행 기준 합: ", np.sum(array_2d, axis = 1))
```

실행 결과	열 기준 합: [5 7 9] 행 기준 합: [6 15]

3차원 배열은 입체적인 구조라 깊이(depth)가 생깁니다. 깊이는 'z축'이라고 하며, axis = 2가 됩니다.

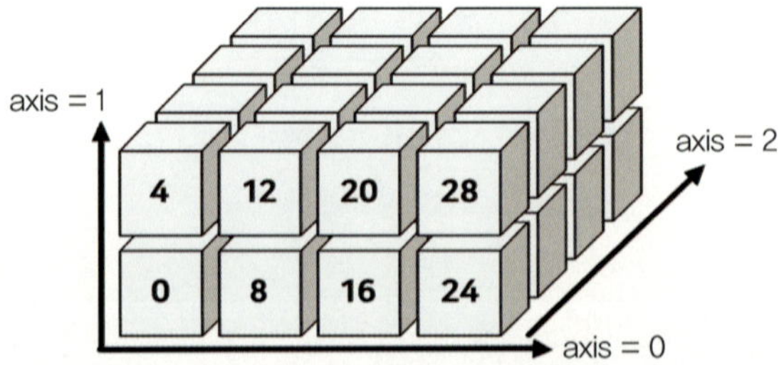

▲ ndarray 3차원 배열

```
# np.arange(32)로 0부터 31까지 1차원 배열을 만들고, .reshape()로 1차원 배열을
4×2×4 크기의 3차원 배열로 만듭니다.
array_3d = np.arange(32).reshape(4, 2, 4)
print("3차원 배열:\n", array_3d)
```

실행 결과

```
3차원 배열:
 [[[ 0  1  2  3]
  [ 4  5  6  7]]

 [[ 8  9 10 11]
  [12 13 14 15]]

 [[16 17 18 19]
  [20 21 22 23]]

 [[24 25 26 27]
  [28 29 30 31]]]
```

3 활용 예시

```
import numpy as np

# 5명의 학생의 3과목 성적 (각 행이 한 명의 학생, 각 열이 과목)
scores = np.array([[85, 90, 88],  # 학생 1
                   [78, 85, 89],  # 학생 2
                   [92, 88, 84],  # 학생 3
```

```
                    [91, 93, 87],  # 학생 4
                    [87, 79, 90]]) # 학생 5

average_student = np.mean(scores, axis = 1)
print(f"학생별 평균 점수: {average_student}")

average_subject = np.mean(scores, axis = 0)
print(f"과목별 평균 점수: {average_subject}")

max_score = np.max(scores)
print(f"최고 점수: {max_score}")

min_score = np.min(scores)
print(f"최저 점수: {min_score}")

total_score = np.sum(scores)
print(f"전체 총 점수: {total_score}")

passing_scores = scores[scores >= 80]
print(f"80점 이상인 성적: {passing_scores}")
```

실행 결과	학생별 평균 점수: [87.66666667 84.0 88.0 90.33333333 85.33333333] 과목별 평균 점수: [86.6 87.0 87.6] 최고 점수: 93 최저 점수: 78 전체 총 점수: 1306 80점 이상인 성적: [85 90 88 85 89 92 88 84 91 93 87 87 90]

2 판다스

판다스(Pandas)도 넘파이와 같이 데이터 처리와 분석에 사용하는 라이브러리입니다. 1차원 테이블(Series)과 2차원 테이블(DataFrame) 형식의 자료 구조를 제공하여 데이터를 쉽게 처리할 수 있도록 해줍니다. 판다스는 데이터 분석 및 전처리, 시각화, 통계 분석 등 다양한 데이터 작업에서 폭넓게 활용됩니다.

1 라이브러리 설치

판다스 라이브러리를 설치해 보겠습니다.

❶ 가상 환경 내에서 판다스 라이브러리를 설치합니다.

```
(my_ai) PS C:\ai_coding\my_ai\Scripts> pip install pandas
```

❷ VS Code 탐색기에서 **my_pandas.py** 파일을 생성합니다.

2 기본 사용법

판다스 라이브러리는 보통 'pd'라는 이름으로 **import**합니다.

```
import pandas as pd
```

판다스에서 **DataFrame**을 만들 때는 **pd.DataFrame({'(열 이름)': [값], …})** 메소드로 생성합니다.

```
df = pd.DataFrame({'A': [1, 2, 3], 'B': [4, 5, 6]})
print(df)
```

실행 결과

```
   A  B
0  1  4
1  2  5
2  3  6
```

딕셔너리로 **DataFrame**을 생성할 수 있습니다. 이때 값이 누락된 경우 '결측 값'이 있다고 합니다. 결측 값은 **NaN** 또는 **None**으로 나타냅니다.

```
member = {'이름':['홍길동', '고길동'],
          '나이':[25, 35],
          '전화번호':['010-123-4567', '010-222-1234']}
df = pd.DataFrame(member,
columns = ['이름', '전화번호', '나이', '주소'], index = ['1','2'])
print(df)
```

실행 결과

```
     이름        전화번호    나이   주소
1  홍길동  010-123-4567   25   NaN
2  고길동  010-222-1234   35   NaN
```

이번에는 결측 값이 없는 **DataFrame**을 생성하겠습니다.

```
data = {
    '지역': ['동구', '서구', '동구', '서구', '동구', '서구'],
    '제품': ['A', 'A', 'B', 'B', 'A', 'B'],
    '판매량': [100, 150, 200, 250, 300, 350]
}

df = pd.DataFrame(data)
print(df)
```

결측 값이 없을 때는 숫자형 데이터가 정수형으로 출력되며, 결측 값이 있으면 실수형으로 변환될 수 있습니다.

실행 결과	
	<pre> 지역 제품 판매량 0 동구 A 100 1 서구 A 150 2 동구 B 200 3 서구 B 250 4 동구 A 300 5 서구 B 350</pre>

3 활용 예시

```
import pandas as pd

# 데이터프레임을 생성합니다.
data = {
    '이름': ['김민준', '제임스', '유이', '웨이'],
    '나이': [25, 30, 35, 40],
    '고향': ['서울', '뉴욕', '도쿄', '베이징']
}
df = pd.DataFrame(data)

# 데이터프레임를 출력합니다.
print("DataFrame:\n", df)

# 특정 열을 선택합니다.
print("\n이름 열:\n", df['이름'])

# 행 필터링: 나이가 30 이상인 행만 출력합니다.
filtered_df = df[df['나이'] >= 30]
print("\n30세 이상인 사람:\n", filtered_df)

# 새로운 열을 추가합니다.
df['성적'] = [100, 90, 80, 70]
print("\n성적 추가:\n", df)
```

실행 결과	DataFrame: 　　이름　나이　고향 0　김민준　25　서울 1　제임스　30　뉴욕 2　유이　35　도쿄 3　웨이　40　베이징 이름 열: 0　김민준 1　제임스 2　유이 3　웨이 Name: 이름, dtype: object	30세 이상인 사람: 　　이름　나이　고향 1　제임스　30　뉴욕 2　유이　35　도쿄 3　웨이　40　베이징 성적 추가: 　　이름　나이　고향　성적 0　김민준　25　서울　100 1　제임스　30　뉴욕　90 2　유이　35　도쿄　80 3　웨이　40　베이징　70

3 맷플롯립

맷플롯립(Matplotlib)은 데이터를 그래프나 차트 등의 형태로 시각화하는 라이브러리로서 다양한 시각화 스타일을 제공합니다. 맷플롯립을 판다스 등 다른 라이브러리와 함께 사용하면 데이터를 효율적으로 시각화할 수 있으므로 데이터 분석, 통계, 머신러닝 등 여러 분야에 널리 활용되고 있습니다.

1 라이브러리 설치

맷플롯립 라이브러리를 설치해 보겠습니다.

❶ 가상 환경 내에서 맷플롯립 라이브러리를 설치합니다.

```
(my_ai) PS C:\ai_coding\my_ai\Scripts> pip install matplotlib
```

❷ VS Code 탐색기에서 my_matplotlib.py 파일을 생성하고, 맷플롯립 라이브러리를 import합니다.

```
import matplotlib
```

맷플롯립으로 선그래프(Line Plot), 막대그래프(Bar Plot), 히스토그램(Histogram), 산점도(Scatter Plot), 원그래프(Pie Chart) 등 다양한 그래프를 그릴 수 있습니다.

2 선그래프 그리기

```
import matplotlib.pyplot as plt

x = [0, 1, 2, 3, 4, 5]
y = [0, 1, 4, 9, 16, 25]

plt.plot(x, y, color='b', linestyle='--', marker='o', markersize=8,
markerfacecolor='r', linewidth=2, label='Parabola')
plt.title('Sample Plot')
plt.xlabel('X Axis')
plt.ylabel('Y Axis')
plt.grid(True)
plt.legend()
plt.show()
```

- plt.plot: 선그래프 만들기
- markersize=8: 마커 크기
- markerfacecolor='r': 마커 내부 색
- linewidth=2: 선 두께
- label='Parabola': 라벨
- plt.title('Sample Plot'): 그래프 제목
- plt.xlabel('X Axis'): x축 라벨
- plt.ylabel('Y Axis'): y축 라벨
- plt.grid(True): 격자선 추가
- plt.legend(): 범례 표시
- plt.show(): 그래프 화면에 출력

선 색깔 설정
'b': 파란색 (blue)'
'r': 빨간색 (red)'
'm': 자홍색 (magenta)
'k': 검은색 (black)
'g': 초록색 (green)
'c': 청록색 (cyan)
'y': 노란색 (yellow)
'w': 흰색 (white)

선 모양 설정
'-' : 실선
'--' : 대시 선
'-.' : 대시-닷 선
':' : 점선

주요 마커
'o': circle
'^': triangle up
'D': diamond
's': square
'V': triangle down
'*': star

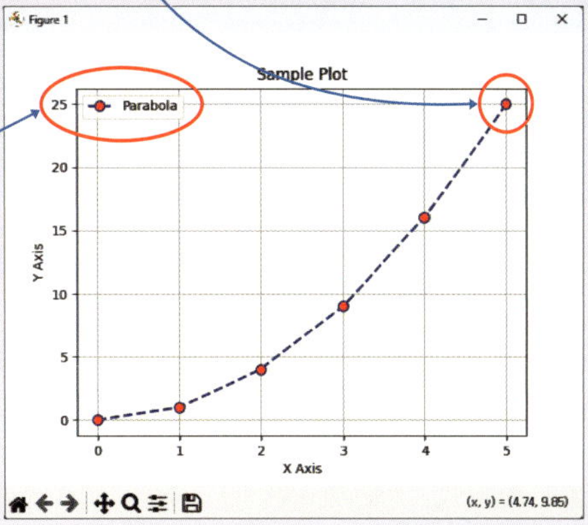

3 막대그래프 그리기

```
import matplotlib.pyplot as plt

x = [0, 1, 2, 3, 4]
heights = [3, 5, 7, 10, 6]

plt.bar(x, heights, width=0.6, color='skyblue', edgecolor='black', align='center',
tick_label=['A', 'B', 'C', 'D', 'E'], alpha=0.8, label='Data')
plt.title('Bar Graph')
plt.xlabel('Category')
plt.ylabel('Values')
plt.legend()
plt.grid(True, axis='y')

plt.show()
```

- plt.bar: 막대그래프 만들기
- width=0.6: 막대 너비
- color='skyblue': 막대 색상
- edgecolor='black': 막대 테두리 색상
- align='center': X값 중심 위치에 막대 배치 ('edge'는 왼쪽 가장자리에 배치)
- tick_label=['A', 'B', 'C', 'D', 'E']: 막대 레이블
- alpha=0.8: 투명도
- plt.grid(True, axis='y'): y축에만 격자 추가

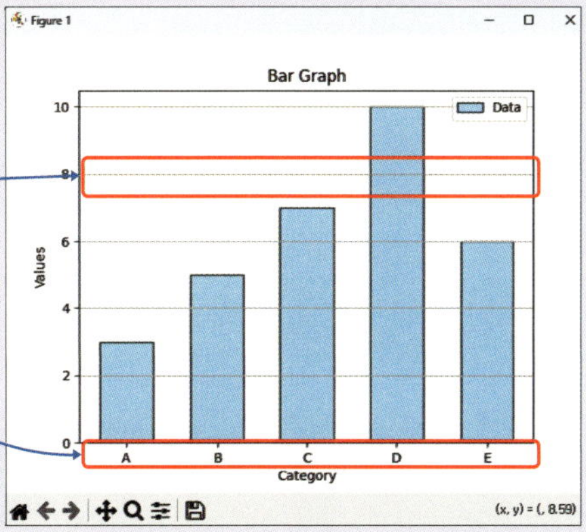

4 원그래프 그리기

```
import matplotlib.pyplot as plt

sizes = [25, 35, 20, 20]
각 카테고리의 비율(크기) 설정
labels = ['Category A', 'Category B', 'Category C', 'Category D']
각 카테고리의 라벨
colors = ['skyblue', 'lightgreen', 'lightcoral', 'yellow']
각 카테고리의 색깔
explode = [0, 0.1, 0, 0]
카테고리 분리
plt.pie(sizes, labels=labels,
원그래프 그리기
colors=colors, explode=explode,
autopct='%1.1f%%',
shadow=True, startangle=90,
그림자 추가          시작 각도(90도면 위쪽부터 시작)
counterclock=True)
반시계 방향 배치
plt.title('Pie Chart')

plt.show()
```

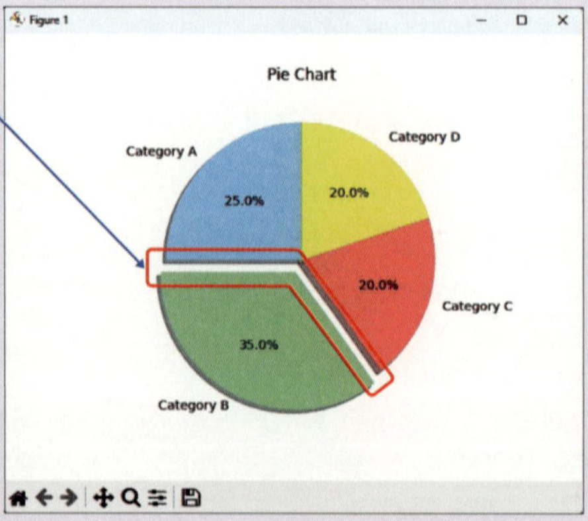

이처럼 맷플롯립 라이브러리를 활용하면 다양한 그래프를 손쉽게 그릴 수 있습니다. 더 많은 기능과 예제는 맷플롯립 공식 사이트(https://matplotlib.org/)에 있는 여러 샘플 코드를 참고하여 활용해 보시기 바랍니다.

Lesson 2

머신러닝 코딩

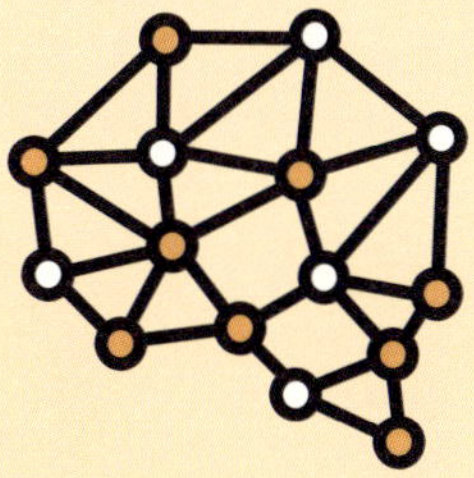

POINT 머신러닝은 데이터를 분석하여 규칙을 학습하는 알고리즘과 통계 모델을 연구하는 분야입니다. 머신러닝 코드는 어떻게 작성하는지 살펴봅시다.

1 머신러닝의 이해

머신러닝(Machine Learning)은 데이터를 기반으로 데이터의 특성과 패턴을 학습하고, 학습된 결과를 바탕으로 미지의 데이터 결과를 예측하는 알고리즘 분야입니다. 머신러닝 코딩의 일반적인 흐름은 다음과 같습니다.

▲ 머신러닝 모델 개발 과정

머신러닝은 크게 지도 학습, 비지도 학습, 강화 학습으로 나눌 수 있고, 학습 모델로는 k-최근접 이웃(KNN), 선형 회귀, 로지스틱 회귀, k-평균 군집화 등이 있습니다. 이러한 알고리즘을 코드로 직접 구현하려면 매우 복잡하고 시간이 오래 걸리지만, 사이킷런(Scikit-Learn)과 같은 라이브러리를 이용하면 보다 간편하게 처리할 수 있습니다.

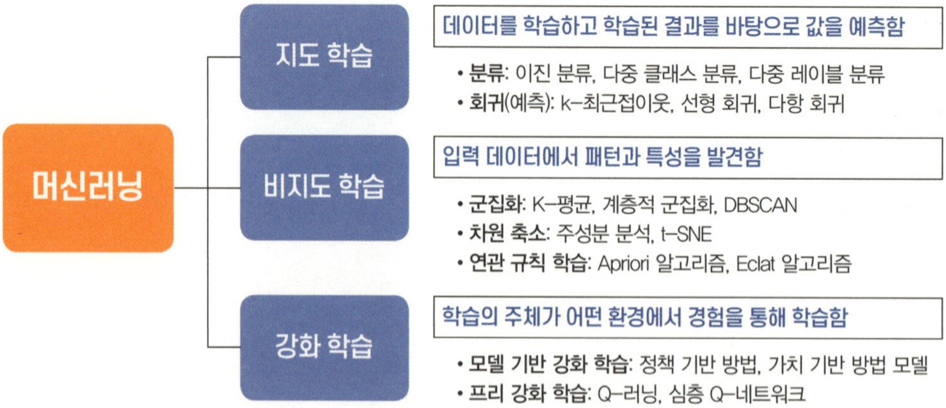

▲ 머신러닝의 주요 학습 유형

2 사이킷런

사이킷런(Scikit-Learn)은 파이썬에서 머신러닝을 쉽게 구현할 수 있도록 도와주는 라이브러리입니다. 이 라이브러리는 회귀, 분류, 차원 축소 등 다양한 머신러닝 알고리즘을 제공하고, 데이터 전처리, 모델 학습, 평가 및 예측 등 머신러닝 전 과정에서 유용하게 사용됩니다.

사이킷런 공식 사이트(https://scikit-learn.org/stable/index.html)에서 다양한 예제와 설명을 확인할 수 있습니다.

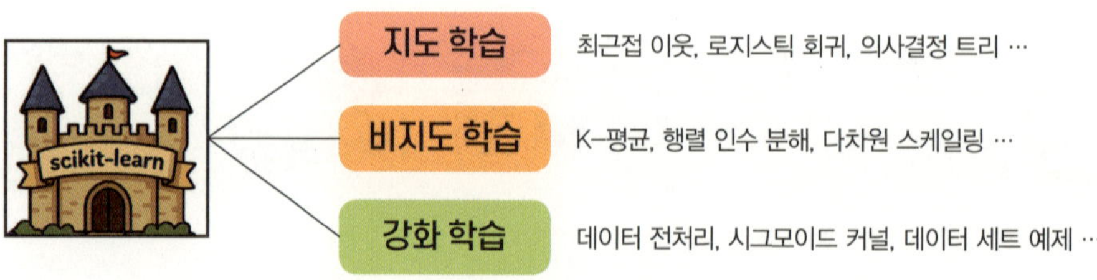

▲ scikit-learn의 주요 머신러닝 학습 유형

1 라이브러리 설치

사이킷런 라이브러리를 설치해 보겠습니다.

❶ 가상 환경 내에서 사이킷런 라이브러리를 설치합니다.

```
(my_ai) PS C:\ai_coding\my_ai\Scripts> pip install scikit-learn
```

❷ VS Code 탐색기에서 my_sklearn.py 파일을 생성합니다.

2 활용 예시

사이킷런에는 내장된 예제 데이터 세트가 20여 가지 있습니다. 대표적인 데이터 세트는 다음과 같습니다.

데이터 세트 이름	내용
아이리스 식물 데이터 세트	아이리스 꽃의 특성(식물의 꽃받침 폭, 꽃잎 길이 등)으로 세 종류의 꽃을 분류합니다.
캘리포니아 주택 데이터 세트	1990년 미국 인구 조사국 데이터를 기반으로 주택 가격을 예측합니다.
유방암 진단 데이터 세트	유방암 덩어리의 30가지 특성을 바탕으로 진단을 예측합니다.
와인 인식기 데이터 세트	이탈리아에서 재배된 와인의 화학 분석 데이터로 와인 유형을 예측합니다.

아이리스 데이터 세트는 통계학자 R.A. 피셔가 1936년에 소개한 것으로, 식물학자 에드가 앤더슨이 캐나다 퀘벡의 가스페지(Gaspésie) 반도 등지에서 수집한 데이터입니다. 이 데이터는 아이리스의 세 가지 품종인 아이리스 세토사(Iris Setosa), 아이리스 버시컬러(Iris Versicolor), 아이리스 버지니카(Iris Virginica)에 에 대하여 각각 50개의 샘플로 구성되어 있습니다.

다음은 아이리스 데이터 세트를 사용하여 꽃의 종류를 분류하는 간단한 예제입니다.

```
# 아이리스 데이터를 불러오는 함수를 import합니다.
from sklearn.datasets import load_iris
# 데이터를 학습용과 테스트용으로 나누는 함수를 import합니다.
from sklearn.model_selection import train_test_split
# 랜덤 포레스트 알고리즘을 사용한 분류 모델을 import합니다.
from sklearn.ensemble import RandomForestClassifier
# 모델의 예측 성능을 평가하기 위한 함수를 import합니다.
from sklearn.metrics import accuracy_score

iris = load_iris()  # 아이리스 데이터 세트를 iris 변수에 로드합니다.
X = iris.data  # 꽃의 특성(꽃의 너비, 길이 등) 데이터를 변수 x에 저장합니다.
y = iris.target  # 아이리스 세 종류 중 어떤 꽃인지를 나타내는 레이블을 변수 y에
저장합니다.

# 학습 데이터와 테스트 데이터로 분리합니다. test_size=0.3은 전체 데이터의 30%를
테스트 데이터로 사용하겠다는 의미입니다. random_state=42는 데이터를 무작위로 나누되
시드를 42로 고정하여 무작위로 나눈 값이 동일하도록 합니다.
X_train, X_test, y_train, y_test = train_test_split(X, y, test_size=0.3, random_
state=42)

# 랜덤 포레스트 분류기 모델을 생성합니다. n_estimators=100은 100개의 의사결정 트
리를 사용할 것임을 지정합니다.
clf = RandomForestClassifier(n_estimators=100)
clf.fit(X_train, y_train) # .fit()은 모델을 학습시키는 메소드입니다. 이 과정에서
모델은 꽃의 특성과 종류 간의 관계를 학습합니다.
```

```
y_pred = clf.predict(X_test)  # .predict()는 예측하는 메소드입니다. 학습된 모델을 사용해 테스트 데이터에 대한 예측을 수행하고 결과를 y_pred에 저장합니다.
accuracy = accuracy_score(y_test, y_pred)
# .score()는 모델의 성능을 평가하는 메소드로, 분류 모델에서는 정확도를 나타냅니다.

print(f"모델의 정확도: {accuracy * 100:.2f}%") # 모델의 정확도를 백분율로 변환해 소수점 두 자리까지 출력합니다.
```

실행 결과	모델의 정확도: 100.00%

이 예제에서는 **랜덤 포레스트**(Random Forest) 알고리즘이 사용되었는데, 랜덤 포레스트 알고리즘은 훈련 세트에서 무작위로 선택한 샘플들로 결정 트리(Decision Tree)라고 부르는 여러 이진 트리를 만들고, 각각의 트리를 훈련하여 트리마다 나오는 예측값들을 평균 내어 최종 예측값을 도출하는 방식으로 작동하는 알고리즘입니다. 이 알고리즘은 다양한 트리의 결과를 조합하므로 안정적인 성능을 얻을 수 있는 장점이 있습니다.

위와 같이 학습을 완료했다면 다양한 용도로 활용할 수 있습니다. 가령, 위의 코드에 이어 다음과 같이 코드를 입력하여 내가 관찰하고 있는 아이리스가 어떤 품종인지 예측할 수 있습니다.

```
# 학습 완료 후 사용자 입력을 받아 예측하는 함수
def predict_flower():
    print("아이리스 꽃의 특성을 입력하세요.")
    sepal_length = float(input("꽃받침의 길이 (cm): "))
    sepal_width = float(input("꽃받침의 너비 (cm): "))
    petal_length = float(input("꽃잎의 길이 (cm): "))
    petal_width = float(input("꽃잎의 너비 (cm): "))

    # 입력 데이터를 2D 배열로 만들어 모델에 전달
    input_data = [[sepal_length, sepal_width, petal_length, petal_width]]
    prediction = clf.predict(input_data)
    flower_name = iris.target_names[prediction[0]]
    print(f"꽃의 종류: {flower_name}")

# 사용자 예측 함수 호출
predict_flower()
```

실제 아이리스의 품종별 평균 수치는 대략 다음과 같습니다.

품종	꽃받침 길이	꽃받침 너비	꽃잎 길이	꽃잎 너비
Iris Setosa	약 5.0cm	약 3.4cm	약 1.5cm	약 0.2cm
Iris Versicolor	약 5.9cm	약 2.8cm	약 4.3cm	약 1.3cm
Iris Virginica	약 6.6cm	약 3.0cm	약 5.5cm	약 2.0cm

위의 코드를 실행해 보고 수치를 넣어 품종을 잘 구별하는지 확인할 수 있습니다.

실행 결과

```
아이리스 꽃의 특성을 입력하세요.
꽃받침의 길이 (cm): 5.1
꽃받침의 너비 (cm): 3.5
꽃잎의 길이 (cm): 1.4
꽃잎의 너비 (cm): 0.2
예측된 꽃의 종류: setosa
```

3 딥러닝의 이해

1958년, 심리학자 프랭크 로젠블랫(Frank Rosenblatt, 1928~1971)은 인간의 뉴런을 모방한 퍼셉트론(Perceptron)을 발표했습니다. 퍼셉트론은 초기 형태의 인공 신경망으로, 여러 입력 값에 가중치를 곱한 다음, 편향 값을 더해 0 또는 1의 결과를 출력하는 알고리즘입니다.

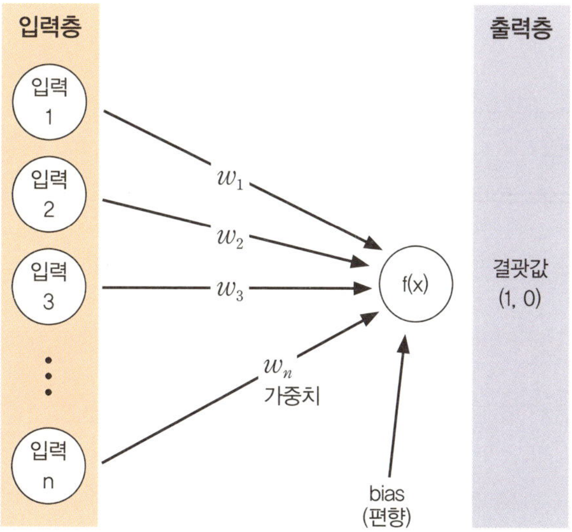

▲ 단층 퍼셉트론(Single-Layer Perceptron)의 구조

딥러닝은 이러한 퍼셉트론을 확장하여, 입력층과 출력층 사이에 여러 개의 은닉층을 추가한 구조를 갖습니다. 이러한 구조를 다층 퍼셉트론(Multi-layer Perceptron, MLP), 또는 심층 신경망(Deep Neural Network, DNN)이라고 하는데, 이는 데이터를 학습하고 가중치를 스스로 조정하며 학습하는 기술입니다.

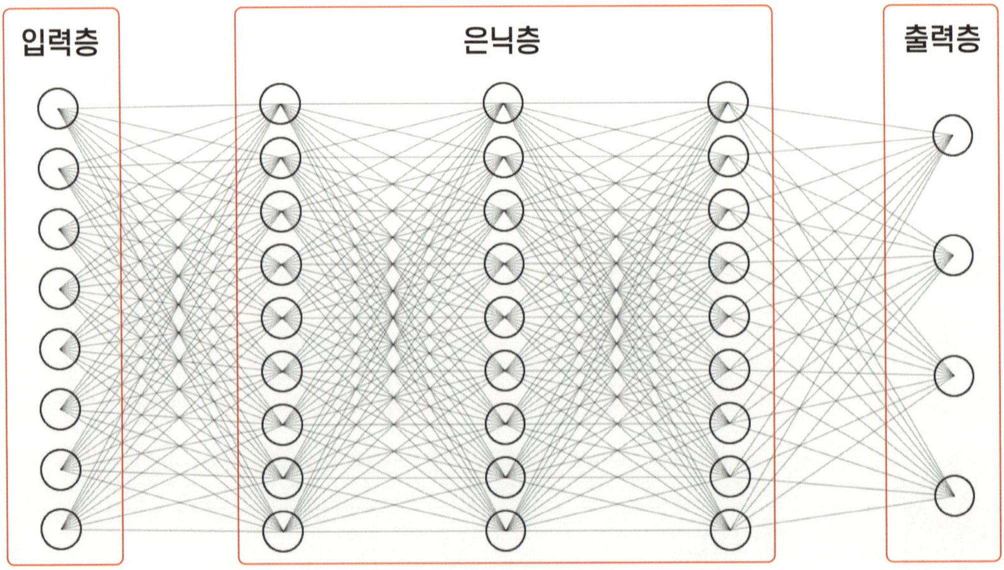

▲ 다층 퍼셉트론(Multi-Layer Perceptron) 구조

딥러닝의 주요 모델에는 이미지 처리에 주로 사용되는 CNN(Convolutional Neural Networks), 자연어 처리와 시계열 데이터에 주로 사용되는 RNN(Recurrent Neural Networks), 이미지 생성을 위한 GAN(Generative Adversarial Networks), 그리고 자연어 처리 분야에 강력한 성능을 지닌 Transformer 등이 있습니다.

4 텐서플로

텐서플로(또는 텐서플로우, TensorFlow)는 2015년 구글에서 오픈소스로 공개한 딥러닝 라이브러리입니다. 텐서플로는 머신러닝과 딥러닝 개발을 위한 다양한 기능을 제공하며, 이를 웹이나 모바일 애플리케이션에 쉽게 구현할 수 있도록 돕습니다.

텐서(Tensor)는 다차원 배열을 의미하고, 플로(Flow)는 계산 그래프 구조(Computational Graph)를 통해 텐서가 노드 간에 흐르는 것을 의미합니다. 즉, 텐서플로를 사용하여 딥러닝을 구현할 때는 다차원 배열을 생성하고, 이를 계산 그래프 위에서 실행하는 방식으로 진행됩니다.

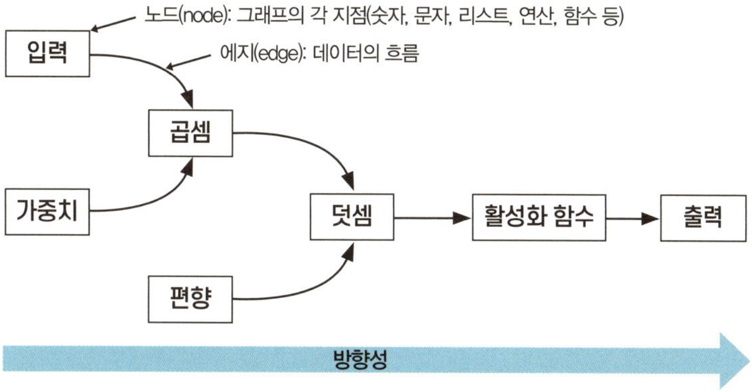

▲ y = f(wx+b)의 계산 그래프 (y: 출력, f(): 활성화 함수, w: 가중치, x:입력, b: 편향)

1 라이브러리 설치

텐서플로 라이브러리를 설치해 보겠습니다. 가상 환경 내에서 텐서플로 라이브러리를 설치합니다.

```
(my_ai) PS C:\ai_coding\my_ai\Scripts> pip install tensorflow
```

2 기본 사용법

VS Code에서 my_tensor.py 파일을 만들고, 텐서플로 라이브러리를 'tf'라는 이름으로 import합니다. 잘 설치됐는지 버전을 확인해 봅니다.

```
import tensorflow as tf
print(tf.__version__)
```

실행 결과	(정보 및 경고 메시지) 2.17.0

영어로 길게 나오는 메시지는 oneDNN(Intel의 딥 뉴럴 네트워크 라이브러리) 활성화와 CPU 최적화 연산에 대한 안내입니다. 이 메시지는 명령을 실행할 때마다 나타나므로 크게 신경 쓰지 않아도 됩니다. 구글 코랩에서는 이 메시지가 표시되지 않습니다.

다음은 텐서플로에서 자주 사용하는 함수들입니다.

함수	기능	설명
tf.constant()	텐서 생성	0차원(스칼라), 1차원(벡터), 2차원(행렬), 고차원 생성
tf.add(), tf.matmul()	기본 연산	텐서 간 연산(add: 덧셈, matmul: 행렬 곱셈)
tf.Variable()	변수 생성	학습 가능한 변수 생성
tf.GradientTape()	기울기 계산	점강하강법에서 자동 미분 기능으로 기울기 계산
tf.keras.Sequential()	모델 생산	keras API를 사용하여 딥러닝 모델 생성
model.compile	모델 컴파일	모델 최적화, 손실 함수, 평가 지표 설정
model.fit()	모델 훈련	학습 데이터로 모델 훈련
model.predict()	예측	학습된 모델로 새로운 데이터를 예측

텐서를 생성해 보겠습니다. 텐서에는 스칼라(0차원, 1개의 값), 벡터(1차원 배열), 행렬(2차원 배열), 3차원 이상의 텐서가 있습니다.

```
a = tf.constant('4.0')
b = tf.constant('3.0')
print(a, b)
```

실행 결과	(tf.Tensor(b'4.0', shape=(), dtype=string) tf.Tensor(b'3.0', shape = (), dtype = string)

출력 결과는 노드에 대한 정보를 보여줍니다. tf.Tensor는 텐서플로에서 데이터를 다루는 기본 자료 구조인 '텐서'를 의미합니다. b'4.0'은 4.0이라는 문자열을 바이트 형식으로 저장했다는 말이고, `shape = ()`은 스칼라(0차원)를 뜻합니다. '`dtype = string`'은 텐서의 데이터 타입이 문자열임을 나타냅니다.

1차원 텐서인 벡터의 연산 함수는 다음과 같습니다.

```
# 1차원 텐서(벡터)
a = tf.constant([3, 4, 5])
b = tf.constant([6, 7, 8])

result_add = tf.add(a, b)       #텐서의 합
result_sub = tf.subtract(b, a)  #텐서의 차
result_mul = tf.multiply(a, b)  #텐서의 곱
result_div = tf.divide(a, b)    #텐서의 나누기

print(f"더하기 결과: {result_add}")
print(f"빼기 결과: {result_sub}")
print(f"곱하기 결과: {result_mul}")
print(f"나누기 결과: {result_div}")
```

실행 결과	더하기 결과: [9 11 13] 빼기 결과: [3 3 3] 곱하기 결과: [18 28 40] 나누기 결과: [0.5 0.57142857 0.625]

사실 이 정도의 간단한 연산은 굳이 텐서플로를 사용하지 않고, 파이썬 리스트나 넘파이를 사용하는 것이 더 빠르고 효율적입니다. 특히 다차원 배열 연산을 할 때는 다양한 함수를 제공하는 넘파이를 활용하는 것이 더 유리할 수 있습니다. 텐서플로에서 넘파이 배열을 선언하는 방법은 다음과 같습니다.

```
# NumPy 배열
a = np.array([3, 4, 5], dtype=np.float32)
b = np.array([6, 7, 8], dtype=np.float32)
```

'dtype=np.float32'는 데이터 타입이 32비트 부동 소수점임을 명시한 것입니다. 기본적으로 텐서플로는 32비트 부동 소수점을 사용하며, '32'를 쓰지 않으면 자동으로 64비트 부동 소수점을 사용하게 되어 각 숫자가 8바이트를 차지하게 됩니다.

텐서플로로 인공지능 모델을 생성할 때 Keras라는 API(Application Programming Interface)를 사용하면 딥러닝 모델을 손쉽게 구성할 수 있습니다. 여기서 API란 프로그래밍을 더 쉽게 하도록 미리 만들어 놓은 명령어와 구성 요소의 집합을 의미합니다.

5 선형회귀 구현

선형회귀는 주어진 데이터를 기반으로 일차 함수의 패턴을 찾아 새로운 데이터의 결과를 예측하는 지도 학습의 알고리즘입니다.

예를 들어 공부 시간에 따른 시험 성적이 다음과 같다고 가정해 보겠습니다.

시간	1	2	3	4	5	6	7	8	9	10
점수	34	35	44	59	56	61	63	70	72	79

이 데이터를 맷플롯립을 활용하여 그래프로 표현해 보겠습니다.

```
import matplotlib.pyplot as plt

# 공부 시간과 점수 데이터
hours = [1, 2, 3, 4, 5, 6, 7, 8, 9, 10]
scores = [34, 35, 44, 59, 56, 61, 63, 70, 72, 79]

plt.figure(figsize=(8, 4))
plt.scatter(hours, scores, color='b')
plt.title('Scores Based on Study Hours')
plt.xlabel('Study Hours')
plt.ylabel('Scores')
plt.grid(True)
plt.xticks(hours)
plt.yticks(range(30, 85, 5))
plt.show()
```

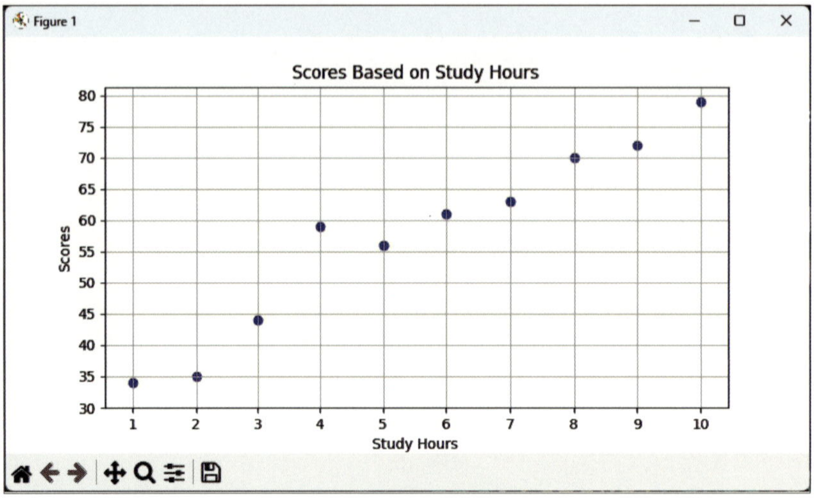

위 그래프에서 점들을 최대한 가깝게 통과하는 직선을 그리면, 아직 관측되지 않은 시간에 대해서도 점수를 예측할 수 있습니다. 이것이 선형 회귀의 기본 개념입니다.

그러나 모든 데이터 점이 정확히 직선 위에 있지 않기 때문에 예측값과 실제값 사이에 오차가 발생할 수밖에 없습니다. 이러한 오차를 **손실**(Loss)이라고 부르며, 이는 예측이 얼마나 잘못되었는지를 수치로 나타낸 것입니다.

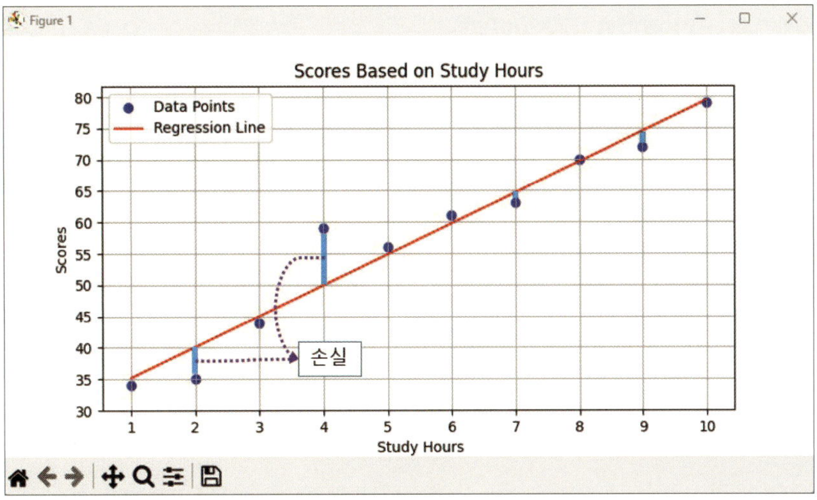

손실을 계산하는 수학적인 방법을 **손실 함수**(Loss Function)라고 합니다. 대표적인 손실 함수인 'mean_squared_error(mse)'는 예측값과 실제값의 차이를 제곱해서 평균을 낸 함수입니다. 손실을 최소화하는 것을 **최적화**(Opimization)라고 하고, 손실함수의 기울기를 계산하여 가중치를 조정하는 방법을 **경사 하강법**(Gradient Descent)이라고 합니다.

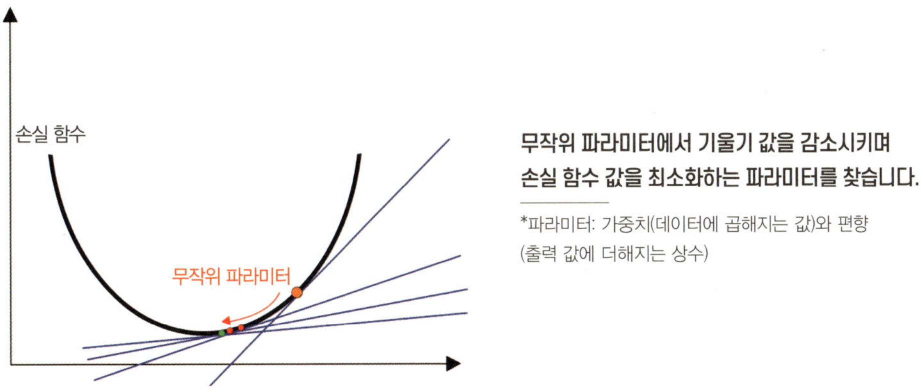

▲ 경사 하강법

훈련 세트에 있는 데이터를 모두 사용해서 손실 함수의 기울기를 계산하고 파라미터를 갱신하는 것을 **배치 경사 하강법**(Batch Gradient Descent Method, BGD)이라고 합니다. 이 방법은 시간이 오래 걸리기 때문에, 일부 데이터를 무작위로 선택해 기울기를 계산하는 **확률적 경사 하강법**(Stochastic Gradient Descent, SGD)이 사용됩니다.

다음은 텐서플로를 사용한 간단한 선형 회귀 예제입니다. 이 코드는 사용자가 공부 시간을 입력하면 예측된 시험 점수를 출력합니다.

❶ 텐서플로와 넘파이, 케라스 라이브러리를 임포트합니다.

```
import numpy as np
import tensorflow as tf
from tensorflow import keras
```

❷ 공부 시간과 성적을 넘파이 배열로 생성합니다.

```
x = np.array([1, 2, 3, 4, 5, 6, 7, 8, 9, 10], dtype = float)  # 공부 시간
y = np.array([34, 35, 44, 59, 56, 61, 63, 70, 72, 79], dtype = float)  # 성적
```

❸ 선형 회귀 모델을 정의합니다. 'Sequential'은 '다층 신경망을 구성할 때 층을 순차적으로 쌓는 것'이고, 'Dense'는 '완전 연결층', 즉 입력 노드와 출력 노드가 모두 연결되어 있다는 것이며, 'units=1'은 '출력 노드가 1개'라는 뜻입니다. 'input_shape=[1]'은 '입력 데이터의 형태가 1차원 배열'이라는 뜻입니다.

```
model = keras.Sequential([
    keras.layers.Dense(units=1, input_shape = [1])
])
```

❹ 모델을 컴파일합니다. 최적화 알고리즘으로는 sgd(확률적 경사 하강법)를 사용하고, 손실 함수로는 mse(mean_squared_error)를 사용합니다.

```
model.compile(optimizer='sgd', loss='mse')
```

❺ 주어진 데이터를 학습합니다. epoch는 학습 횟수이고, verbose = 0은 학습 과정 출력을 생략하게 하는 설정입니다.

```
model.fit(x, y, epochs=500, verbose=0)
```

❻ 공부 시간에 따른 성적을 예측하는 함수를 만듭니다. 100점 이상의 점수는 없으므로 100점을 넘어가면 100점이 반환되도록 합니다.

```
def predict_score(hours):
    hours_array = np.array([hours], dtype=float)
    return model.predict(hours_array)[0][0]
    return min(predicted_score, 100)  # 100점이 넘으면 100점을 반환
```

❼ 공부 시간을 입력하면 예상 성적이 출력되는 코드입니다. predict_score 함수는 공부 시간에 따른 성적을 예측합니다.

```
study_hours = float(input("공부 시간을 입력하세요: "))
predicted_score = predict_score(study_hours)
print(f"{study_hours}시간 공부했을 때 예상 성적: {predicted_score:.2f}")
```

전체 코드는 다음과 같습니다.

```
# 라이브러리를 import합니다.
import numpy as np
import tensorflow as tf
from tensorflow import keras

# 데이터를 배열로 생성합니다.
x = np.array([1, 2, 3, 4, 5, 6, 7, 8, 9, 10], dtype = float)  # 공부 시간
y = np.array([34, 35, 44, 59, 56, 61, 63, 70, 72, 79], dtype = float)  # 성적

# 선형회귀 모델을 정의합니다.(출력 노드 1개, 입력 데이터 형태는 1차원 배열)
model = keras.Sequential([
    keras.layers.Dense(units=1, input_shape = [1])
])

# 모델을 컴파일합니다.(확률적 경사 하강법, mse 손실함수 사용)
model.compile(optimizer = 'sgd', loss = 'mse')

# 모델을 학습합니다. (500회 학습, 과정 출력 생략)
model.fit(x, y, epochs = 500, verbose = 0)
```

```
# 예측 함수를 정의합니다.
def predict_score(hours):
    hours_array = np.array([hours], dtype = float)
    predicted_score = model.predict(hours_array)[0][0]
    return min(predicted_score, 100)

# 사용자 입력에 따라 공부 시간에 대한 예상 성적을 출력합니다.
study_hours = float(input("공부 시간을 입력하세요: "))
predicted_score = predict_score(study_hours)
print(f"{study_hours}시간 공부했을 때 예상 성적: {predicted_score:.2f}")
```

실행 결과	공부 시간을 입력하세요: 12 12.0시간 공부했을 때 예상 성적: 91.81

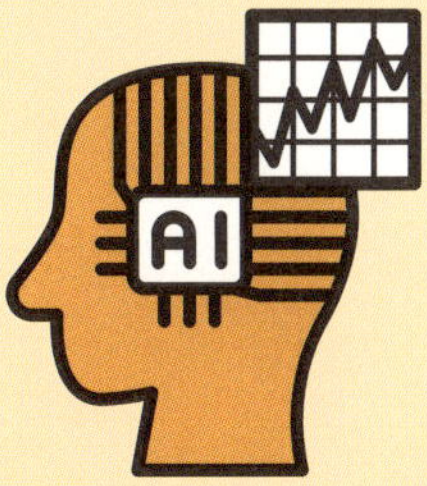

Lesson 3
생성형 인공지능 코딩

POINT

생성형 인공지능의 코드 생성 기능으로 인해 코딩의 진입 장벽이 낮아지면서 누구나 쉽게 원하는 결과를 얻을 수 있게 되었습니다. 생성형 인공지능의 개념과 활용 방법에 대해서 알아봅시다.

1 코드 생성 인공지능

2022년 11월 말 ChatGPT의 등장을 시작으로 텍스트, 이미지, 음성, 영상 등 다양한 형식의 데이터를 생성할 수 있는 생성형 인공지능(Generative AI)이 매우 빠르게 확산되었습니다.

생성형 인공지능은 대량의 학습 데이터를 바탕으로 사용자의 요청에 따라 새로운 콘텐츠를 생성하는 인공지능 기술입니다.

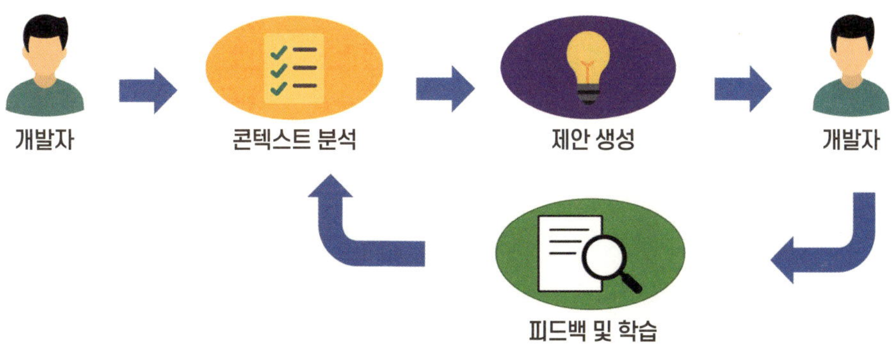

초기의 코드 생성 인공지능 모델들은 자연어 처리에 사용되는 트랜스포머(Transformer) 아키텍처를 기반으로 개발되었으며, 이후 다양한 기업과 기관에서 이를 발전시켜 높은 성능을 갖춘 자체 모델들을 선보이고 있습니다. 이러한 코드 생성 인공지능은 대부분 텍스트로 코드를 요청할 수 있고, 다양한 프로그래밍 언어를 지원하며, 코드 자동 완성 기능이나 버그 탐지 등의 기능 등도 제공합니다. 현재 GitHub Copilot, ChatGPT, Google Gemini, Cursor AI, Anthropic Claude, Microsoft Copilot, Replit AI, Tabnine, Amazon CodeWhisperer,

Refact, Windsurf, Qodo-gen 등 다양한 인공지능 코딩 도구들이 사용되고 있습니다.

인공지능 기반 코드 생성 도구는 시간 제약 없이 활용할 수 있고, 다양한 측면에서 개발자를 지원하므로, 생성형 인공지능을 활용하면 사람과 작업할 때보다 훨씬 효율적일 수 있습니다.

1 깃허브 코파일럿

깃허브 코파일럿(GitHub Copilot)은 Microsoft의 자회사인 GitHub와 OpenAI가 공동으로 개발하여 2021년에 공개한 AI 기반 코드 자동 생성 도구입니다. 주로 VS Code의 확장 기능 형태로 사용되며, 최근에는 Visual Studio, JetBrains, Neovim 등의 다양한 개발 환경도 지원합니다.

코파일럿(Copilot)은 개발자가 주석이나 코드 일부를 입력하면, 그 문맥을 이해하여 적절한 코드 전체를 자동으로 제안해 줍니다. 코파일럿으로 코드 생성, 설명, 수정, 리팩토링 등 다양한 작업을 빠르게 수행할 수 있으며, 반복적인 코딩 작업을 줄이고 개발 생산성을 높이는 데 활용할 수 있습니다.

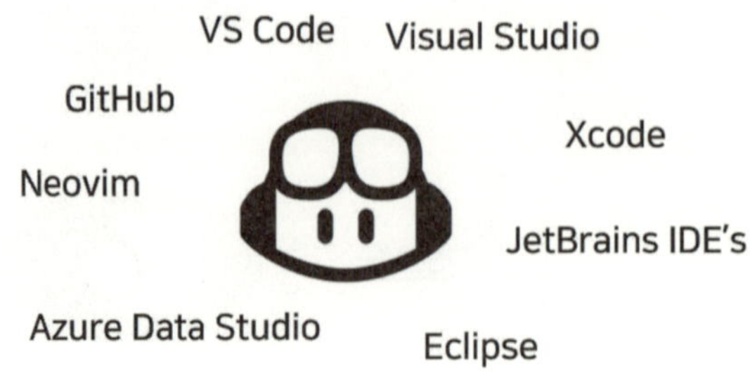

코파일럿은 사용자에 따라 다음 세 가지 방법으로 사용이 가능합니다.

사용자 유형	요금	제공 범위
학생, 교사	무료	무제한 사용
일반 무료 사용자	무료	자동 완성 월 2000회 Chat 월 50회
일반 유료 사용자	30일 무료, 10달러/월	무제한 사용

학생, 교사의 경우 GitHub Education에서 자격 인증을 해야 합니다.

❶ **GitHub Education 홈페이지**(https://education.github.com/pack)**에 접속하고, [Sign up for Student Devloper Pack]을 클릭합니다.**

❷ **GitHub 계정으로 로그인합니다.**

계정이 없다면

- [Continue with Google] 버튼을 클릭
- 'GitHub 서비스로 로그인' 창이 나오면 [계속] 버튼 클릭
- 'Create your free account' 창에서 [Create account] 클릭

❸ **계정 인증 후 'Setting' 창이 열립니다. [Start an application]을 클릭합니다.**

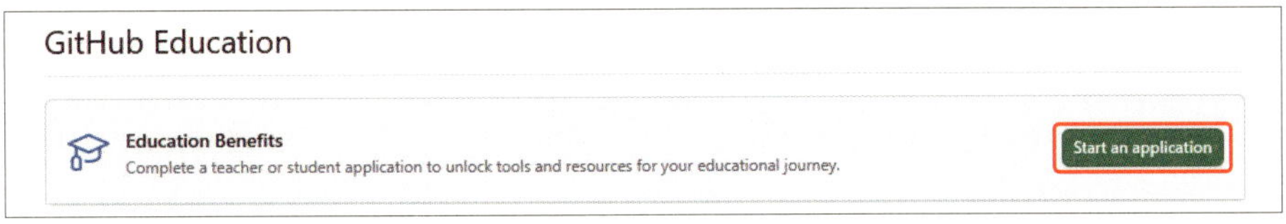

❹ **'Select your role in education' 창이 나옵니다.**

- 학생은 'Student', 교사는 'Teacher'를 선택합니다.
- 학교 이름을 입력합니다. 학교에 따라 2FA(2단계 인증)가 필요하다는 경고 메시지가 나타날 수 있습니다. 학생의 경우 담당 교사와 상의하여 진행하는 것을 권장합니다.
- 학교 이름이 목록에 없는 경우 영어로 전체 이름을 입력하고, 다음 창에서 학교 홈페이지 주소, 교사 아이디 형식, 학생 아이디 형식, 학교 유형, 학생 수, 학교 도로명 주소, 소재 도시, 학교 소재 국가 등을 입력해야 합니다.
- 이메일 주소가 정확한지 확인합니다.
- [share Location]을 클릭하고 [Continue]를 누릅니다.

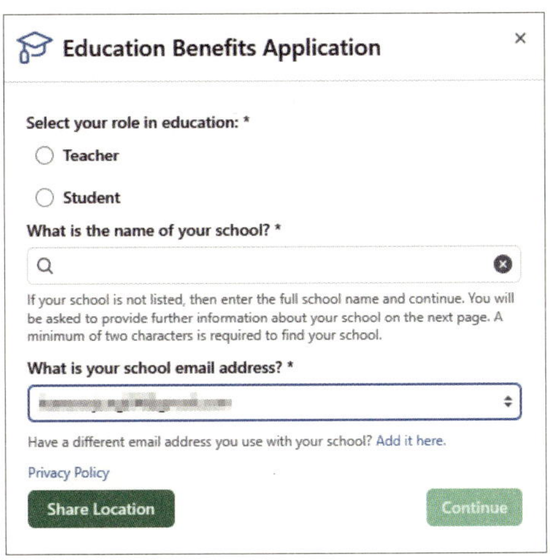

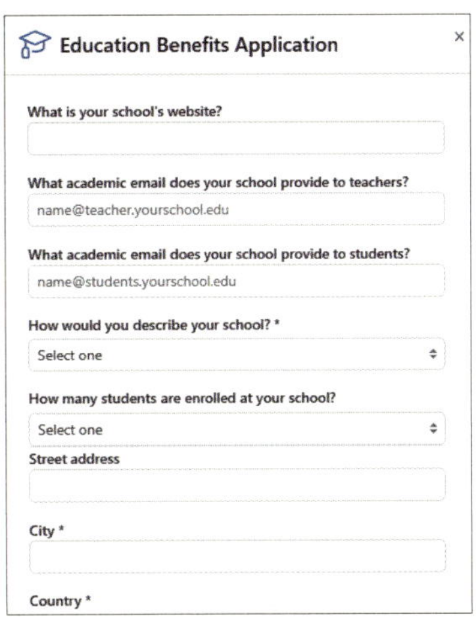

❺ 'Education Benefits Applicatoin' 창이 나타납니다.

- 학생은 학생증을 등록하면 됩니다.
- 교사는 날짜가 포함된 교직원증이나 재직 증명서 파일을 등록합니다.

❻ 승인되는 데 며칠이 걸릴 수 있습니다. 이메일은 학교 도메인과 일치하는 형식의 이메일을 사용하는 것이 좋습니다.

일반 유료 사용자는 첫 30일 동안 무료로 체험할 수 있으며, 이후부터는 매월 10달러가 자동 결제됩니다. 무료 체험을 신청할 때도 카드 결제 정보를 입력해야 하며, 첫 달에는 10달러가 결제되었다가 곧 결제 승인이 취소됩니다.

❶ GitHub Copilot 웹사이트(https://github.com/features/copilot)에 접속하여 [Get started for free] 버튼을 클릭합니다.
❷ 'Try Copilot Pro for 30 days free' 창에서 [Try now]를 클릭합니다.
❸ GitHub에 로그인합니다. 계정이 없으면 'Create an account'를 선택해 새 계정을 만들 수 있습니다. 이후에는 결제 정보를 입력하고 [Activate now] 버튼을 누르면 30일간 무료 체험 사용이 가능합니다.

❼ 준비를 마치면 이제 VS Code에서 GitHub Copilot을 사용할 수 있습니다.

❶ VS Code에서 'GitHub Copilot' 확장 프로그램을 설치합니다.

❷ 모든 기능에 체크한 후 '완료로 표시'를 클릭합니다.
❸ 설치 후 GitHub 계정에서 [Continue with Google]을 클릭하여 로그인하고, GitHub Copilot을 선택해 인증을 완료합니다.

로그인 버튼이 보이지 않는다면, 상단의 'Search' 창 옆에 있는 코파일럿 아이콘을 클릭하여 로그인할 수 있습니다.

VS Code 탐색기에서 my_copilot.py 파일을 생성합니다.

• **인라인 채팅 입력**: 소스 코드 입력 창에 작은 채팅 창을 띄어 글을 주고받는 것을 인라인 채팅이라고 합니다. Ctrl + I 키를 눌러 인라인 채팅 입력창을 열고 코드를 요청할 수 있습니다.

<table>
<tr><td>사용자 입력</td><td>"팩토리얼을 계산하는 함수를 만들어 주세요" + Enter + [수락]</td></tr>
<tr><td>자동 생성</td><td><pre>def factorial(n):
    if n < 0:
        raise ValueError("n must be a non-negative integer")
    if n == 0 or n == 1:
        return 1
    return n * factorial(n - 1)</pre></td></tr>
</table>

• **코드 설명 기능**: 주석을 이용해 코드에 대해 설명을 요청할 수 있습니다.

<table>
<tr><td>사용자 입력</td><td><pre>def factorial(n):
    if n == 0:
        return 1
    else:
        return n * factorial(n-1)
#이 함수에 대해서 설명해 주세요 + Enter + Tab</pre></td></tr>
<tr><td>자동 생성</td><td>#이 함수는 주어진 정수 n의 팩토리얼을 계산하는 재귀 함수입니다. + Enter + Tab
#팩토리얼은 n!로 표기되며, n이 0일 때 1로 정의되고, 그 외의 경우 n * (n-1)!로 정의됩니다. Enter + Tab</td></tr>
</table>

• **자동 생성 기능**: 소스 코드 입력 창에서 'def facto'까지만 치고 Tab 키를 클릭하면 자동으로 팩토리얼을 구하는 함수를 생성해 줍니다.

<table>
<tr><td>사용자 입력</td><td>def facto + Tab orial(n): + Tab + Tab</td></tr>
<tr><td>자동 생성</td><td><pre>if n < 0:
        raise ValueError("Factorial is not defined for negative numbers")
    elif n == 0 or n == 1:
        return 1
    else:
        result = 1
        for i in range(2, n + 1):
            result *= i
        return result</pre></td></tr>
</table>

- **주석 입력 기능**: 주석으로 코드를 요청할 수 있습니다. 현재 코드를 기반으로 다음 코드를 예측하여 주석도 자동으로 생성해 줄 수 있습니다.

사용자 입력	# 팩토리얼을 계산하는 함수 + Enter + Tab

자동 생성	def factorial(n):
	    if n < 0:
	        raise ValueError("음수에 대한 팩토리얼은 정의되지 않습니다.")
	    elif n == 0 or n == 1:
	        return 1
	    else:
	        result = 1
	        for i in range(2, n + 1):
	            result *= i
	        return result

- **오류 수정 기능**: 코드 오류에 대해 수정을 요청할 수 있습니다.

사용자 입력	def factorial(n):
	    if n == 0:
	        return 1
	    else:
	        return n * factorial(1)
	#이 함수를 수정해 주세요 + Enter

자동 생성	#return n * factorial(n-1)

그 외에도 채팅 창 기능이 있습니다. 상단의 GitHub Copilot 아이콘을 클릭하면 채팅 창이 열리는데, 채팅 창에 내용을 입력하면 코드 전체를 생성하거나 디버그할 수 있습니다.

2 ChatGPT

전 세계인이 애용하는 ChatGPT는 코드를 작성하거나 수정하고 최적화할 때 쉽고 빠르게 활용할 수 있는 AI 기반 코드 생성 도구입니다. ChatGPT는 대규모 언어 모델을 기반으로 개발되었기 때문에 자연어 해석 능력이 뛰어나 요청한 의도대로 다양한 프로그래밍 언어로 코드를 생성할 수 있습니다. 또한 코드 최적화, 코드 수정 등의 작업도 자연스러운 대화 방식으로 친절하게 수행합니다. 프롬프트를 잘 활용하면 코드를 이해하기 쉽게 개선(리팩토링)하거나 코드 설계에 대한 인사이트도 얻을 수 있습니다. 특히 GPT-4o 버전부터는 **멀티모달**(Multimodal)을 지원하여 텍스트 외에도 문서, 이미지, 소리 등의 파일을 첨부하여 해당 파일의 내용을 기반으로 코드를 작성할 수 있습니다.

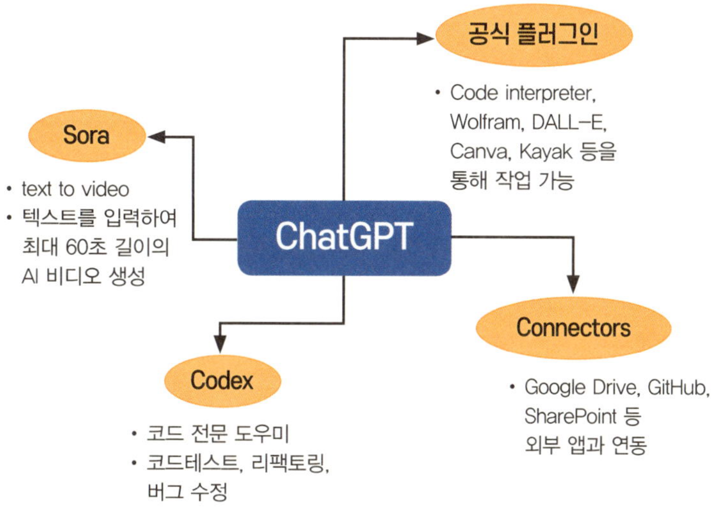

▲ ChatGPT의 확장 기능

ChatGPT는 공식 웹사이트(https://ChatGPT.com/)에서 회원 가입 없이 바로 이용할 수 있습니다. 회원 가입을 하면 검색했던 내용을 추후에 히스토리 영역에서 다시 확인할 수 있고, 유료 플랜을 구독하면 최신 버전을 거의 무제한으로 사용할 수 있습니다.

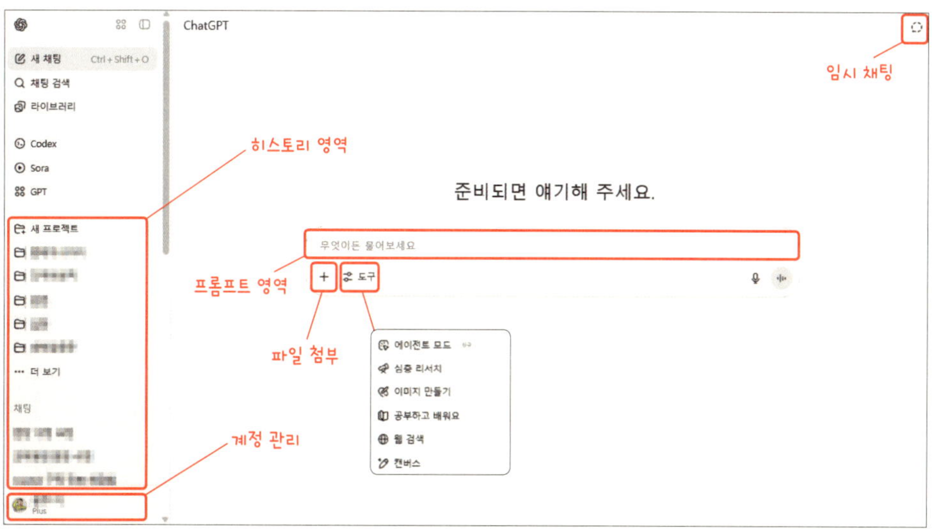

▲ ChatGPT 기본 화면 요소

• **코드 생성 기능**: 텍스트로 요청하면 예제 코드를 생성해 추천해 줍니다.

프롬프트

팩토리얼을 계산하는 함수를 만들어 주세요.

ChatGPT

팩토리얼(Factorial)은 1부터 어떤 자연수까지의 정수를 모두 곱한 값입니다. 예를 들어 5! = 5 × 4 × 3 × 2 × 1 = 120입니다.
아래는 Python에서 팩토리얼을 계산하는 함수입니다.

```
def factorial(n):
    if n == 0 or n == 1:
        return 1
    return n * factorial(n - 1)
```

✔ **사용 예시**

```
print(factorial(5))  # 출력: 120
```

필요하시면 반복문으로 구현한 버전이나 에러 처리를 포함한 버전도 알려드릴게요.

- **코드 설명 기능**: 코드에 대한 질문에 길고 구체적으로 답을 줍니다.

프롬프트

```
def factorial(n):
    if n == 0:
        return 1
    else:
        return n * factorial(n-1)
```

이 함수에 대해서 설명해 주세요.

ChatGPT

○ 함수 목적

자연수 n의 팩토리얼(factorial) 값을 계산합니다.
팩토리얼 정의:
n != n×(n−1)×(n−2)×⋯×2×1n != n×(n−1)×(n−2)×⋯×2×1
(단, 0 != 10 !=1로 정의함)

○ 동작 방식: 재귀 함수

이 함수는 재귀(recursion)를 사용하여 자신을 반복 호출하며 계산합니다.
기본 조건(base case)은 n == 0일 때입니다.
그 외에는 n * factorial(n−1)을 호출하여 점점 n을 줄여가며 곱셈을 이어갑니다.

✓ 작동 예시: factorial(4) 호출 시

```
factorial(4)
→ 4 * factorial(3)
→ 4 * (3 * factorial(2))
→ 4 * (3 * (2 * factorial(1)))
→ 4 * (3 * (2 * (1 * factorial(0))))
→ 4 * (3 * (2 * (1 * 1)))   ← factorial(0) = 1
→ 4 * 3 * 2 * 1 = 24
```

✓ **주의할 점**

n이 음수일 경우 무한 재귀에 빠질 수 있음 → 입력값 검증 필요

큰 n에 대해서는 재귀 호출이 깊어져 스택 오버플로우가 발생할 수 있음 → 반복문 버전 고려 가능

✓ **보완 예시**(입력 검증 추가)

```
def factorial(n):
    if n < 0:
        raise ValueError("음수에 대한 팩토리얼은 정의되지 않습니다.")
    elif n == 0:
        return 1
    else:
        return n * factorial(n-1)
```

필요하다면 반복문 버전도 알려드릴 수 있습니다!

• **리팩토링 기능**: 이미 생성된 코드를 더 효율성 좋게 바꿀 수 있습니다.

프롬프트

```
def factorial(n):
    if n < 0:
        raise ValueError("음수에 대한 팩토리얼은 정의되지 않습니다.")
    elif n == 0 or n == 1:
        return 1
    else:
        result = 1
        for i in range(2, n + 1):
            result *= i
        return result
```

이 코드를 리팩토링해 주세요.

ChatGPT

아래는 주어진 factorial 함수를 가독성, 명확성, Pythonic한 스타일로 리팩토링한 버전입니다.

```
def factorial(n):
    """양의 정수 또는 0의 팩토리얼을 계산합니다."""
    if n < 0:
        raise ValueError("음수에 대한 팩토리얼은 정의되지 않습니다.")

    result = 1
    for i in range(2, n + 1):
        result *= i
    return result
```

✓ **리팩토링 포인트**

- elif n == 0 or n == 1: → 반복문에서 자동으로 처리되므로 별도 조건 분기 없이 result = 1부터 시작.
- 불필요한 else 제거 → if에서 예외를 던지면 이후 코드는 자연스럽게 실행됨.
- 함수에 간단한 문서 문자열(docstring) 추가 → 어떤 값을 계산하는지 설명.
- 원한다면 math 모듈을 활용해서 간단하게 구현할 수도 있음.

```
import math

def factorial(n):
    if n < 0:
        raise ValueError("음수에 대한 팩토리얼은 정의되지 않습니다.")
    return math.prod(range(1, n + 1))  # Python 3.8 이상
```

또는 그냥 math.factorial(n)을 호출할 수도 있지만, 교육용이라면 위의 직접 구현 방식이 더 좋습니다.

- **코드 오류 수정 기능**: 코드의 오류를 찾아 수정해 줍니다.

프롬프트

```
def factorial(n):
    if n == 0:
        return 1
    else:
        return n * factorial(1)
```

이 함수를 수정해 주세요.

ChatGPT

주어진 함수에서 factorial(1)을 호출하고 있어서, 어떤 값을 입력해도 항상 n * factorial(1)만 계산되므로 잘못된 결과가 나옵니다.
팩토리얼은 n * factorial(n – 1)로 정의해야 합니다.

✓ 수정된 함수

```
def factorial(n):
    if n == 0:
        return 1
    else:
        return n * factorial(n - 1)
```

✓ 예시 실행

```
print(factorial(5))  # 출력: 120 (5*4*3*2*1)
```

필요하면 반복문을 사용하는 비재귀 버전도 알려드릴 수 있어요.

- **주석 작성 기능**: 각 행마다 주석을 달 수 있습니다.

프롬프트

```
def factorial(n):
    if n == 0:
        return 1
    else:
        return n * factorial(n-1)
```

이 함수에 한 줄씩 주석을 달아주세요.

ChatGPT

물론입니다. 아래는 factorial 함수에 한 줄씩 주석을 단 예시입니다.

```
def factorial(n):                 # 정수 n의 팩토리얼 값을 계산하는 함수 정의
    if n == 0:                    # 종료 조건: n이 0이면
        return 1                  # 0!은 1이므로 1을 반환
    else:                         # n이 0이 아니면
        return n * factorial(n-1) # n * (n-1)!을 재귀적으로 계산하여 반환
```

이 함수는 재귀적으로 팩토리얼을 계산합니다. 예를 들어 factorial(5)를 호출하면 다음과 같은 계산 과정을 거칩니다.
5 * factorial(4) → 5 * 4 * factorial(3) → ... → 5 * 4 * 3 * 2 * 1 * factorial(0) → 1 반환.

3 Claude Artifacts

Claude Artifacts는 Claude의 기능 중 하나로 코드뿐만 아니라 문서, 벡터 이미지, 다이어그램 등도 지원하는 AI 협업 도구입니다. Artifacts가 가동되면 화면이 좌우로 분할되면서 왼쪽은 프롬프트 대화 창, 오른쪽에는 Artifacts 창이 됩니다. Claude는 응답에 코드나 표, 마크다운 형식이 포함되어 있거나 사용자가 해당 내용을 재사용할 가능성이 높다고 판단되면 Artifacts 창을 자동으로 활성화합니다.

Claude의 Artifacts 기능은 별도의 도구 없이도 코드 실행 결과를 확인할 수 있다는 장점이 있습니다. 이 기능은 간단한 게임을 개발하거나 벡터 이미지를 생성할 때 매우 유용합니다.

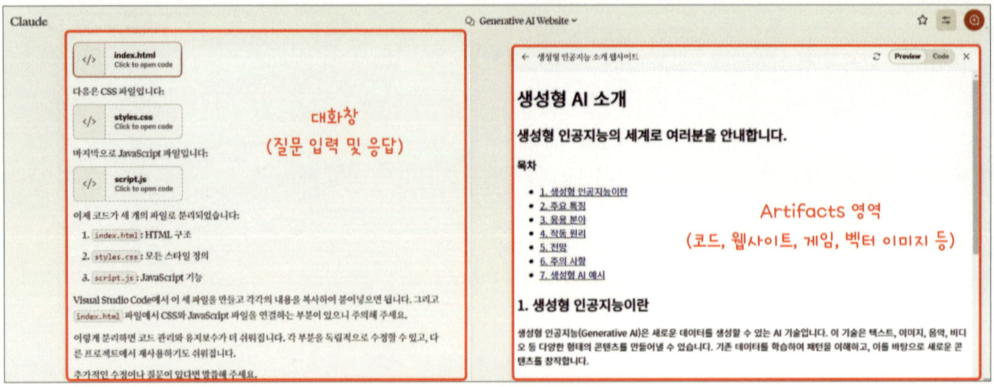

▲ Claude의 기본 화면 요소

❶ Claude(https://claude.ai/login) 사이트에서 회원 가입을 합니다. Google 계정으로도 가능합니다.

❷ 연령 확인, 이용 약관 등에 체크하고 [계속]을 클릭합니다.

❸ 요금제는 일단 [무료 플랜 유지하기]를 선택합니다. 무료를 먼저 써보고 자주 사용할 것 같을 때 유료 플랜을 구매하는 것이 좋습니다.

❹ [이해했습니다] 버튼을 클릭하고, Claude에서 사용할 이름, 관심 분야를 입력합니다. 아이디어는 '제가 직접 입력하겠습니다'를 선택합니다.

Claude는 텍스트로 요청하면 대화 창에서 설명하고 Artifacts 창에서 예제 코드를 생성해 줍니다.

프롬프트

팩토리얼을 계산하는 함수를 만들어 주세요.

Claude

팩토리얼을 계산하는 함수를 여러 가지 방법으로 만들어드리겠습니다.

1. **반복문 방식**(factorial_iterative): 가장 일반적이고 효율적인 방법으로, 메모리 사용량이 적습니다.
2. **재귀 방식**(factorial_recursive): 수학적 정의와 가장 유사하지만, 큰 수에서는 스택 오버플로우 위험이 있습니다.
3. **math 모듈 사용**(factorial_math): 파이썬 내장 함수를 사용하는 가장 간단한 방법입니다.
4. **메모이제이션 재귀**(factorial_memoized): 이전 계산 결과를 저장하여 반복 계산을 피하는 최적화된 재귀 방식입니다.

각 방법의 특징

- **반복문**: 메모리 효율적, 큰 수에도 안전
- **재귀**: 직관적이지만 큰 수에서 제한적
- **math 모듈**: 가장 빠르고 안정적
- **메모이제이션**: 여러 번 호출할 때 효율적

일반적으로는 math.factorial( )을 사용하는 것이 가장 권장되지만, 학습 목적이나 특별한 요구사항이 있다면 다른 방법들도 유용합니다.

Claude Artifacts 전용 창

```
# 1. 반복문을 사용한 팩토리얼 함수
def factorial_iterative(n):
    """반복문을 사용하여 팩토리얼을 계산합니다."""
    if n < 0:
        raise ValueError("음수는 팩토리얼을 계산할 수 없습니다.")
    if n == 0 or n == 1:
        return 1

    result = 1
    for i in range(2, n + 1):
        result *= i
    return result


# 2. 재귀를 사용한 팩토리얼 함수
        ·
        ·
        ·
```

코드 생성, 코드 수정, 코드 설명, 주석 생성, 리팩토링 등의 기능도 모두 수행 가능합니다.

이 외에도 다양한 생성형 인공지능 도구들이 코딩 생성, 수정, 설명, 리팩토링 등 유사한 기능을 제공하고 있으며, 자연어를 기반으로 한 코드 보조 기능의 역할을 담당하고 있습니다.

2 MCP

지금까지 사용된 대부분의 AI 코딩 도구는 각 플랫폼 내부에서만 작동하며, 외부 서비스와 연결하고자 할 때는 각각 개별적으로 API(Application Programming Interface)를 인증받아야 하는 번거로움이 있었습니다. 이러한 구조에서는 프롬프트를 통해 다른 프로그램에 코드를 작성하거나, Google Drive, GitHub 같은 외부 데이터 소스와 직접 연동하는 데에 기술적 제약이 따를 수밖에 없었습니다.

이러한 한계를 해결하기 위해서는 AI가 외부 시스템과 안전하고 일관된 방식으로 데이터를 주고받을 수 있는 통일된 연결 수단, 즉 표준화된 프로토콜이 필요했습니다. 이에 따라 Anthropic이 2024년, 다양한 외부 툴과 LLM 간의 연결을 가능하게 하는 MCP(Model Context Protocol)를 오픈소스 기반으로 정식 발표했습니다.

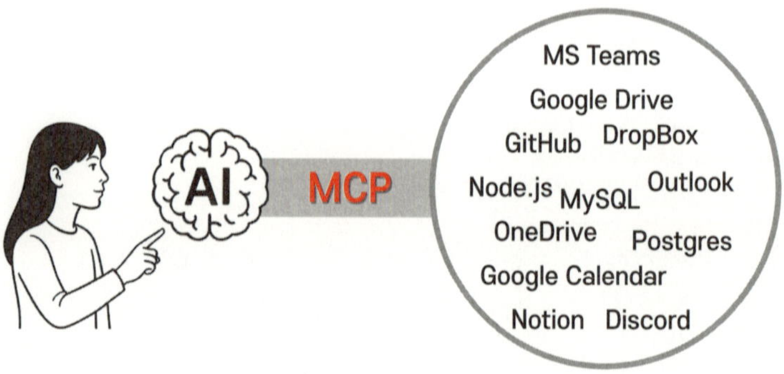

MCP를 이용하면 AI 모델이 외부 툴을 스스로 찾아 호출하고 상호작용할 수 있습니다. 이를 위해 MCP는 크게 MCP Server, MCP Client, MCP Host로 구성됩니다. MCP Server는 Google Drive나 GitHub와 같은 외부 데이터 소스와 연결되어 데이터를 AI가 이해할 수 있는 형식으로 변환하여 제공하는 역할을 합니다. MCP Client는 LLM이 MCP Server에 요청을 보내고 응답을 받는 역할을 수행하며, MCP Host는 MCP Client와 Server가 실행되는 환경을 제공합니다.

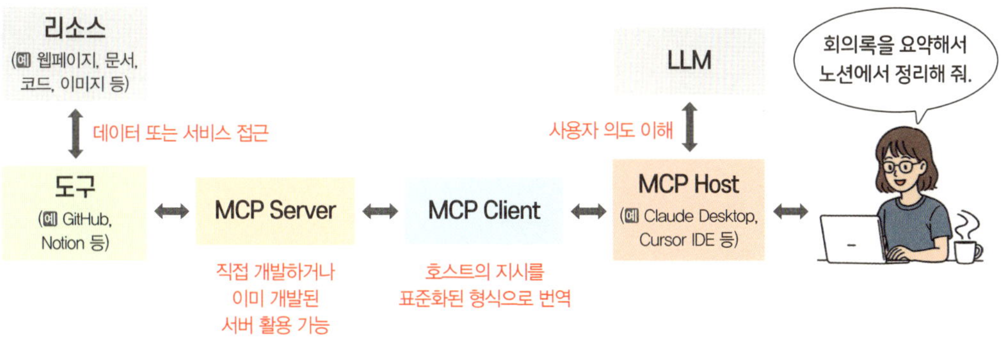

1 Claude for Desktop 설치

그럼 MCP를 이용해서 노션(Notion)에 글을 작성해 보도록 하겠습니다.

사전에 node.js 프로그램이 반드시 설치되어 있어야 합니다. node.js 설치 방법은 Chapter 4의 '자바스크립트 개발 환경 구축' 편에 설명되어 있습니다.

먼저, MCP Host로 사용하기 위해 데스크톱용 Claude를 설치하겠습니다.

❶ 데스크톱용 Claude 설치 페이지(https://claude.ai/download)에 접속합니다.

❷ 운영 체제에 맞는 설치 프로그램을 다운로드합니다.

❸ 프로그램을 설치하고 Google 계정으로 로그인을 합니다.

2 Notion과 Claude 연결

다음으로 Notion과 Claude를 연결해 보겠습니다.

❶ Notion 사이트(https://www.notion.com/)에 접속한 후, Google 계정으로 로그인합니다.

❷ 설정 메뉴를 누르고, 서브 메뉴에서 '연결 〉 API 통합 개발'을 선택합니다.

❸ [새 API 통합] 버튼을 누릅니다.

❹ API 통합 이름을 지정하고, 관련 워크스페이스 선택 후 [저장] 버튼을 클릭합니다.

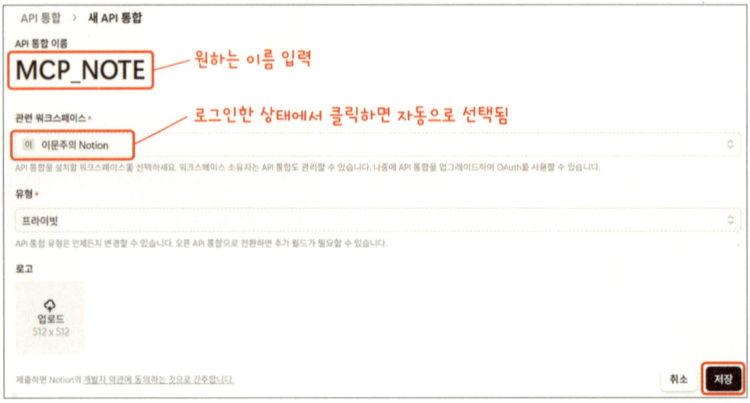

❺ 'API 통합이 생성되었습니다'라는 팝업 창이 뜨면 [API 통합 설정 구성] 버튼을 클릭합니다.

❻ '기능' 항목에서 '댓글 기능'을 모두 체크한 후에 [저장]을 누릅니다.

❼ 프라이빗 API 통합 시크릿에서 '표시하기'를 클릭한 후, API를 복사합니다.

⑧ smithery 사이트(https://smithery.ai/)에 접속하고 상단의 Login 버튼을 눌러 GitHub 나 Google 계정으로 로그인합니다.

⑨ Notion을 검색합니다. 개인이 개발하여 올려놓는 MCP Server들이 다수 있으므로 조회수가 높은 것으로 선택합니다.

⑩ Claude for Desktop을 선택하고, 복사해 둔 Notion의 API를 입력한 후 [Connect]를 클릭합니다. JSON 〉 Windows 탭을 선택하고 코드를 복사합니다.

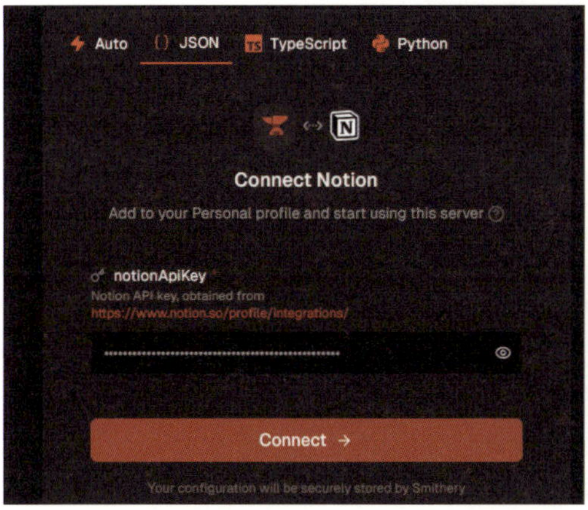

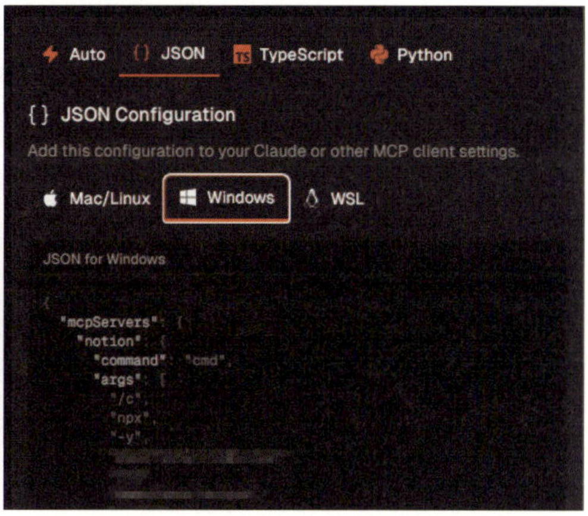

⑪ Claude for Desktop의 햄버거 메뉴(≡)를 열고 '파일 〉 설정'을 선택합니다.

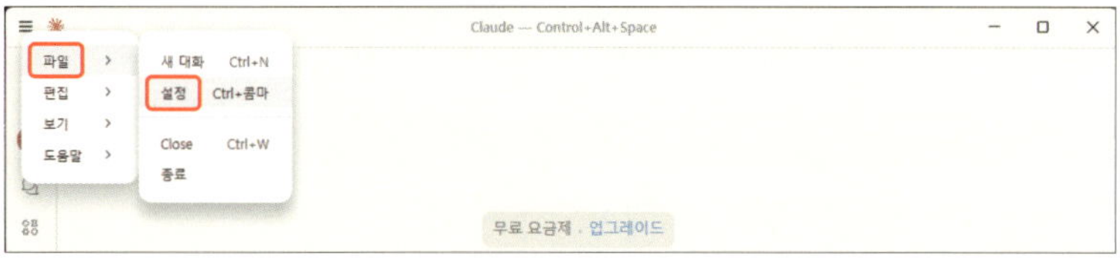

⓬ 설정 창에서 '개발자'를 선택하고 [구성 편집]을 클릭합니다.

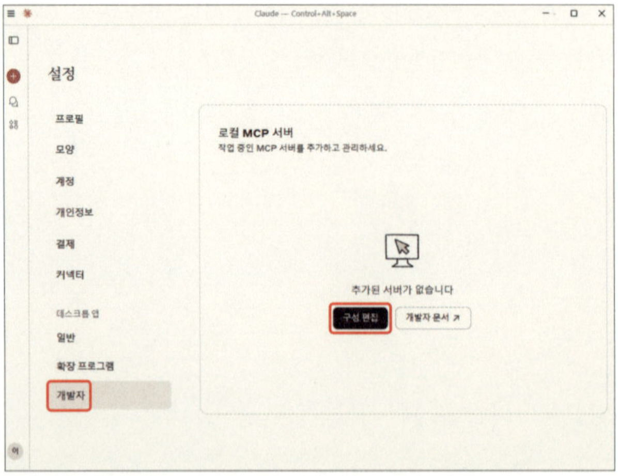

⓭ 윈도 탐색기 창이 열리면 'claude_desktop_config.json' 파일을 VS Code나 메모장으로 엽니다.

⓮ smithery 사이트에서 저장했던 JSON 코드를 붙여 넣고 저장합니다.

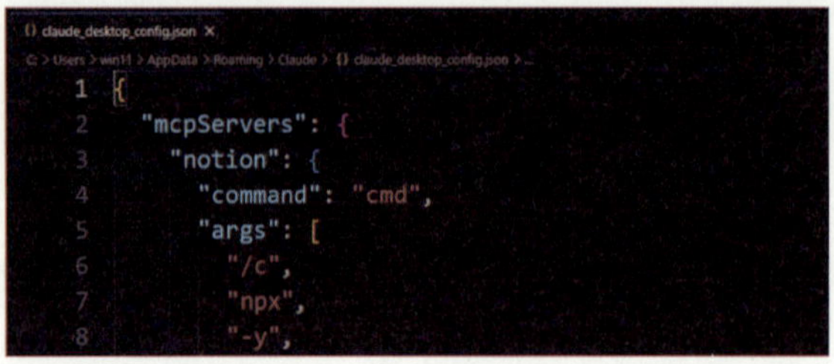

⓯ Claude를 종료한 후 다시 열면 '검색 및 도구'에 'notion-api-mcp'가 생긴 것을 확인할 수 있습니다.

⓰ Notion에서 우측 위에 점 세 개 메뉴를 누르고 서브 메뉴에서 '연결'을 클릭합니다. 연결 목록에서 스크롤을 아래로 내려서 'MCP_NOTE'를 선택합니다.

⑰ '이 페이지에 MCP_NOTE 연결' 창이 나오면 [확인] 버튼을 누릅니다.

⑱ 작성할 페이지를 열고, 주소창에서 '/' 뒤에 있는 페이지 ID 부분을 복사합니다.

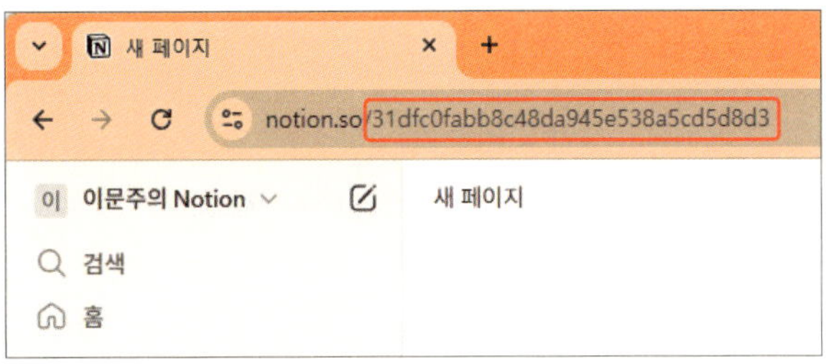

3 Claude로 Notion 제어

이제 Claude에서 텍스트로 Notion에 글을 작성해 보도록 하겠습니다.

❶ Claude for Desktop에서 다음과 같이 프롬프트를 입력합니다. 페이지 ID는 필수적으로 들어가야 하며, 요청 사항은 개인별로 원하는 내용을 입력하면 됩니다.

프롬프트

페이지 id는 31dfc0fabb8c48da945e538a5cd5d8d3
말레이시아 쿠알라룸푸르로 3박 4일 여행을 갈 거야.
1. 주요 관광지 소개 글을 써 줘.
2. 일자별로 여행 스케줄을 관리할 수 있는 템플릿을 만들어 줘.

❷ 'Claude가 이 도구를 사용하려고 합니다' 창이 나타나면 '항상 허용'을 클릭합니다. 'get_page', 'get-block-children', 'append-block-children' 단계마다 각각 허용을 선택해야 합니다.

❸ Claude에서 정리한 내용이 Notion에 자동으로 작성됩니다. 내용이 길 경우 중간에 [계속] 버튼을 눌러주어야 할 수도 있습니다.

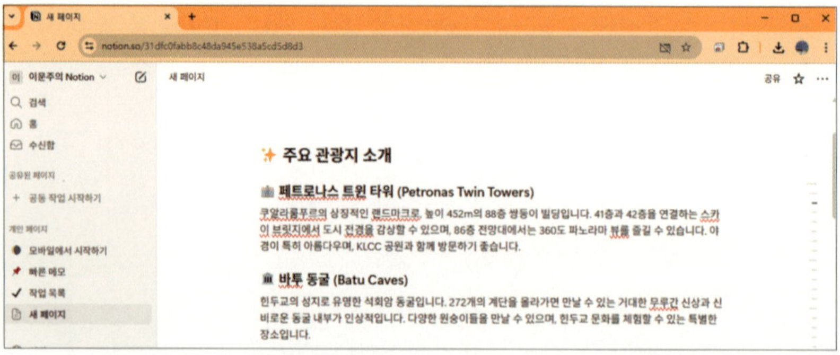

이번에는 Notion에 저장된 내용을 Claude로 가져와서 활용해 보겠습니다.

❶ Notion에 작성된 일정 관리 템플릿에 개인적인 일정을 추가해 둡니다.

Day 1 - 도착 & 시내 탐방

📍 주요 일정: 공항 도착, 호텔 체크인, 페트로나스 트윈 타워 & KLCC

- ☐ 공항 도착 (시간: 13:00)
- ☐ 호텔 체크인 (시간: 15:00)
- ☐ 점심 식사 (시간: 15:30)
- ☐ 초우킷 시장 탐방 (시간: 18:30)
- ☐ 페트로나스 트윈 타워 관람 (시간: 20:00)
- ☐ KLCC 공원 산책 (시간: 20:30)
- ☐ 수리아 KLCC 쇼핑몰에서 저녁식사 (시간: 21:00)

💰 **예상 비용**: RM 300

📝 메모: 초우킷 시장에서 망고스틴을 사서 먹어 볼 예정

❷ Claude에 질문을 입력하면, 해당 페이지 ID를 기반으로 정보를 검색해 정확한 답변과 추가 정보를 제공해 줍니다. 새 대화창에서도 페이지 ID만 입력하면 정보를 다시 불러올 수 있습니다.

프롬프트

페이지 id는 31dfc0fabb8c48da945e538a5cd5d8d3
여행 첫 날 호텔 도착은 몇 시야?

Claude

노션 페이지를 확인해보니 쿠알라룸푸르 3박 4일 여행 계획이 담겨있네요.
여행 첫날 호텔 도착 시간은 15:00입니다.
페이지 내용을 보면 Day 1 일정에서:
13:00 공항 도착
15:00 호텔 체크인
15:30 점심 식사
이렇게 계획되어 있어요. 공항에서 도착 후 약 2시간 뒤에 호텔에 체크인하는 일정으로 잡혀있습니다.

3 바이브 코딩

바이브 코딩(Vibe coding)은 안드레이 카르파티(Andrej Karpathy)가 2025년 2월 처음 제안한 개념으로, 대규모 언어 모델(LLM)에 프롬프트를 입력하여 문제를 해결하는 프로그래밍 방식을 말합니다. 쉽게 말해 사용자가 자연어로 코드를 요청하면 AI가 해당 코드를 생성하는 방식입니다. 이러한 방식은 간단한 웹페이지나 앱의 프로토타입을 제작하는 데 적합하고, 프로그래밍 경험이 없거나 코딩에 대해 깊이 있는 지식이 없는 사람도 쉽게 소프트웨어 제작에 참여할 수 있도록 도와줍니다.

▲ 바이브 코딩

기업에서도 빠르게 프로토타입을 제작하기 위해 바이브 코딩을 적극 도입하고 있습니다. 구글이나 마이크로소프트와 같은 대형 기술 기업은 물론, IT 컨설팅 회사인 가트너(Gartner)나 뱅가드(Vanguard)같은 기업들도 바이브 코딩을 실제로 활용하고 있습니다.

하지만 이 방식에는 책임 문제, 코드 품질, 보안 리스크와 같은 단점도 존재합니다. 또한 AI가 생성한 코드를 사용자가 이해하지 못한 채 배포할 경우, 버그나 취약점이 생길 우려가 있으며 코드의 블랙박스화, 데이터 편향 등의 문제가 발생할 수도 있습니다.

▲ 바이브 코딩의 문제점

바이브 코딩은 코드의 일관성을 유지하기 어렵고, 코드베이스에 대한 이해 부족으로 보안 취약이나 협업 간 갈등을 초래할 수 있습니다. 또한 가독성이 떨어져 디버깅에 시간이 많이 소요될 수 있어서, 프로젝트 규모가 커질수록 사람이 직접 구조를 설계하고 세심하게 검토해야 합니다. 따라서 바이브 코딩은 초기 아이디어를 빠르게 실현하는 데에는 유용하지만, AI가 생산한 코드에 대한 책임 소재와 이해를 갖춘 상태에서 활용해야 합니다.

1 캔바로 학습 게임 만들기(프론트엔드)

캔바(Canva)는 교육 현장에서 많이 사용하는 웹 기반 디자인 플랫폼입니다. 최근 캔바에 인공지능 기능이 탑재되면서 텍스트 입력만으로 간단한 기능을 갖춘 웹페이지를 작성하고 배포할 수 있게 되었습니다.

❶ 캔바 공식 홈페이지(https://www.canva.com/ko_kr/)에 접속합니다.

❷ 우측 상단에 있는 [가입] 버튼을 클릭하고 이용 약관에 동의합니다.

❸ 회원 가입을 진행합니다. 카카오 계정이나 Google 계정으로도 가입이 가능합니다. 학교 계정으로 가입하면 교사 인증을 받을 수 있습니다.

❹ [Canva AI]를 클릭하고 [코드 생성]을 클릭합니다.

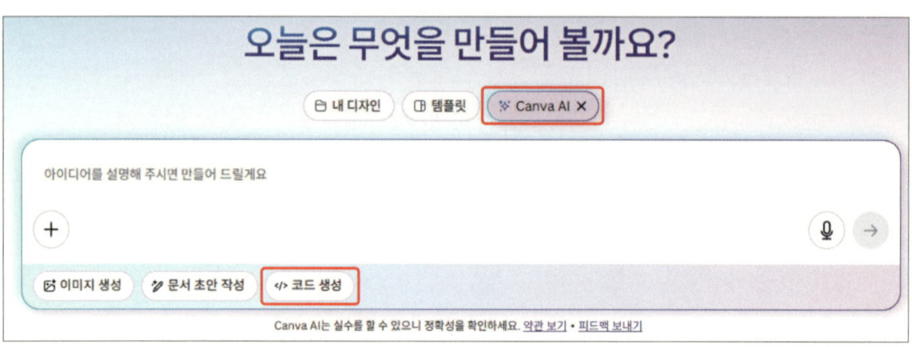

❺ 원하는 내용을 직접 프롬프트로 입력할 수도 있고, 아래에 샘플로 올려둔 프롬프트를 가져다가 수정해서 입력할 수 있습니다. 지금은 샘플 중 '상호작용형 플래시카드 게임'을 선택합니다.

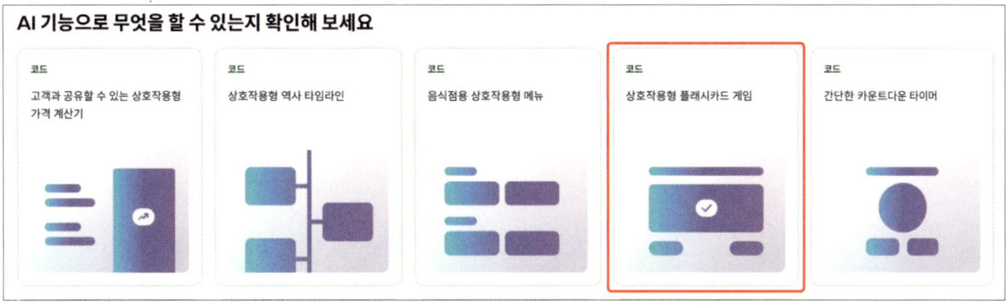

❻ 프롬프트의 내용을 수정하고 요청하면 AI가 코드를 생성합니다. 미리 보기 화면에서 테스트해 보고 수정할 부분이 있으면 다시 프롬프트로 요청합니다.

❼ 완성된 웹페이지를 배포하기 위해 우측 상단의 [디자인에 사용]을 클릭하고 '웹사이트'를 선택합니다.

❽ 우측 상단의 [공유] 버튼을 누르고 [웹사이트]를 선택합니다.

❾ [게시] 버튼을 누르면 웹사이트 주소가 생성됩니다. [웹사이트 보기]를 클릭해서 배포된 웹사이트를 확인할 수 있습니다.

2 Cursor AI로 TO-DO 앱 만들기(프론트엔드, 백엔드)

TO-DO 앱은 할 일을 일목요연하게 정리하는 애플리케이션입니다. 웹 서버를 처음 만드는 학생들이 자주 도전하는 과제라서 여기에서 예로 다루어보겠습니다.

웹 애플리케이션은 기본적으로 클라이언트가 웹 서버에 있는 데이터를 가져와 실행하는 방식으로 작동합니다. 그래서 웹 애플리케이션을 개발할 때는 우리가 눈으로 볼 수 있는 프론트엔드(Frontend)와 사용자가 직접 볼 수 없는 백엔드(Backend)가 필요합니다. 프론트엔드는 웹페이지를 의미하며, HTML, CSS, JavaScript 등으로 구성됩니다. 백엔드는 데이터가 저장된 서버나 데이터베이스를 말합니다.

프론트엔드 (Front-end)

사용자가 보고 상호작용할 수 있는 부분

- HTML: 웹페이지의 기본적인 틀
- CSS: 웹페이지의 디자인
- JavaScript: 사용자와 상호작용하는 기능

백엔드 (Back-end)

사용자가 볼 수 없는 데이터베이스나 서버

- **서버**: 클라이언트의 요청에 응답
- **데이터베이스**: 데이터를 저장하고 관리
- API: 클라이언트와 백엔드 간의 통신

▲ 프론트엔드와 백엔드

TO-DO 앱을 만들기 위해 필요한 프로그램은 VS Code, Node.js, Cursor AI입니다. VS Code와 Node.js는 앞에서 설치 방법을 설명했으므로 여기서는 Cursor만 설치해 보겠습니다.

❶ Cursor 공식 홈페이지(https://cursor.sh/)에 접속해서 다운로드 버튼을 누르고 프로그램을 설치합니다.

❷ 'Welcome to Cursor' 창이 나오면 'Log In' 아래의 작은 글자인 'Skip and continue'를 클릭합니다.

❸ [Import from VS Code] 버튼을 클릭하고 [import]를 누릅니다.

❹ 'Do you trust the publisher…' 창이 뜨면, VS Code 확장 기능에 대한 신뢰 여부를 묻는 것이므로 모두 [Trust Publisher & Install]을 클릭합니다.

❺ 테마는 원하는 것으로 선택하고 [Continue]를 클릭합니다.

❻ 'Quick Start' 창에서 [Continue]를 클릭하고, 'Data Sharing' 창에서 체크박스에 체크한 후 [Continue]를 누릅니다.

❼ 'Review Settings'에서 언어를 'Korean'으로 변경하고, Open from Terminal 항목에서 [Install]을 누른 뒤 [Continue]를 클릭합니다.

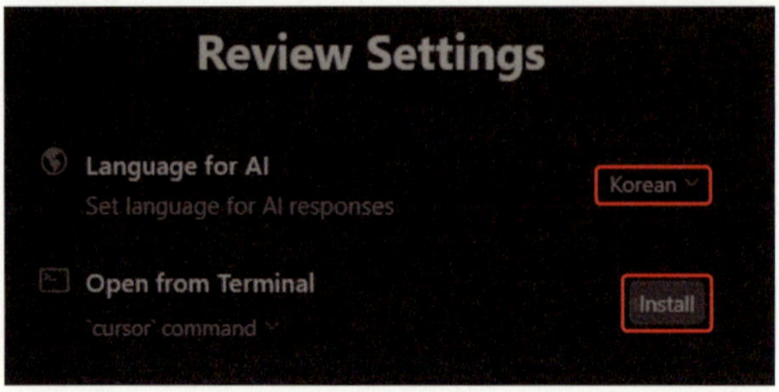

이제 Cursor를 사용해 보겠습니다. VS Code 유료 플랜 사용자라면 굳이 Cursor를 사용하지 않고 VS Code 우측의 Copilot 편집 창에다가 요청 사항을 입력해도 유사한 결과를 얻을 수 있습니다.

❶ [Open project] 버튼을 눌러 작업할 폴더를 지정합니다.

❷ 우측의 [New Chat]에 다음과 같이 원하는 조건을 정리하여 입력합니다.

프롬프트

TO-DO 리스트 웹애플리케이션을 만들려고 해. 다음의 조건이 반영되는 앱을 html, css, javascript를 통해 만들어 줘.

- 로그인 버튼을 만들어 줘.
- 내용을 입력하면 내용이 순서대로 추가되게 해.
- 추가된 내용끼리 순서를 바꿀 수 있게 해 줘.
- 내용을 삭제할 수 있는 삭제 버튼을 휴지통 모양으로 만들어 줘.
- 각 내용 앞에 있는 체크박스를 체크하면 취소선이 그어질 수 있도록 해 줘.
- 전체적으로 세련되게 디자인해 줘.

❸ 업로드하면 AI가 코드를 생성합니다. 작업 폴더에 index.html, script.js, style.css 파일이 생긴 것을 확인할 수 있습니다.

❹ index.html에서 마우스 우클릭을 하여 'Copy path'를 클릭하고, 웹 브라우저 주소 창에 붙여 넣으면 앱의 실행 화면을 확인할 수 있습니다.

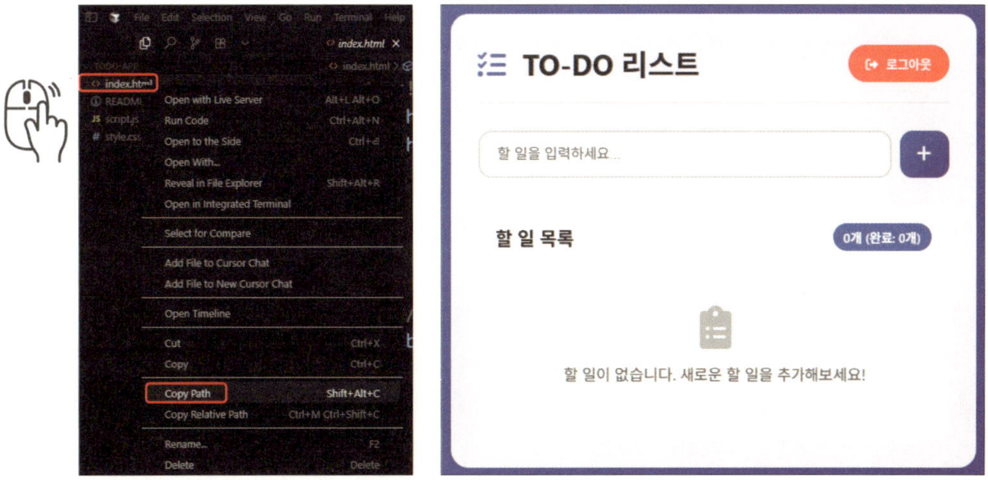

❺ 코드 결과를 좀 더 간단히 확인하고 싶다면, 확장 프로그램 중에서 Live Server를 설치하면 좋습니다.

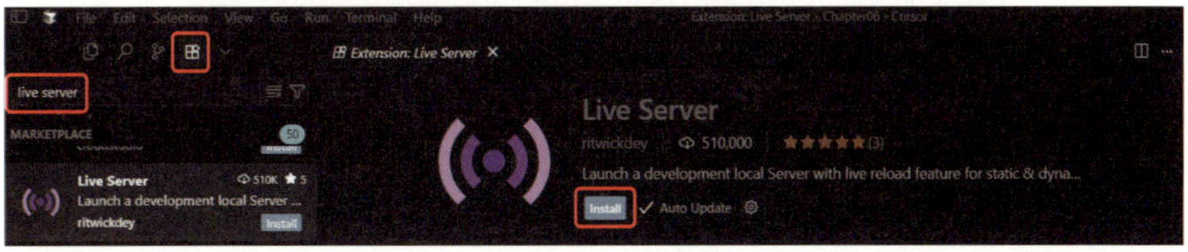

Live Server를 설치하면 html 소스 코드 창에서 마우스 우클릭을 한 후 'Open with Live Server'를 클릭하여 결과를 확인할 수 있습니다.

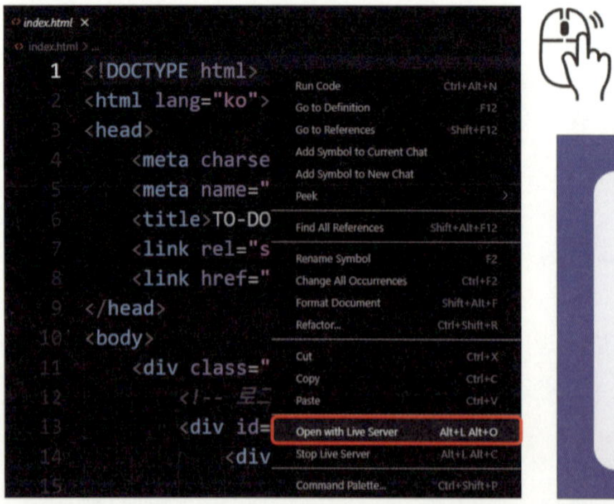

현재는 [로그인] 버튼을 클릭하면 회원 가입 절차 없이 바로 다음 화면으로 넘어가므로 백엔드를 만들어 로그인을 할 수 있도록 연결해 보겠습니다.

백엔드를 구축하기 위한 툴은 다양합니다. 이 중 코드를 거의 작성할 필요가 없고, 프론트엔드와 실시간 연동 기능이 가능한 Firebase를 사용해 보겠습니다.

❶ Firebase 홈페이지(https://firebase.google.com/)에 접속하고 [Get started in console]을 클릭합니다.

❷ 브라우저가 Google 계정에 등록된 상태라면 바로 [Firebase 프로젝트 시작하기]를 클릭합니다.

❸ 프로젝트 이름을 입력하고 약관에 동의한 후 [계속]을 클릭합니다.

❹ 다음 창에서도 [계속]을 누르고 애널리틱스 위치를 '대한민국'으로 수정한 뒤 약관에 동의하고 [프로젝트 만들기]를 클릭합니다.

❺ 'Firebase 프로젝트가 준비되었습니다'라는 메시지가 나오면 [계속]을 누릅니다.

❻ '앱에 Firebase를 추가하여 시작하기' 페이지에서 웹 버튼을 클릭합니다.

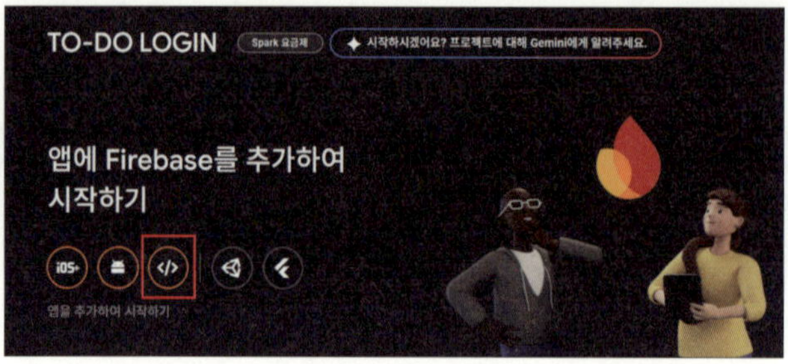

❼ 앱 닉네임을 적어주고, 체크박스는 비워둔 채 [앱 등록]을 클릭합니다.

❽ 'Firebase SDK 추가' 단계에서 '〈script〉 태그 사용'을 선택하고 아래의 스크립트 코드 중 import부터 〈/script〉 전까지 복사하고 [콘솔로 이동]을 클릭합니다.

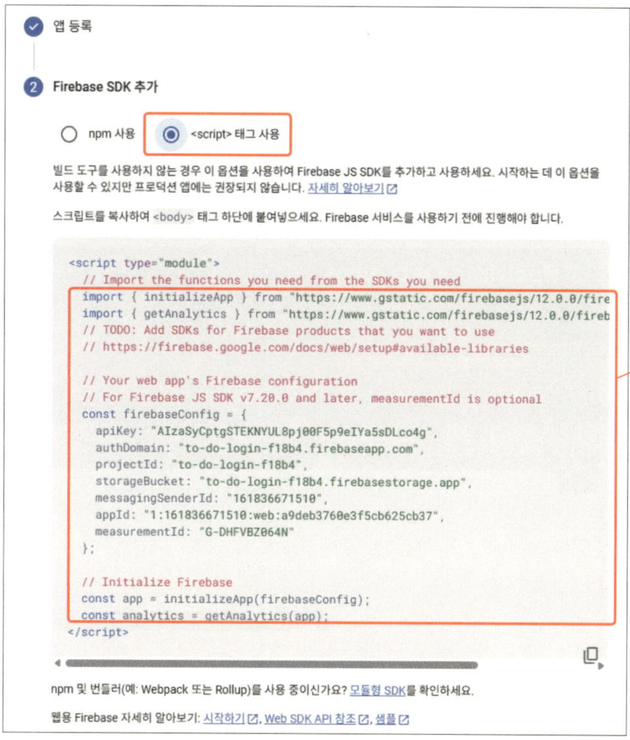

❾ Cursor의 script.js 소스 코드로 가서 맨 윗줄에 Firebase SDK에서 복사한 script 코드를 붙여 넣습니다. Shift + alt + F를 눌러 정렬합니다.

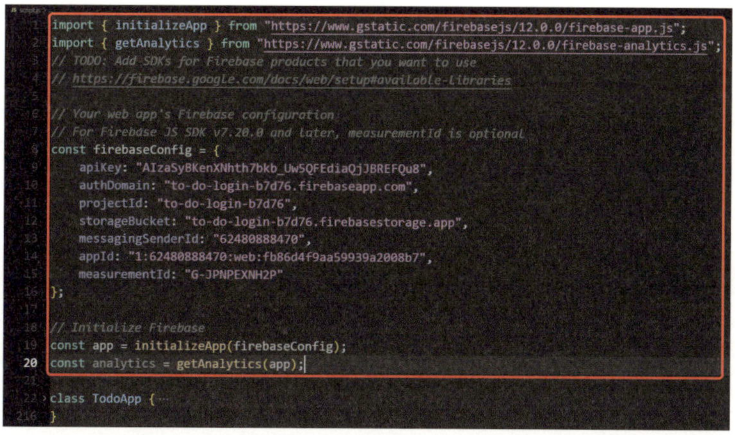

❿ index.html 소스 코드를 열고 아래쪽에 있는 '<script src="script.js"></script>' 부분을 찾아 'type="module"'을 중간에 입력합니다.

```
    <script type="module" src="script.js"></script>
</body>
</html>
```

이제 프론트엔드에서 입력받은 데이터를 실시간으로 저장하는 기능을 설정해 보겠습니다.

❶ Firebase 콘솔 창 왼쪽에서 [빌드 〉 Realtime Database]를 클릭합니다.

❷ [데이터베이스 만들기]를 클릭하고, 실시간 데이터베이스 위치를 '싱가포르'로 설정한 후 [다음] 버튼을 누릅니다.

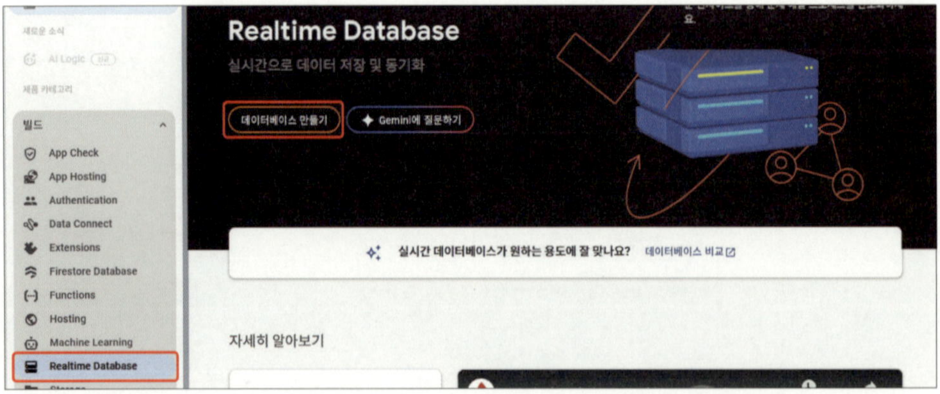

❸ '테스트 모드에서 시작'을 클릭하고 [사용 설정]을 누른 후 데이터베이스 주소를 복사합니다.

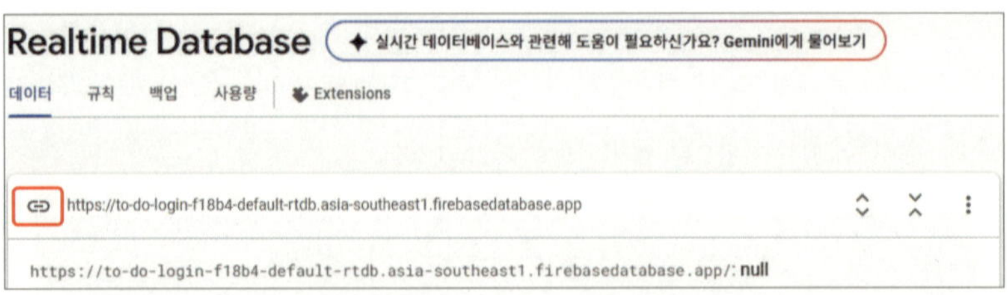

❹ Cursor의 script.js 파일에서 firebaseConfig 객체에 **"databaseURL": "복사한 주소"**를 추가합니다. 자동 완성될 경우 Tab 키로 입력할 수 있습니다.

```
const firebaseConfig = {
    apiKey: "AIzaSyBKenXNhth7bkb_Uw5QFEdiaQjJBREFQu8",
    authDomain: "to-do-login-b7d76.firebaseapp.com",
    projectId: "to-do-login-b7d76",
    storageBucket: "to-do-login-b7d76.firebasestorage.app",
    messagingSenderId: "62480888470",
    appId: "1:62480888470:web:fb86d4f9aa59939a2008b7",
    measurementId: "G-JPNPEXNH2P",
    databaseURL: "https://to-do-login-b7d76-default-rtdb.asia-southeast1.firebasedatabase.app"
};
```

이번에는 Firebase에서 제공하는 로그인 기능을 이용해 보겠습니다.

❶ Firebase 콘솔 창 왼쪽에서 [빌드 〉 Authentication]을 클릭합니다.

❷ [시작하기]를 클릭하고, 기본 제공업체의 '이메일/비밀번호'를 선택합니다.

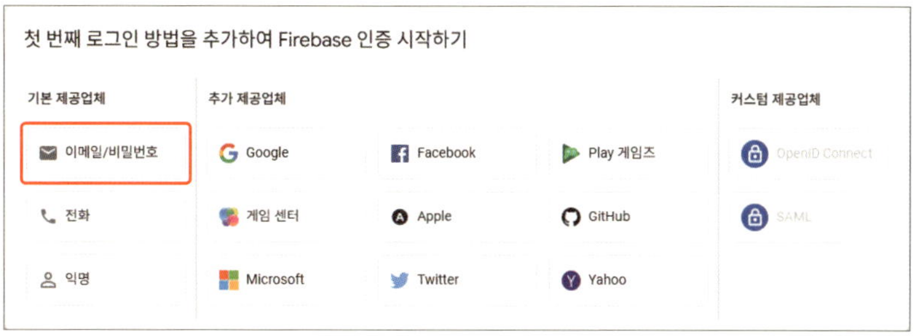

❸ '이메일/비밀번호'의 사용 설정을 활성화하고 [저장] 버튼을 누릅니다.

이제 Cursor에서 Firebase를 이용하여 실시간으로 데이터가 잘 전송되는지 확인하겠습니다.

❶ Cursor에서 다음과 같이 요청합니다.

> 해야 할 일을 추가하는 기능을 firebase를 통해서 만들어 줘.

❷ 앱에서 작성한 내용이 실시간으로 데이터베이스에 저장되는지 확인합니다.

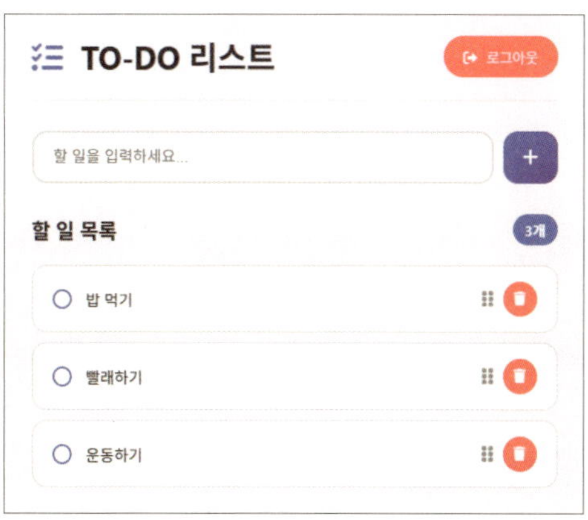

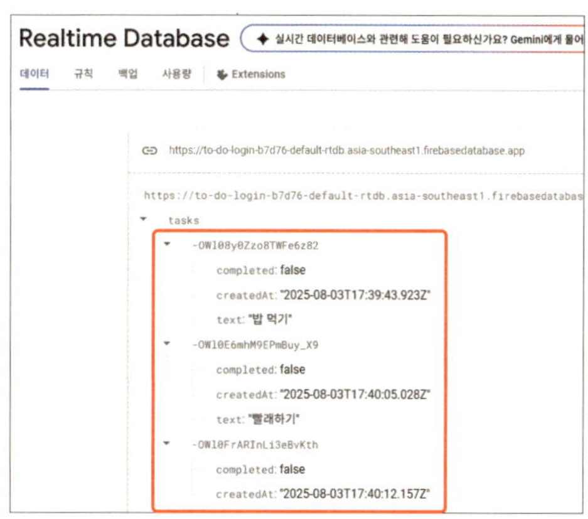

이번에는 로그인 페이지를 만들어보겠습니다.

❶ Cursor에서 다음과 같이 입력합니다.

> 로그인 버튼을 누르면 로그인 창이 나오게 해 줘.

❷ 결과를 확인합니다. 만약 회원 가입 창이 나오지 않으면, Cursor에서 다음과 같이 요청합니다.

'회원가입'을 누르면 회원 가입 창이 나오게 해 줘.

❸ 결과를 확인한 후에 이상이 없으면 Cursor에서 다음과 같이 입력합니다.

'회원가입' 창에서 회원 가입 버튼을 누르면 Firebase를 통해서 회원 가입을 할 수 있게 해 줘.

❹ 회원 가입 후 실제 데이터베이스에 저장되는지 Firebase에서 확인합니다.

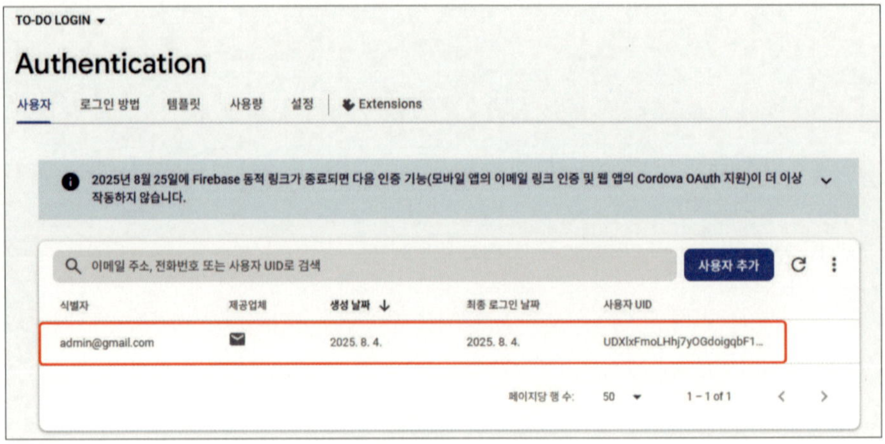

❺ 결과를 확인한 후에 Cursor에서 다음과 같이 입력합니다.

로그인하면 누구누구님 환영합니다 라고 하는 메시지가 제목 아래에 계속 나오게 해 줘.

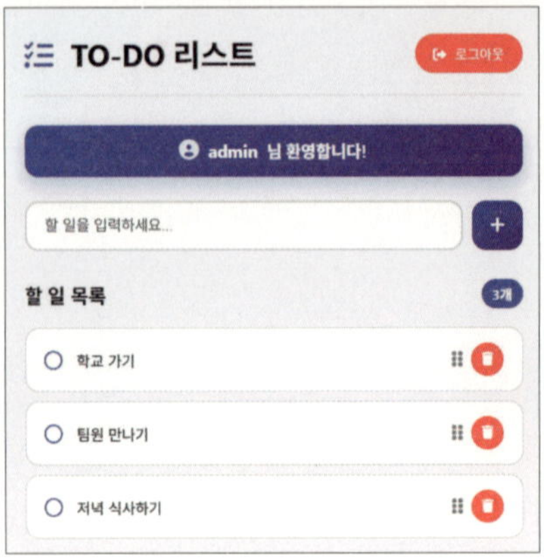

바이브 코딩은 한 번에 해결되지 않는 경우가 많습니다. 그럴 때는 웹 페이지에서 F12 키를 눌러 개발자 모드로 들어간 후에 '콘솔' 창에 나타난 오류를 캡처해서 Cursor 채팅 창에 붙여 넣으면, 오류 내용을 이해하고 수정할 수 있도록 도와줍니다.

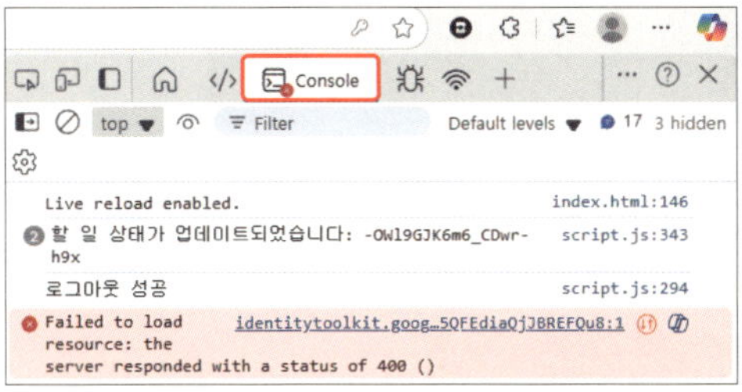

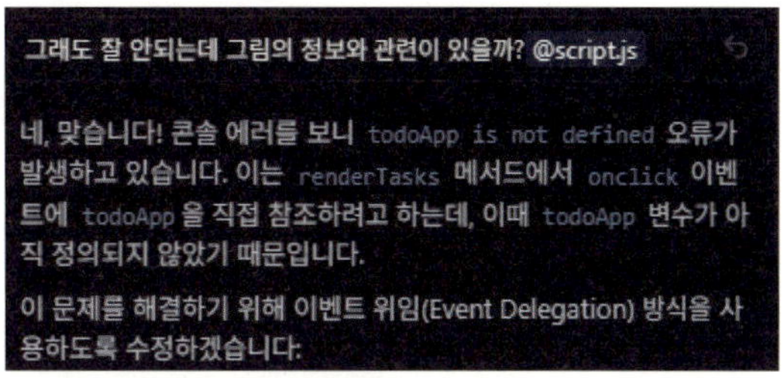

모든 기능이 이상 없다면 웹사이트를 배포하겠습니다. 웹사이트 배포를 위해서는 배포 서비스를 이용해야 합니다. 여기서는 Vercel을 활용해 보도록 하겠습니다.

❶ Vercel 공식 홈페이지(https://vercel.com/)에 접속하고 [Start Deploying]을 클릭합니다.

❷ 우측 상단의 SignUP 버튼을 클릭합니다.

❸ Plan Type에서 "I'm working on personal projects"에 체크하고 [Continue]를 클릭합니다.

❹ [Continue with Google]로 로그인합니다.

❺ Cursor의 터미널을 열고 다음과 같은 명령어로 vercel을 설치합니다.

```
npm install -g vercel
```

❻ Cursor의 터미널에서 다음 명령어로 vercel에 로그인합니다.

```
vercel login
```

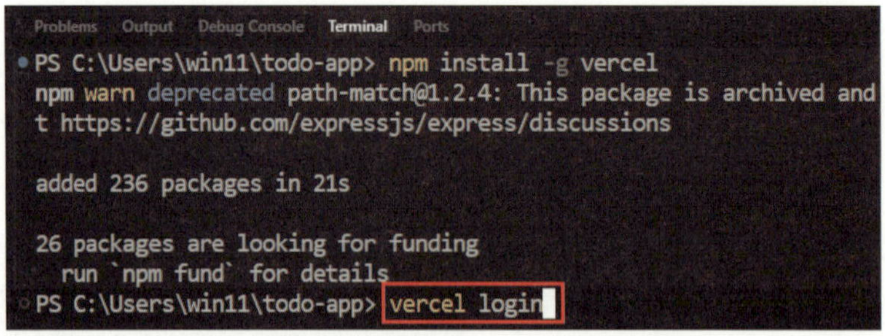

❼ 로그인할 계정을 선택할 수 있습니다. 앞서 Vercel에 가입했던 계정으로 로그인합니다.

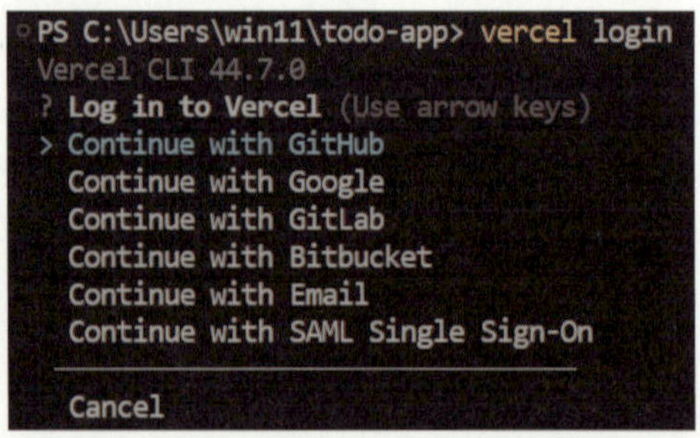

❽ 이제 배포를 위해 다음 명령어를 입력합니다.

```
vercel
```

여러 질문에 응답한 후 마지막 줄의 URL에서 Ctrl + Enter를 쳐서 링크를 엽니다.

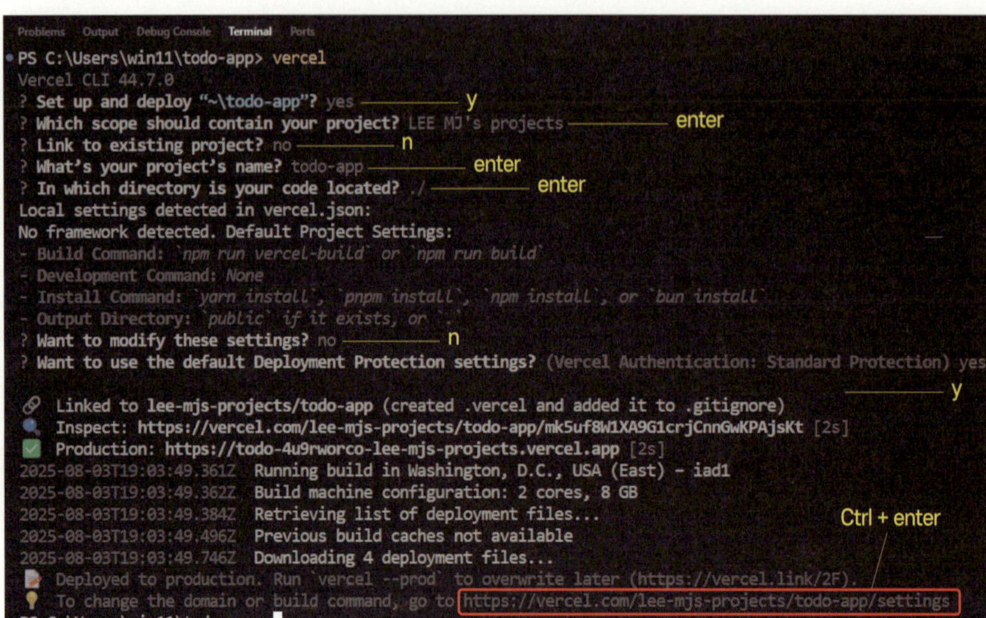

❾ Vercel 대시보드가 열리면 상단의 Deployments 탭을 누르고 목록에 있는 Production을 선택합니다.

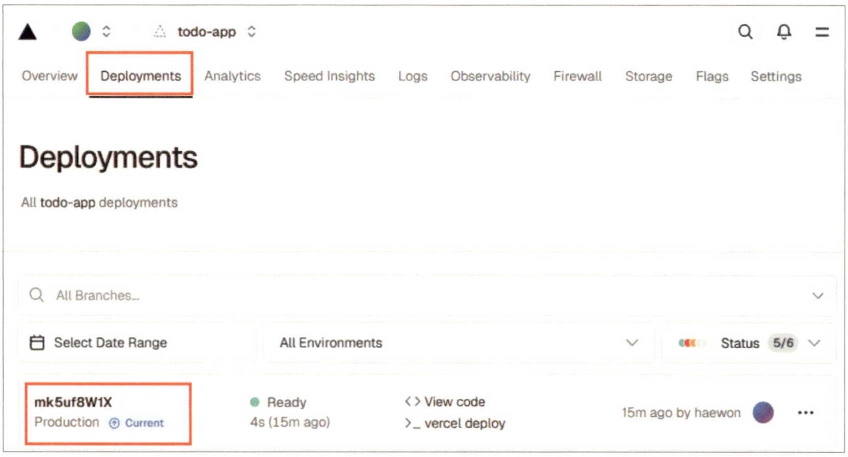

❿ Domains의 URL을 클릭하면 배포된 애플리케이션을 확인할 수 있습니다.

웹페이지에서 앱 구동 장면을 확인할 수 있습니다.

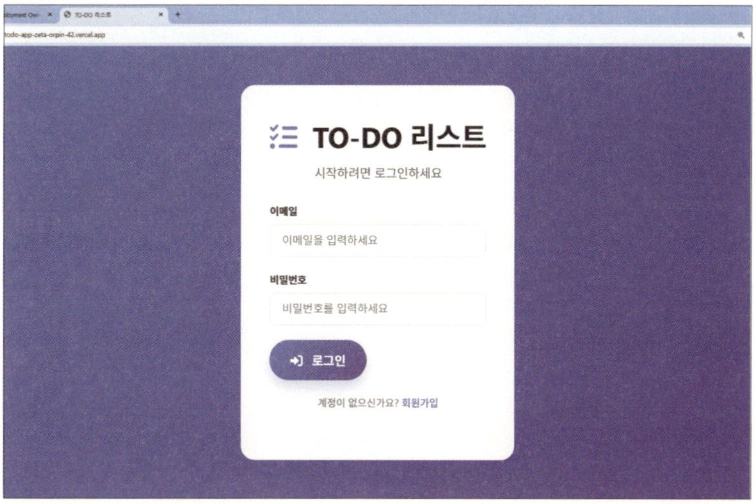

JS
py
C
int x=10
CPU
12,345
float
12
int
a
char
def
for
if
int
01001010
00101010
if
while
for
print
xyz

Chapter 7

코딩의 미래

Lesson 1 코딩과 인간

Lesson 2 코딩에 대한 전망

Lesson 1

코딩과 인간

POINT 코더는 어떤 사람일까요? 코더로서 갖추어야 할 역량은 무엇이고, 코더로서 어떤 직업을 가질 수 있는지 알아봅시다.

1 코더의 역량

코더로서 갖추어야 할 가장 기본적인 역량은 역시 코딩 실력입니다. 코딩을 잘하기 위해서는 문제 해결에 적합한 효율적인 코드를 작성할 수 있어야 합니다. 이를 위해서 프로그래밍 언어에 대한 깊은 이해가 필수적입니다. 이 책에서 다룬 C 언어, 파이썬, 자바, 자바스크립트와 같은 프로그래밍 언어를 이해하고, 각 언어를 문법에 맞게 작성하는 능력이 필요합니다.

문제에 맞는 알고리즘을 설계하는 능력도 필수적입니다. 효율적인 알고리즘을 설계하려면 자료 구조에 대한 깊은 이해가 필요합니다. 적절한 자료 구조를 활용하여 알고리즘을 설계하고, 이를 통해 최적의 성능을 끌어낼 수 있어야 합니다. 또한 알고리즘에서 빠르게 오류를 찾아내고 수정하는 능력 역시 중요한 역량입니다.

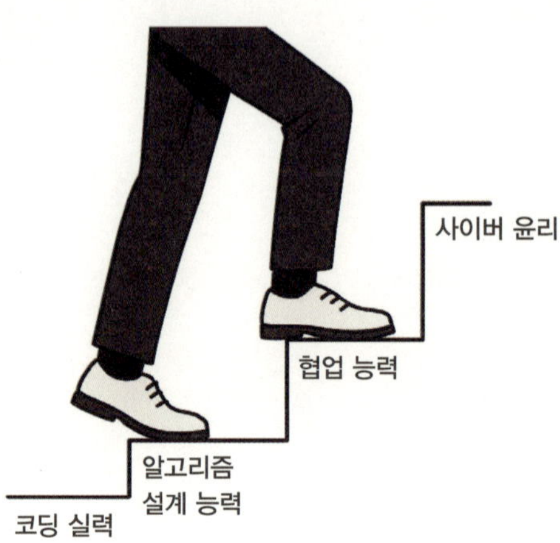

▲ 컴퓨팅 역량의 단계적 성장

의사소통 능력과 협업 능력도 매우 중요합니다. 실제로 현장에서 코드를 작성할 때는 팀원이나 이해관계자와의 원활한 소통이 필수적이기 때문입니다. 또한 코드가 복잡해지면 작성자조차도 내용을 이해하는 데 시간이 걸릴 수 있으므로, 특히 기술적인 코드일 경우에는 코드 구조를 명확히 정리하고, 주석 등을 통해 누구나 쉽게 이해할 수 있도록 배려하는 자세가 필요합니다.

코더의 윤리적 자세 역시 기술 역량만큼이나 중요한 요소입니다. 기술이 빠르게 발전함에 따라 개인정보 유출, 사이버불링, 무단 복제 등과 같은 범죄가 증가하고 있습니다. 코더는 데이터를 안전하게 처리하고 보호할 책임이 있으며, 타인의 코드나 아이디어를 사용할 때는 반드시 법적 기준을 준수해야 합니다. 또한 기술이 악용되지 않도록 경계하고 책임감을 가져야 합니다.

2 코딩 관련 직업

1장에서 설명했듯이 코더로서 선택할 수 있는 직업은 매우 다양합니다. 여행, 부동산, 숙박, 금융, 보안, 법률, 건축, 디자인, 게임, 가전제품, 국방 무기 등 거의 모든 산업에서 코더가 필요합니다. 각 분야에서 소프트웨어와 기술의 중요성이 커지면서, 코더가 기여할 수 있는 영역은 계속해서 확장되고 있습니다. 지금도 코더의 가치는 점점 더 높아지고 있으며, 앞으로 기술 발전과 함께 코더가 맡게 될 역할도 더욱 다양해질 것입니다.

▲ 코더가 기여할 수 있는 영역

인공지능 산업의 발전은 코더의 직업 세계를 한층 더 넓혀줄 것입니다. 현재 인공지능 산업은 빠르게 발전하고 있으며, 앞으로 그 속도는 더욱 가속화될 전망입니다. 이에 따라 인공지능 모델을 학습시키는 AI 개발자, 데이터를 분석하고 미래를 예측하는 데이터 과학자, 딥러닝 기술을 혁신적으로 발전시키는 인공지능 연구자 같은 직업들이 더욱 중요해질 것입니다. 또한 대규모 언어 모델을 다루는 자연어 처리(NLP) 기술자, 인공지능 기술을 로봇에 적용하는 로보틱스 엔지니어, 그리고 인공지능이 가져올 윤리적 문제를 개선하고 관리하는 인공지능 윤리 전문가 등도 인공지능 기술과 밀접한 핵심 직업군이 될 것입니다.

▲ AI 관련 직업 분야

미래 사회에서 사람들의 삶은 코더들이 얼마나 노력하는지에 크게 좌우된다고 해도 과언이 아닙니다. 기존 기술 분야에서 일하든, 신기술 분야에서 활동하든 코더는 자신의 역량을 바탕으로 사회에 기여하며, 미래 사회의 발전을 이루어갈 것입니다.

3 코딩의 윤리적 이슈

코딩은 현대 사회에서 필수적인 기술로 자리 잡았지만, 그에 따라 다양한 윤리적 이슈도 제기되고 있습니다. 기술이 발전할수록 코딩이 미치는 영향은 커지고 있으며, 잘못된 코드로 발생하는 오류는 사회적, 법적, 윤리적 문제로 이어질 수 있습니다.

▲ 개인 정보 유출

특정 인종이나 성별에 대한 편향된 데이터를 학습하여 불공정한 결정을 내린다면 이는 심각한 윤리적 문제를 야기합니다.

▲ 데이터 편향

코딩을 오용하면 사생활을 침해하고, 금융 피해를 입히며, 국가 안보를 위협하기도 합니다.

▲ 해킹

따라서 코더는 기술적 역량뿐만 아니라 윤리적 기준을 유지하기 위해 책임감을 가지고 지속적인 학습과 토론, 자아 성찰을 통해 올바른 가치관을 형성해야 합니다.

Lesson 2

코딩에 대한 전망

POINT 우리는 이미 4차 산업혁명의 중심에 들어와 있습니다. 앞으로 더욱 빠르게 변화할 우리 사회에서 코딩은 어떤 역할을 할 수 있을까요?

1 4차 산업혁명과 코딩

4차 산업혁명은 인공지능(AI), 사물인터넷(IoT), 가상 세계, 빅데이터, 블록체인, 5G 통신 등의 신기술이 융합되어 인간의 삶과 산업 전반에 걸쳐 거대한 변화를 일으키고 있습니다. 이 과정에서 코딩은 단순히 소프트웨어를 개발하는 기술을 넘어, 4차 산업혁명 기술의 바탕을 이루고 있습니다.

▲ 4차 산업혁명의 기반인 코딩

자율주행차, 스마트 공장, 의료 로봇, 스마트 홈 등 4차 산업혁명의 주요 기술들은 모두 코드로 설계되고 운영됩니다. 코딩은 데이터 처리, 자동화, 지능형 시스템 구현 등 기술의 핵심 원동력이기에, 전 세계 수많은 프로그래머가 4차 산업혁명의 중심에서 중요한 역할을 하고 있습니다.

▲ 스마트 기술을 구현하는 코딩

2 미래 사회를 여는 코딩

인공지능 시스템은 대량의 데이터를 수집하고 처리한 후, 이를 바탕으로 모델을 학습시키고 예측하는 다양한 단계를 거쳐 작동합니다.

인공지능이 효과적으로 작동하려면 양질의 데이터가 필수적이며, 이 과정에서 코딩은 데이터를 처리하고 분석하는 데 핵심적인 역할을 합니다. 특히 판다스(Pandas)나 넘파이(Numpy) 같은 라이브러리는 데이터 프레임, 배열, 통계 분석 등을 효율적으로 수행하는 데 필수적인 도구로 활용됩니다. 코더는 이러한 프로그래밍 도구들을 사용해 대량의 데이터를 관리하고, 이를 인공지능 시스템에 활용하여 더 나은 예측 결과를 도출하기 위해 노력합니다.

▲ AI와 데이터를 활용한 코딩

또한 인공지능 코딩은 반복적이고 시간이 많이 소요되는 작업을 자동으로 처리하는 시스템을 구축하여 생산성을 높이고 비용을 절감하는 데 기여합니다. 예를 들어 로봇, 챗봇, 음성 비서, 자율주행차 등은 모두 인공지능 코딩을 기반으로 한 자동화 시스템으로, 사용자의 명령에 따라 자동으로 반응하며 인간의 개입 없이도 효율적으로 작업을 수행합니다. 이처럼 코딩은 자동화 시스템을 설계하고 구현하는 데 필수적인 요소로, 인공지능 기반 자동화 기술을 실현하는 핵심 역할을 합니다.

코딩은 앞으로 더욱 정교하고 복잡해질 머신러닝 알고리즘을 구현하고 최적화하는 데 매우 중요한 역할을 할 것입니다. 꾸준히 코딩을 공부한다면 여러분의 손에서 놀라운 미래가 펼쳐질 수 있습니다. 코딩과 함께 멋진 미래의 나를 꿈꿔 보는 것은 어떨까요?

Foreign Copyright:
Joonwon Lee   Mobile: 82-10-4624-6629
Address: 3F, 127, Yanghwa-ro, Mapo-gu, Seoul, Republic of Korea
3rd Floor
Telephone: 82-2-3142-4151
E-mail: jwlee@cyber.co.kr

한눈에 보이는 코딩 그림책

2026. 1. 7. 1판 1쇄 인쇄
2026. 1. 14. 1판 1쇄 발행

저자와의 협의하에 검인생략

지은이 | 한선관, 이문주
펴낸곳 | BM (주)도서출판 성안당
주소 | 04032 서울시 마포구 양화로 127 첨단빌딩 3층(출판기획 R&D 센터)
10881 경기도 파주시 문발로 112 파주 출판 문화도시(제작 및 물류)
전화 | 02) 3142-0036
031) 950-6300
팩스 | 031) 955-0510
등록 | 1973. 2. 1. 제406-2005-000046호
출판사 홈페이지 | www.cyber.co.kr
ISBN | 978-89-315-5875-3 (93000)
정가 | 23,000원

이 책을 만든 사람들
책임 | 최옥현
기획 | 한선관
진행 · 편집 | 정지현
교정 · 교열 | 조혜란, 정지현
본문 · 표지 디자인 | 메이크디자인
일러스트 | 이문주, 챗GPT, 메이크디자인
저자 캐리커처 | 양복선
홍보 | 김계향, 임진성, 김주승, 최정민
국제부 | 이선민, 조혜란
마케팅 | 구본철, 차정욱, 오영일, 나진호, 강호묵
마케팅 지원 | 장상범
제작 | 김유석

■ 도서 A/S 안내

성안당에서 발행하는 모든 도서는 저자와 출판사, 그리고 독자가 함께 만들어 나갑니다.
좋은 책을 펴내기 위해 많은 노력을 기울이고 있습니다. 혹시라도 내용상의 오류나 오탈자 등이 발견되면 **"좋은 책은 나라의 보배"**로서 우리 모두가 함께 만들어 간다는 마음으로 연락주시기 바랍니다. 수정 보완하여 더 나은 책이 되도록 최선을 다하겠습니다.
성안당은 늘 독자 여러분들의 소중한 의견을 기다리고 있습니다. 좋은 의견을 보내주시는 분께는 성안당 쇼핑몰의 포인트(3,000포인트)를 적립해 드립니다.
잘못 만들어진 책이나 부록 등이 파손된 경우에는 교환해 드립니다.